● 第五辑

云南省社科成果集萃

——云南省哲学社会科学“十一五”规划课题选介

云南省哲学社会科学规划办公室　编

云南大学出版社

前　言

《云南社科成果集萃》（第五辑）是在第四辑的基础上，对云南省哲学社会科学“十一五”规划部分项目研究成果的连续介绍。

在前四辑中已经介绍过，“十五”时期，是我省哲学社会科学规划项目申报、立项数最多的一个时期，也是研究成果质量显著提升的一个时期。省哲学社会科学规划办公室在省委宣传部的领导下，坚持以马列主义、毛泽东思想、邓小平理论和“三个代表”重要思想为指导，全面贯彻科学发展观，认真落实中央和省委关于进一步繁荣和发展哲学社会科学的意见，制定和实施《云南省哲学社会科学“十五”（2001—2005年）规划》和年度计划，并编制、下发“十五”规划课题指南和年度滚动课题，加强对项目申报的组织、管理、指导工作，健全立项、评审、鉴定、结项等各项管理制度，密切与项目负责人及其所在单位科研部门的联系，强化项目计划执行情况的督促检查，取得了丰硕的研究成果。项目研究成果从一个侧面反映出我省哲学社会科学健康向上、全面繁荣发展的势头，体现出我省哲学社会科学规划项目的研究思路越来越清晰、研究方法越来越科学、研究方向越来越明确、研究成果越来越显著。通过“十五”期间的省社科规划项目立项，全省社科基础理论研究得到加强，应用对策研究明显提升，学科建设得到拓展和深化。

2006年10月，在“十五”规划的基础上，省哲学社会科学规划办公室又制定实施了《云南省哲学社会科学“十一五”（2006—2010年）研究和发展规划》和年度计划，并编制、下发了规划课题指南。制定实施云南省哲学社会科学“十一五”研究和发展规划，对于全面贯彻落实科学发展观，贯彻中央关于经济社会发展的重大战略部署，促进云南经济社会持续、快速、协调、健康发展以及落实中央和省委关于繁荣发展哲学社会科学的意见，推动云南省哲学社会科学的全面进步，发挥了重要作用。

“十一五”规划项目根据党的十七大精神和中央关于深入学习科学发展观的部署要求，进一步加强对重大理论与现实问题的重点研究，主要是：马克思主义基础理论研究；党的执政能力建设研究；云南经济社会持续、快速、协调、健康发展综合研究；西南边疆建设问题研究；云南贯彻落实科学发展观与构建社会主义和谐社会研究；云南全面建设小康社会和社会主义新农村建设研究；云南生态环境保护和建设与可持续发展研究；云南文化产业发展研究；东南亚、南亚问题研究；云南民族问题和宗教问题研究；禁毒和防治艾滋病问题研究。通过5年的努力，我省哲学社会科学在理论学术研究、重大现实问题研究、重点学科培养、研究基地建设、对外学术交流、人才及科研团队培养、制度创新、事业发展和管理水平等方面上了一个新台阶，为云南省哲学社会科学的繁荣发展创造了更好的环境和条件。

在研究思路方面，“十一五”规划项目继续坚持党的基本理论、基本路线、基本纲领、基本经验，坚持解放思想、实事求是、与时俱进，坚持理论与实际相结合，立足当代同时又继承传统，立足云南又面向全国，立足本国又面向东南亚、南亚和整个世界；注重社会科学理论创新、学术观点创新、学科体系创新和科研方法创新，努力为建设富裕、民主、文明、开放、和谐云南服务。

在基础理论研究方面，“十一五”规划项目突出了马克思主义中国化的三大理论成果，特别是对“三个代表”重要思想和科学发展观的研究，在研究学术观点上都有一定的创新；突出了云南特色学科和优势学科的研究，特别是民族学和民族地区的政治、经济、文化、社会发展等问题的研究，形成了一批具有重要学术价值和社会影响的研究成果；注重把基础理论研究与应用对策研究结合起来，推出了一批具有区域特点和优势的理论研究成果，这些成果都具有重要的学术价值和现实意义，引起了各级党委、政府有关部门的高度重视。

在应用对策研究方面，“十一五”规划项目仍以我国特别是云南改革开放和现代化建设的重大理论问题和实际问题为关注重点，紧紧围绕构建社会主义和谐社会、云南小康社会建设和“三农”问题、云南生态环境建设与可持续发展问题、西部大开发与发展云南特色经济问题、云南文化产业与市场化建设问题、云南桥头堡建设和民族文化强省建设以及旅游、金融、社会保障、知识产权、城乡差距等问题，开展了深入的调查研究，形成了一批有实际价值的研究成果，为党委和政府科学决策提供了理论依据。

党的十七大后，为推动社会主义文化大发展、大繁荣，云南省委、省政府适时作出了由民族文化大省向民族文化强省迈进的战略决策，并制定出台了《关于建立民族文化强省的实施意见》。把云南建成民族文化强省，是云南省委、省政府深刻总结国际国内文化发展经验，正确把握当代文化发展趋势，着眼于繁荣发展云南各民族文化，促进云南经济社会全面发展作出的重大战略决策，是在新的历史条件下科学合理开发云南民族文化资源、增强云南民族文化竞争力、提升云南综合实力的客观要求，是对民族文化大省建设的进一步拓展和提升，是与时俱进在云南经济社会科学发展中的具体体现。

2009 年胡锦涛总书记在云南考察工作时指出，要把云南建设成为中国面向西南开放的重要桥头堡。这就凸显了云南在我国整个对外开放和经济建设中重要的战略地位。在中央主要领导同志讲话精神的鼓舞下，云南迎来了面向西南开放的桥头堡建设的有利时机。

当前，在云南民族文化强省建设和云南桥头堡建设战略实施的历史机遇中，党的十七届五中全会又为“十二五”规划的制定实施提供了指导思想，即以科学发展观为指导，加快转变经济发展方式。这就意味着今后我国的发展不仅仅是以GDP为指标的单纯追求经济的快速增长，而是政治、经济、文化和社会的全面、协调、可持续发展。这也为社会科学发展和社会科学研究指明了方向，提供了思想动力和理论支撑。制定《云南省哲学社会科学“十二五”研究规划》，要以党的十七大和十七届五中全会精神为指导，进一步把科学发展观贯穿到规划中，把科学发展观的精髓体现在科研成果中，以科学发展观统领全省社会科学研究工作，更加注重政治民主建设、经济文化建设、社会公共事业建设、民生与社会现实问题等理论与实践问题研究，促进全省社会科学全面、协调发展。

为了充分发挥哲学社会科学“认识世界、传承文明、创新理论、咨政育人、服务社会”的重要作用，拓宽哲学社会科学研究成果的转化、交流和推广渠道，我们将“十一五”期间省社科规划项目研究成果的主要内容和重要观点选编成书分批（辑）出版，以供各级党委、政府和高校、科研单位及广大社科工作者参考。

《云南社科成果集萃》（第五辑）由省哲学社会科学规划办公室的同志参与编辑，省社科院纳文汇研究员统稿，云南大学出版社出版。在此，对以上单位和有关人员给予的大力支持表示衷心的感谢。

由于本书编辑时间仓促，疏漏和不妥之处在所难免，恳请读者批评指正。

云南省哲学社会科学规划办公室

2010年12月

目　录

马列·科社

党史·党建

哲　学

经济学

宗教学

社会学

法　学

国际问题研究

文　学

历史学

语言学

体育学

新闻学、图书情报

教育学

艺术学

管理学

马列·科社

云南省宣传文化人才队伍建设研究

宣传文化人才是在党的领导下，按照科学发展观的要求，从事精神文化产品的创造、传播、传承、经营，建设社会主义核心价值体系，繁荣文化事业，发展文化产业，满足人民群众精神文化需求的人才。宣传文化人才主要包括理论人才、新闻人才、出版人才、文艺人才（含民族民间文艺人才）、经营管理人才、新兴媒体人才等。其中既有宣传文化系统所属的科研、教学、新闻、出版、文化艺术人才，也有各级党政部门、党校系统、教育系统、企事业单位从事宣传文化工作的人才，还有各种民族民间文化人才、民营及个体文化机构从业人员。宣传文化人才是我国人才队伍的重要组成部分，是文化软实力的承载者，是发展文化生产力的主力军。加强宣传文化人才队伍建设，对坚持和巩固马克思主义在意识形态领域的指导地位，坚持社会主义先进文化的前进方向，发展文化生产力，提升文化软实力，增强综合国力和国际竞争力，具有决定性的重要作用。

一、国外、省外宣传文化人才队伍建设的特点和经验

1. 从国外文化人才队伍建设发展情况看

近年来，面对各种思想文化激烈交锋、传媒技术快速发展、跨文化交流不断加强和跨国界文化消费全面高涨的新形势，发达

国家和部分新兴发展中国家抢抓机遇，依托雄厚的经济实力、现代化的科技手段、发达的市场体系和完善的知识产权保护制度，大力引进、培养、激励创意人才，形成了多层次有机组合的理论、新闻、文化、信息人才队伍，极大地推进了文化产业的发展。在国外文化人才队伍发展中，以核心价值观为基础的综合素质和与时俱进的创新能力，是宣传文化人才必备的两种素质；敏锐把握和正确应对全球化带来的机遇和挑战，是促进宣传文化人才快速成长的关键；通过良好的人才吸引、选拔、培养、使用、激励机制，在产业建设中聚集人才、造就人才，是人才队伍发展的主要途径。这对我国、我省加强宣传文化人才队伍建设，都有一定的借鉴意义。

2. 从国内文化人才队伍建设发展情况看

党和国家历来重视宣传文化人才队伍建设。全国宣传文化“四个一批”人才培养工程实施五年来，成效显著，已经成为宣传文化系统人才培养的龙头工程、示范工程。经营管理人才、新兴媒体人才的选拔培养工作也已全面展开。各兄弟省市不仅认真贯彻中央部署，推进本地宣传文化“四个一批”人才、经营管理人才、新兴媒体人才的培养选拔工作，而且结合实际，在加强宣传文化人才队伍建设方面进行了大量富有成效的探索。广东连续实施三届“十百千”优秀宣传文化人才培养，重庆将体制外人才纳入“五个一批”人才选拔范围，湖北文艺创作引入竞争机制，山东省积极引进文化发展急需人才等。省外宣传文化人才队伍建设的现状表明，坚持马克思主义在意识形态领域的指导地位和先进文化的前进方向，是加强宣传文化人才队伍建设必须坚持的根本政治方向；“四个一批”人才、经营管理人才、新兴媒体人才队伍建设，是贯彻中央加强宣传文化人才队伍建设有关政策的要求，是加强宣传文化人才队伍建设的富有成效的突破口，具有十分重要的带动全局、引领方向、示范促进的作用；结合实际，加强领导，加大投入，创新机制，改善环境，是各地推动宣传文化人才队伍快速、健康发展的重要途径。

二、云南省宣传文化人才队伍发展的现状分析

云南省委、省政府高度重视宣传文化人才工作，紧密结合实际，创造性地贯彻中央的方针、政策，系统推进宣传文化系统干部教育、人才培养，以“四个一批”人才选拔培养为龙头，全省宣传文化人才培养工作走向制度化、经常化；体制外的民族民间文化人才选拔、认定全面展开，多渠道培养机制初步形成。当前，云南形成了一支忠诚于党的宣传文化事业，对建设民族文化强省充满信心，把个人专业与兴趣结合起来，有强烈求知欲、奋发向上的粗具规模的宣传文化队伍。其中包括体制内人才约2万人，经省文化厅命名的民族民间文化人才（高级美术师、美术师、艺人等）和非物质文化遗产传承人668名，民族民间传承人3 000多名，以及其他一大批体制外人才。

面向未来，正确应对思想文化领域的各种新形势、新挑战，充分发挥民族文化资源优势，全面加强我省宣传文化人才队伍建设，是建设民族文化强省的必由之路。但从建设民族文化强省的长远要求来看，我省当前宣传文化人才队伍仍存在着规模小、结构不合理、高层次人才紧缺、人才流失等问题。投入不足、体制不顺、机制不活、基础条件较差、体制内外界线分明等问题，也严重制约着宣传文化人才队伍的快速、健康成长。

三、云南省宣传文化人才队伍建设的基本思路

进一步加强宣传文化人才队伍建设，必须以马克思主义为指导，按照科学发展观的要求，坚持党管人才、以人为本、突出重

点、分类指导的原则，按照中央加强宣传文化人才队伍建设的部署，紧密结合建设云南民族文化强省的需求，提高认识，加强领导，深化改革，创新机制，加大投入，重点实施“四个一批”人才、经营管理人才、新兴媒体人才队伍建设工程，大力培养高层次人才，稳定充实基层文化人才，发现和引进特殊、紧缺、急需人才，全面壮大文化产业人才队伍，为建设社会主义核心价值体系，繁荣文化事业，发展文化产业，建设民族文化强省，提供强大的人才支持和智力保障。

宣传文化人才队伍建设的目标是：至2015年，宣传文化人才队伍总量稳定增长，结构改善。省级“四个一批”人才、经营管理人才、新兴媒体人才总数达到200名。理论人才和决策咨询人才、经营管理人才、新兴媒体人才紧缺状况有效缓解；新闻、出版、文艺人才整体知识结构改善，学历结构提升；符合准入条件的基层文化人才、民族民间文化人才、文化产业从业人员大幅度增加。

至2020年，选拔培养500名省级“四个一批”人才、经营管理人才、新兴媒体人才，选拔培养一批入选全国“四个一批”人才和全国性领军人物、学术带头人、高级经营管理人才。宣传文化人才队伍总体规模有较大发展，专业化的决策咨询类智库人才达到500名，民族民间文化艺人和传承人超过5 000名，受过专业培训的基层文化人才达到5 000名，实现每个乡镇有3～5名经过专业培训的基层文化人才的目标。宣传文化人才队伍的知识结构、学历结构、职称结构、行业结构优化，民营、个私文化企业从业人员快速壮大，体制内外人才在项目申报、资格认定、职称评审、教育培训、人才评价、表彰奖励等方面享有同等机会。

云南省宣传文化人才队伍建设的战略重点是：着眼于高层次宣传文化人才队伍建设，全面加强“四个一批”人才、经营管理人才、新兴媒体人才队伍建设，并充分发挥其带动、示范作用；着眼于建设民族文化强省，大力提升宣传文化人才队伍的综合素质和创新能力，提高人才使用效益；着眼于提高科学决策、民主决策水平，加强云南智库人才队伍建设；着眼于边疆基层文化建设，大力稳定、充实、壮大基层文化队伍；着眼于文化产业又好又快发展，快速壮大新兴媒体和文化产业从业人员队伍，引进、培养、造就高素质的经营管理人才。

四、云南省宣传文化人才队伍建设的政策措施

（1）突出重点，实施宣传文化人才队伍建设“四个五”工程。继续实施宣传文化系统“四个一批”人才、经营管理人才、新兴媒体人才建设工程，培养500名高层次人才；选拔培养、命名表彰5 000名民族民间文化人才；启动实施云南智库人才队伍建设工程，培养选拔500名专业化的决策咨询人才；实施基层文化人才扶持工程，为每个乡镇培养3～5名（共5 000名）基层文化人才。

（2）紧紧抓住使用、培养、引进三个环节，贯彻重在使用、加强培养、特色引进的原则，用好用活现有人才，充分发挥体制内、外人才的作用；全面提升宣传文化人才队伍的综合素质和创新能力；突出特色，面向省外、境外，大力引才引智。

（3）加强文化事业平台建设，改善文化产业创业环境，创新人才评价机制、激励机制、保障机制，激发宣传文化人才的积极性、创造性，吸引、鼓励、支持宣传文化人才队伍投身民族文化强省建设，在民族文化强省建设中锻炼成长。

为保障上述措施的切实推进，要进一步牢固树立以人为本、人才资源是第一资源的观念，形成浓厚的尊重知识、尊重人才、尊重劳动、尊重创造的舆论氛围。各级党委、政府要进一步加强

领导，建立人才工作联席会议制度、党政领导联系高层次人才制度、决策咨询专家论证制度，定期制订宣传文化人才队伍建设专项规划，并纳入国民经济社会发展总体规划，建立宣传文化人才信息库，设立省级“四创”（理论创新、文艺创作、文化创意、文产创业）基金，在各级宣传文化事业费中，单列人才队伍建设专项经费，保障规划的贯彻落实。

课题名称：云南省宣传文化人才队伍建设研究
课题负责人：尹　欣
所在单位：中共云南省委宣传部
主要参加人：曹　兵　王文成　柳爱萍　张晓平　顾　红　华　瑛　赵平南　瞿家荣　孙绍武　任仕暄　李跃明　李永松　李汶娟　施　锐　黄颖琼　黎志远
结项时间：2009年6月16日

云南青少年民族团结心理与教育研究

2008年以来，国家对学校民族团结教育工作的推进，已成为当前中小学教育一个备受关注的问题。2009年5月，教育部、国家民委组织召开全国中小学民族团结教育工作部署视频会议，要求各地要认真归纳、总结自1994年试点、2000年正式开展中小学民族团结教育活动以来本地区中小学开展民族团结教育工作的基本情况，以实事求是的态度，既要总结工作中取得的成绩和经验，又要查找工作中存在的不足和薄弱环节。云南是我国多民族大家庭中最具典型性的一个省，是我国民族种类、民族自治地方和特有民族最多的省份，是全国少数民族人口超过千万的三个省区之一。1999年教育部、国家民委正式批准将云南列为全国中小学民族团结教育活动的试点省份，2006年云南省确立了434所中小学作为民族团结教育活动示范学校。云南省中小学民族团结教育活动取得良好实效，其经验和做法受到教育部、国家民委的多次表扬和推广。但迄今为止，还未见云南省中小学开展民族团结教育的相关调查报告发表，学校民族团结教育对学生的民族团结认知发挥了什么样的作用，至今还未见相关的心理学研究报告。为了总结十多年来云南省中小学民族团结教育取得的成绩和经验，发现存在的问题和不足，提出有意义的改进意见以供相关部门参考，该课题对2009年6月以前云南省楚雄彝族自治州、红河哈尼族彝族自治州、大理白族自治州、德宏傣族景颇族自治州、保山市、临沧市共6个多民族聚居地区的中小学开展民族团结教育的情况进行了调查和研究。

一、云南中小学民族团结教育对青少年民族团结认知的影响

课题从中国实情出发，将接受学校民族团结教育，形成民族团结认知视为中国青少年民族社会化的重要内容。我国的民族社会化，与国外的民族社会化有相同之处，更存在鲜明的不同。

（1）当今中国，人们普遍认识到中华民族是多元一体格局，中国民族认同的意识是多层次的，56 个民族是基层，中华民族是高层。因此，我国的民族社会化不只有单一族群社会化的问题，还存在中华民族社会化问题，这与国外民族社会化只解释单一族群（种族）不同。

（2）国外民族社会化主要强调父母的作用，也有研究指出学校是青少年发展和形成民族认同的主要场所。但由于我国对青少年进行有计划、有目的的民族团结教育，其教育内容是有关民族身份、传统等的认知，有关民族间关系的处理，最终指向中华民族团结、国家统一的目标；其心理机制实质上涉及单一民族认同和中华民族认同等。我国开展的学校民族团结教育不仅是对青少年学生在基础层次上的本族属的认同和自尊心、自豪感等的教育，更是在此基础之上的高层次的中华民族认同，中华民族自尊心、自豪感等的教育。接受民族团结教育无疑对我国青少年的民族社会化起着重要作用。

该部分由两个子研究组成，试图探讨 2009 年 6 月前学校民族团结教育对青少年民族团结认知的影响，并提出相关的教育教学建议。在研究中，学校民族团结教育的情况是指学校在民族团结教育的目标、课程、活动的设置与开展三个方面的情况；民族团结认知主要指青少年对民族团结的内涵及相关知识和理论的认

识、理解。一个对民族团结具有内化认知水平的个体对民族团结的认知不仅是解释概念和记忆知识，更是深刻的理解和体验，其具体表现是能举出实例说明概念和知识，或者相反，在一个相关事例中能自动联想或总结民族团结的相关知识和理论。

该课题一方面从显性层面探讨青少年对民族团结的认知水平。其基本假设是，如果被试者的民族团结认知达到内化程度，就能举例说明对民族团结问题的理解。被试者为云南省某地州的青少年学生，共138人。研究工具为开放式问卷。由两个问题组成："请说一件你认为较好地表现出民族团结的具体事例。""请说一件你认为有损民族团结的具体事例。"对问卷结果的内容分析表明：仅有15.7%～17.2%的被试者举出了具体事例，大多数被试者仅是对"民族团结"和"有损民族团结"的含义或做法进行概括性的解释和描述。

另一方面，课题采用问卷调查和故事完成法，考查了31所学校开展的民族团结教育对2 069名中小学生的民族团结认知的影响。结果表明：2009年6月以前，云南中小学民族团结教育的开展情况对青少年民族团结认知有显著的正向影响，随着学校民族团结教育从无到有，在民族团结认知方面处于自发水平的青少年人数比例不断降低，而具有内化水平的人数比例有所上升，但大多数青少年还没有达到民族团结认知的内化水平。

该部分研究给民族团结教育提出的建议是：（1）学校设计和开展民族团结教育活动要照顾学生的性别差异，让男女学生都有机会和兴趣参与活动。（2）教师在教学中，要注意采用案例教学法，不仅给学生提供实例，而且要让学生自己从生活中发掘实例，并学会总结、反思、归纳实例中包含的民族团结信息。这些总结和反思要体现学生的民族认同感和自尊心，并提升至中华民族认同感。

二、云南中小学民族团结教育现状调查报告

采取分层取样的办法，对云南省楚雄、红河、大理、德宏、保山、临沧等6个多民族聚居地区的村、乡、市级小学，乡、市初级中学，共90所中小学的校长或相关负责人采取先发放调查问卷，后辅助采用访谈的方法，就学校开展民族团结教育的情况进行了调查。

研究结果表明，2009年6月以前，云南省大多数小学和少数初级中学在学校的教育目标或计划中设置了民族团结教育的目标，开设了相关课程，探索了多种考核学习结果的方式、方法，并利用乡土资源等举行了丰富多彩的活动。研究建议云南省组织有关专家和学校人员研究现有经验中最值得推广的做法，阐述这些经验的具体操作方法和可能会遇到的问题等，并将这些宝贵经验出版成册，以便在全省乃至全国推广；建议国家教育部门和学校在宣传民族团结教育的社会价值时，也宣传该项教育对学生个体发展的积极作用，以避免学校民族团结教育发生为考试服务的偏向。

三、6州市中小学民族团结教育现状调查报告

对楚雄州10所中小学开展民族团结教育的情况进行调查，结果发现，小学开展民族团结教育的情况好于初级中学。提出的建议是，县级政府教育行政主管部门应该针对本辖区的具体情况，制定出细化的、可操作性的民族团结教育行政规章，或者要求所辖中小学制订民族团结教育的实施方案，交由教育行政主管部门审核通过后备案，以便进行检查、督促、落实等。

对红河州10所中小学校进行调查发现，小学民族团结教育

的开展比中学好。大多数小学设置有明确的民族团结教学目标，并开设了民族团结教育课程，开展了丰富多彩的、具有民族特色的教育活动；初级中学没有明确设置民族团结教学目标，没有开设专门的课程，只是把民族团结教育融入各科教学之中，开展了一定的活动。针对红河州中小学教师对民族团结教育方面的知识掌握不全、经验不足等现状，提出应加强民族团结教育方面的师资培训等建议。

对大理州30所学校开展民族团结教育的情况进行调查，结果表明，绝大多数小学、少数初级中学设置了民族团结教育目标，开设了课程，组织了相关活动。市小学与村小学活动次数多，内容广泛，形式多样，且带有许多地方特色。建议中小学校建立民族团结教育工作档案，做到每个学年有计划，中期有检查，学期末有总结，活动有文字方案。注意文字、图片等档案的保存及过程管理，以保证学校不断总结经验，有效开展民族团结教育等。

对德宏州10所中小学校开展民族团结教育的情况进行调查，结果发现，小学和乡镇初级中学均设置了民族团结教育目标，但县、市初级中学没有具体用文字表述的民族团结教育目标；小学及乡镇初级中学均开设了民族团结教育课程，而县、市初级中学未开设具体的民族团结教育课程；县、市小学的民族团结教育活动组织次数最多，且活动方式多样。提出各中小学应提高认识，加强组织领导，建立和完善民族团结教育工作的校内检查督导及目标考核制度等建议。

对保山市12所少数民族聚居地学校，10所汉族聚居地学校开展民族团结教育的现状进行了调查，结果发现，少数民族聚居地学校和民族学校在民族团结教育目标设置、课程、活动等方面开展了较多的工作，而汉族聚居地学校基本上缺乏明确而具体的民族团结教育。提出学校民族团结教育要以政府为主导，学校为主体机制，县级政府统一规划，学校具体实施，分工明确，形成合力，以促进本地民族团结教育的发展等建议。

对临沧市10所中小学调研发现，10%的中小学设置了民族团结教育目标，30%的中小学设置了相关课程，80%的中小学开展了活动。没有设置目标和课程的最主要原因是学校认为课业负担较重，没有专门的人力和时间保障；部分学校尽管有民族团结教育目标设置和课程，但认为少数民族学生不是太多，没有安排具体的教师完成相关的任务。临沧市有关部门领导和学校教师需要进一步提高对民族团结教育工作的重要性认识。

课题名称：云南青少年民族团结心理与教育研究
课题负责人：尹可丽
所在单位：德宏师范高等专科学校
主要参加人：尹绍清　尹康平　陈春莲　樊　洁
　　　　　　赵　科　龙肖毅
结项时间：2010年1月17日

“后马克思主义”思潮的政治哲学思想研究

“后马克思主义”思潮的兴起是20世纪人类思想史上的一个重大事件。自20世纪80年代初，“后马克思主义”思潮逐渐进入我国学者理论视野，并逐步成为当代学术界的重要论域甚至成为马克思主义哲学研究的中介性工具。研究、了解“后马克思主义”思潮既为人们认识当代资本主义的历史发展变化提供了一个重要窗口，又为人们把握人文社会科学尤其是国外社会思潮相关领域的理论发展，提供了某种基础性的方法平台。

“后马克思主义”是当代西方社会思潮发展演变的新形态之一，与马克思主义相比，在一定程度和范围内具有一定的合理性，但同时它又有着自身不可克服的局限性。它的兴起在一定程度上对马克思主义构成了挑战，并且它的许多观点也是坚持和发展马克思主义所必须面对的。因此，用马克思主义的基本观点尤其是唯物史观来对“后马克思主义”的政治哲学思想作批判性分析，进而对其整个思想体系进行辩证性的研究，对坚持和推进马克思主义基础理论尤其是政治哲学思想的研究，具有重要的理论价值。

该课题坚持以马克思主义为指导，力图用马克思主义的基本立场、观点和方法对“后马克思主义”的政治哲学思想作一辩证分析；并用马克思主义唯物史观的基本原理对“后马克思主义”的基本观点作批判性分析，进而揭示“后马克思主义”思想的实质，在一定程度上彰显马克思主义的当代价值。这对于透视当代西方社会思潮的发展演变具有重要意义，而且对于推进马克思主义政治哲学思想的研究及马克思主义与当代国外社会思潮，尤其是国外马克思主义的比较研究也具有相当的学术价值，从而弥补了国内外学术界对这一问题研究的不足。

该课题中所探讨的“后马克思主义”主要是指20世纪60、70年代，以拉克劳和墨菲为代表的公开声称自己是“后马克思主义”的派别，即学者们所指的狭义“后马克思主义”。为了创立一种不同于传统马克思主义的激进政治学说，他们抛弃了传统马克思的主要方法和理论立场，从“领导权”这一核心概念出发来建构自己的政治哲学学说。

首先，政治与经济的关系。在这一方面，拉克劳和墨菲否定了马克思主义唯物史观关于经济基础决定上层建筑的理论分析，否定了经济和政治的密切联系。拉克劳和墨菲认为，传统马克思主义是建立在一种“经济决定论”基础上的理论，但他们并不认同传统马克思主义的这一观点。他们认为，政治和经济之间并没有必然的联系，也就是说，社会政治统治的整个结构与生产和剥削并没有本质联系。拉克劳和墨菲认为，他们要拒斥的就是传统马克思主义所主张的那种“经济决定政治，政治是经济的集中反映”的观点，而“经济决定论”则是唯物史观的集中体现。

其次，阶级斗争和工人阶级的地位问题。在阶级斗争问题上，他们反对阶级中心论。拉克劳和墨菲认为，马克思主义的革命理论以阶级斗争为中心，“是一种阶级还原论”，是马克思“本质主义的最后阵地”。他们认为，马克思主义的“阶级还原论”的本质主义集中表现为把政治关系归结为阶级的物质利益关系。对阶级还原论的解构，就是要对马克思主义的本质主义进行“最后的再质疑”。经济范畴与其他范畴或者统治关系没有本质的联系，工人阶级在经济领域中反对资本主义积累和剥削的历史斗争，对于在其他领域内反对资本主义秩序的斗争来说不可能有什么意义，而且互不相干。他们的结论是，一个以根本性的社会转型为目标的政治运动并不要求以物质条件为基础。对于工人阶级的地位问题，他们反对工人阶级的主体地位。这一观点是“反阶级中心论”的必然的逻辑结论，也是他们反经济决定论和阶级还原论的自然结果。

最后，激进民主与社会主义新策略。拉克劳和墨菲提倡多元主义民主，他们对民主的解构是建立在抽象的和颇具争论的“话语理论”基础之上的。他们采取后现代主义的立场，认为研究的重点不是社会关系，而是社会差异。《领导权与社会主义的策略》一书中，提出四个核心概念：即“链接”（articulation），“话语”（discourse），“要素”（moment），“成分”（element）。在话语理论的基础上，拉克劳和墨菲提出了社会主义新策略：不同的领导权斗争是从对政治不平等的批判入手，通过不同的话语实践，置换对经济不平等批判的话语，走向对其他从属形式的怀疑，并产生新的权利要求。这种反本质主义的社会主义策略认为，社会主义革命的领导权不是单一的，主体也不是单一的和固定的，而是多元的，是在不断变化中建构的，因而工人阶级先锋队的作用被排除掉了，取而代之的是多元的主体，如环保生态、女权、学生和其他边缘群体的平等的、多元的主体的崛起。

从“后马克思主义”的政治哲学思想来看，他们充分吸收借鉴了后现代主义的基本立场和方法，也确实提出了一些富有建设性的意见，表面看来，他们似乎是对马克思主义的完全颠覆。但是，如果用马克思主义的唯物史观进行分析可以看出，“后马克思主义”思潮本质上仍是在为资产阶级的利益作辩护，是资产阶级意识形态的反映，他们所探讨的问题仍然没有超出马克思主义的“视阈”，马克思主义仍然具有强大的生命力、批判力和解释力。

国内诸多学者惯于以整体的视野去把握和理解“后马克思

主义”的基本思想，如何从马克思主义唯物史观的角度并利用唯物史观的基本原理来深入剖析“后马克思主义”的政治哲学思想，进而揭示“后马克思主义”的基本观点和实质意蕴，这是本课题的重点难点之一；“后马克思主义”的政治哲学思想在很多层面上对马克思主义的政治哲学思想提出了挑战和彻底的“解构”，如何利用马克思主义唯物史观的基本原理来应对这种挑战并作出辩证性批判，从而推动马克思主义政治哲学的研究，这是本课题的重点难点之二。

该课题在文献梳理的基础上对“后马克思主义”的基本观点尤其是政治哲学思想及实质意蕴作出有深度的探讨，创新之处主要体现在两个方面：一是突破了以往对“后马克思主义”研究的泛泛之谈，而是侧重分析其政治哲学思想，进而分析其整个思想；二是以马克思主义唯物史观为指导，对“后马克思主义”政治哲学思想作了辩证分析，克服了以往只是翻译和介绍其具体观点的局限，从而凸显了马克思主义唯物史观的当代价值。

该课题的研究论文和研究报告，可以用于理论学术界交流，为进一步推动马克思主义与国外社会思潮的比较研究，尤其是为政治哲学思潮在我国的研究提供理论借鉴。

课题名称：“后马克思主义”思潮的政治哲学思想研究
课题负责人：郭佩惠
所在单位：西南林业大学
主要参加人：刘化军　杨　倩　任　洁
结项时间：2010 年 7 月 21 日

党史·党建

云南农村基层党组织建设研究

一、课题研究的目的和意义

全面建设小康社会最艰巨最繁重的任务在农村。建设社会主义新农村是我国现代化建设进程中的重大历史任务，是遏制城乡差距拉大趋势的根本出路，是保持国民经济平稳较快发展的持久动力，是构建和谐社会的重要基础，是贯彻落实科学发展观、切实解决“三农”问题、全面建设小康社会的重大战略举措。全面推进云南省社会主义新农村建设，不仅关系到农业、农村发展和农民富裕，而且关系到城乡经济、区域经济的协调发展，关系到维护边疆民族地区的和谐稳定，关系到云南省与全国同步建成小康社会目标的如期实现，关系到云南的全面振兴与繁荣。农村基层党组织是新农村建设的领导力量，是党的细胞，是党联系人民群众的桥梁，是党的全部工作和战斗力的基础，在新农村建设中具有重要的地位和作用，如何巩固其地位并发挥好作用是需要研究的重要问题。下最大的决心，尽最大的努力，把云南省2万多个农村基层党组织和90多万名党员自身存在的突出问题解决好，提高农村党组织领导科学发展能力，壮大农村集体经济，扩大农村基层党组织的影响力、凝聚力和号召力，是云南省新农村建设能否取得成效的核心和关键。该课题从新农村建设的重要性出发，研究云南省农村基层党组织在新农村建设中的重要作用、现状、适应能力、先进性建设的目标和主要任务，从研究的视角和研究的成果来讲都具有重要意义。

二、研究成果的主要内容、重要观点或对策建议

1. 研究成果的主要内容

（1）梳理党的十六大以来云南农村基层党组织建设取得的重大进展，从实施“云岭先锋”工程到开展“保持共产党员先进性教育”活动、“边疆党建长廊”建设工程、“深入学习实践科学发展观”活动等具有重大影响和推动作用的活动中，总结归纳出云南农村基层党组织建设取得的成就，并从中整理出这些重大活动对近年来云南农村基层党组织建设所起到的巨大推动作用和实践效果。

（2）总结各地农村基层党组织在推动新农村建设中发挥党组织核心作用和战斗堡垒作用，带领广大人民群众发展生产、凝聚人心、维护稳定、构建和谐的成功做法和先进经验。

（3）调查分析云南省农村基层党组织建设在社会主义新农村建设中面临的挑战，找出目前存在的主要问题和困难，尤其是边疆民族贫困地区的农村基层党组织建设所面临的特殊困难和问题。

（4）从构建社会主义和谐社会的战略高度，研究云南省农村基层党组织在建设社会主义新农村中的重要作用，以不断增强农村基层党组织和党员干部贯彻落实科学发展观的自觉性和坚定性，提高执政能力，把农村基层党组织建设成为推动农村科学发展、促进边疆地区民族团结、社会和谐为着力点，提出了进一步加强农村基层党组织建设的对策和建议。

2. 主要观点

（1）全面建设小康社会最艰巨最繁重的任务在农村。

（2）全面推进云南省社会主义新农村建设，不仅关系到农业、农村发展和农民富裕，而且关系到维护边疆民族地区的和谐稳定，关系到云南省与全国同步建成小康社会目标的如期实现，关系到云南的全面振兴与繁荣。

（3）党的基层组织是党的细胞，是党联系人民群众的桥梁，是贯彻“三个代表”重要思想的组织者、推动者、实践者，是党的全部工作和战斗力的基础。

（4）下最大的决心，尽最大的努力，把云南省2万多个农村基层党组织和90多万名党员自身存在的突出问题解决好，提高农村基层党组织领导科学发展能力，壮大农村集体经济，扩大农村基层党组织的影响力和号召力，是云南省新农村建设能否取得成效的核心和关键。

3. 对策建议

（1）以创新的精神加强农村基层党组织建设。农村基层党组织要永葆生机、充满活力就必须把创新放在首位。一是不断解放思想，树立市场经济的思维方式。随着改革开放的不断深入和社会主义市场经济的不断发展，出现了许多计划经济时代所没有的问题。要解决这些问题，就不能因循守旧，止步不前，而必须实事求是、与时俱进、不断创新。二是创新发展思路和工作方式。加强农村基层党组织建设关键是提高执政能力，而提高执政能力的关键是要创新。不仅是创新发展思路，还要创新工作方式和方法，才能收到好的效果。比如支部建在协会上，建在产业链上；建设党员经济林地；因地制宜地发展农村集体经济等。这方面各地已经有一些好的经验，要加以总结并进行推广。三是进一步创新党组织设置形式，加强制度建设，解决一些党组织生活弱化的问题。实践证明，越是贫困落后的地区，群众越是处于弱势，对组织和领导的依赖程度越高，不管发生什么事情，他们首先想到的是寻求组织和领导的帮助，有一个好的领导班子和好干部，能够帮助群众解决很多实际问题，能够领导本地区发展经济和其他事业。群众说：“一个村富不富，关键看是不是有个好支部。”所以，要从农村发展的现实出发，积极探索既有利于农村经济社会发展又有利于党组织生活开展的新型党组织架构，可以采取支部加协会、村村联建党支部、村企联建党支部等方式，不断拓展党建工作的空间。

（2）提高农村基层党组织的凝聚力和战斗力。提高农村基层党组织的执政能力，是加强农村基层党组织建设的关键。执政能力所涉及的内容很多：一是提高农村基层党组织带领农民群众发展生产、增收致富的能力。发展生产、增加农民收入是农村全面发展的基础，农村基层党组织作为新农村建设的战斗堡垒和领导核心，带领农民群众发展生产、增收致富理应放在最重要的位置。二是提高农村党员干部的思想政治素质和实际工作能力，使农村干部不仅有为农民群众服务的愿望，还具有为群众服务的能力。除了对农民干部进行培训和开展各种形式的学习外，还有就是为农村干部队伍注入新的血液，即重视培养和选拔优秀的年轻干部。年轻干部脑子灵活，接受新鲜事物较快，也能更准确地把握时代的脉搏，能更多地把握有利于带领农民群众发展生产的信息、技术和管理方法等。三是提高农村基层党组织和党员干部引领农民当家作主的能力。村干部作为农村民主管理的组织者，要有更强的民主意识，具备依法决策、依法管理、依法办事的能力。

（3）建立和健全农村基层党员干部激励机制。农村党员干部生活在群众之中，是党内最基层的群众，维护群众利益必然要求维护基层党员干部的利益。我们所提倡的为人民服务，是与维护农村党员干部的正当利益不矛盾的。针对农村党员干部的利益观多元化，对于正当的利益诉求我们应予以承认并保护，满足党员干部正当的利益要求。围绕党员干部的实际需要，提供人性化的服务。根据党员义务和权利相对应的办法，大力加强农村基层党组织建设各项工作领域的形式创新与机制创新，更多地满足党员干部在创业致富、民主政治参与、精神愉悦、社会生活等方面的需求。另外，重要的一点是建立农村党员干部的激励保障机制。注重建立和完善农村党员干部的政治经济待遇保证机制，保证党员干部的基本权利。在农村贫困地区，一些农村基层党员干部的经济待遇较低，可通过对这些党员干部进行帮扶和对优秀的党员干部进行奖励的办法来提高这些党员干部的经济待遇。此外，还应探索建立村干部进入乡镇公务员队伍的有效途径，强化党员干部政治身份的优越性，激发党员干部的政治荣誉感和工作使命感，使广大的农村党员干部觉得自己的工作得到了党组织和人民群众的承认，以此最大限度地激发农村党员干部的工作积极性。

(4) 大力加强基层党组织为民服务体系建设。“基层为民服务体系”是近年来农村在贯彻落实科学发展观的过程中，为适应新农村建设需要探索实施的一项新型服务制度，是新形势下加强农村基层组织建设的重要载体和平台。目前重要的是要健全推行这一制度的长效机制，切实促进干部转变作风，进一步密切党群干群关系，推动科学发展。一是建立工作机制，提高服务效率。按照来人有接待、求助必受理的要求，不断健全工作机制，制定工作流程和服务站工作人员行为规范，严格实行首问责任制、限时办结制和责任追究制，改进工作作风，强化服务意识，提高办事效率。二是转变服务方式，密切干群关系。积极探索服务群众的新方式、方法，依托服务中心（站），形成以村流动服务为主，乡镇坐班服务为辅的“全程代理”服务模式，实现被动服务、等待服务向主动服务、上门服务的转变。三是完善监督机制，提升服务质量。

（5）建立城乡党建工作新机制。要解决农村基层组织建设的问题，最根本、最有效、最长远的办法是要有大思路，要跳出农村看农村，跳出基层看基层，站在全局的角度，贯彻落实科学发展观，坚持以人为本，统筹城乡发展，统筹区域发展，从总体上解决农村发展面临的诸多问题，只有使边疆民族地区的农村得到全面协调可持续的发展，农村基层组织建设才能有大的发展，这是相辅相成的关系。一是采取切实有效的措施为边疆民族地区引进人才。不仅是引进大学毕业生，更要引进立志投身于边疆民族地区工作，而且了解边疆、了解农村、了解少数民族的有识之士到边疆民族地区工作。二是利用现代信息技术，比如建立网站、开设网页，在网上开设“支部之家”、“党员之家”、“基层干部之家”等，及时为边疆民族地区的基层干部送信息、送知识、送办法；同时，能够时时听到他们的心声，及时帮助他们解决困难，并且利用网络把边疆民族地区的党支部、党员组织起来，再通过他们把群众组织起来。三是完善边疆民族地区党领导农村工作的体制机制。自从党委农村工作部撤销以后，边疆民族地区县级层面的农村工作分别由农业局、农机局、民宗局、扶贫办分头管理，难以形成合力，有时工作互相抵消。探索“党委统一领导、党政齐抓共管、农村工作综合部门统一协调、有关部门各负其责”的党领导边疆民族地区农村工作体制机制，是一个迫切需要解决的问题。要围绕加快形成城乡经济社会发展一体化的目标，加强城市和农村的对接合作、交流沟通和互惠共享，促进城乡统筹发展、联动发展、协调发展。

三、成果的学术价值、应用价值及社会影响和效益

课题研究从实地调研到现在已有两年多时间，其间形成了几个阶段性成果：一是《边疆民族地区农村基层党组织建设问卷调查分析报告》；二是《文山州农村基层党组织建设的做法和经验》，已通过云南大学出版社出版的《2008～2009 云南政治文明建设报告》公开发表；三是《城市周边农村基层党组织建设调研报告——以红河州蒙自县为例》，将通过云南大学出版社出版的《2009～2010 云南政治文明建设报告》公开发表；四是《社会主义核心价值与新农村党的基层组织建设——云南省绿春县大兴镇岔弄上寨党支部党建工作调查》，已通过《农业考古》2008 年第 6 期公开发表；五是《云南农村基层党组织建设综合研究报告》，将通过云南大学出版社出版的《2009～2010 云南政治文明建设报告》公开发表。这些成果的公开发表，对云南省新农村建设背景下的基层党组织建设已经产生了积极的社会影响和社会效益。

课题名称：云南农村基层党组织建设研究

课题负责人：刘阶群

所在单位：云南省社科院

主要参加人：蒋如娟　张睿莲　向　翔　龙庆华
王杰康　郭建军　自正发　吴　莹
江　华

结项时间：2010 年 3 月 30 日

哲　学

云南少数民族地区传统文化对经济发展的作用研究

一、课题研究的目的和意义

“云南少数民族地区传统文化对经济发展的作用研究”具有重大的现实意义与理论意义，是少数民族地区如何充分考虑资源环境承载能力和发展潜力，从而实现经济增长方式转变的一个亟待解决的现实问题。中国各少数民族的发展是形态各异的，这既有内在制度结构差异的原因，又有外在的社会交往情况、自然条件不同等原因。总体上看，传统的生产方式已经很难肩负起民族地区发展的重任，单一的工业化发展道路也难以解决无论是资金还是技术都严重不足的民族地区的经济增长问题。云南省丰富的文化资源是实现民族地区经济发展方式转变的一个重要支撑点，云南省民族旅游开发已经取得了十分显著的成绩，对民族旅游进行理论思考及对云南特色文化在经济社会发展中的重要意义进行阐释是十分必要的；对云南省乡村文化产业发展的现状、路径及意义的考察以及未来发展需要注意的问题的理解具有理论意义和现实意义。发展民族地区文化产业也是保持少数民族文化的多样性与建设社会主义和谐社会的重要途径之一。

该课题组按原计划完成了公开发表三篇论文及一个研究报告的任务，就研究计划中提出的“民族旅游的政治—经济分析”、

“文化差异与文化产业”及“乡村文化产业发展的道路”等三个问题作出深入研究，并公开发表了与这三个方面的问题紧密相关的三篇学术论文：

（1）《民族旅游的政治—经济分析》，载《广西民族大学学报》2007 年第 6 期；作者：马翀炜。

（2）《“云南十八怪”与民族文化产品开发》，载《文化遗产》2009 年第 3 期；作者：孙信茹。

（3）《乡村文化产业发展的路径及意义——以云南省为例》，载《西南边疆民族研究》第 6 辑；作者：马翀炜、孙美璆、李德建。

二、研究成果的主要内容、重要观点或对策建议

该课题认为，云南省民族地区乡村文化产业能够在近年来获得较快的发展，是与云南省旅游业的快速发展紧密相关的。基于此，要真正理解云南省民族地区乡村文化产业问题就有必要对民族旅游进行理论上的分析。《民族旅游的政治—经济分析》一文认为：追求自由的旅游与现代社会建构的强调控制以及牟利的旅游业之间的冲突，是民族旅游中具有根本性的矛盾，民族文化符号在现代旅游中的重新编码，是民族文化产生变化的一个直接原因。民族文化产品进入主流文化消费系统的意义则在于，通过交往而使不同文化之间在一定程度上达到文化价值的相互承认。改变现实交往活动中的不合理性的可能路径在于，文化拥有者通过实践来提升自己参与旅游业的行为能力，并参与到交往制度的修改与制定中。

《“云南十八怪”与民族文化产品开发》一文以独具特色的“云南十八怪”文化现象及围绕“云南十八怪”进行的民族文化

产品开发现象进行了深入的思考，认为在很长一段时间里，“云南十八怪”是外地人贬抑云南地方性文化的形象表达。近20年来，“云南十八怪”以商品符号的形式出现在市场上，其所包含的文化意蕴随历史的变化而不断变化。从“云南十八怪”文化符号效应经历的轰动到平淡的变化过程中可以发现，地方性文化在经济全球化时代有可能通过积极的参与而获得进入主流社会及主流经济活动的机会。而这些地方性文化以及以这些文化为核心价值的民族文化产品要改变其边缘性的地位，就必须努力使这些地方性文化逐步成为主流社会经济活动中的结构性要素。

《乡村文化产业发展的路径及意义——以云南省为例》一文从大量的田野调查材料的研究入手，对云南省乡村文化产业发展的路径及意义得出如下认识：云南省乡村文化产业经过20多年的探索，现已呈现出蓬勃发展之势。在依托旅游业发展、开拓市场的过程中，云南乡村文化产业化逐步探索出了如下几种路径：日常生活用品向民族工艺品转化；民族歌舞转化为民族歌舞演艺业；独特的民俗风情与优美的自然景观结合开发；传统民族艺术品转化为文化产品；传统民居的开发利用等。乡村文化产业的发展不仅促进了当地的经济增长，提高了村民参与市场经济的能力，而且使社区的组织结构得到了改善。乡村文化产业在新农村建设中发挥了十分重要的作用。

研究报告《云南民族地区乡村文化产业的发展现状及对策研究》在大量的田野调查的基础上，对云南民族地区乡村文化产业的发展现状进行了点面结合的介绍。认为云南民族地区乡村文化产业在近年来得到了长足的发展，取得了许多成绩。首先，到目前为止，云南民族地区乡村文化产业发展是与云南省旅游业发展紧密相关的，或者说是旅游业发展带动了乡村文化产业的发展。这是对这一个问题的一个最基本的认识。其次，云南民族地区乡村文化产业发展探索出了多样化的发展路径。在走过了村民自发性参与、政府倡导发展和多方力量共同参与发展的20年的乡村文化产业发展历程后，乡村文化产业已经探索出了多样化的发展路径：日常生活用品向民族工艺品的转化。云南少数民族的许多日常生活用品，因具有较为浓厚的民族审美文化特色，在现代市场条件下，其实用功能逐步被审美功能所取代而开始转化为旅游工艺品；在乡村文化产业发展过程中，将民族歌舞转化为民族歌舞演艺业；利用特有的民族民俗风情，依托优美的自然景观开发乡村旅游；对传统民族艺术进行进一步的挖掘整理，引导这些艺术品走向市场，是一些地区进行乡村文化产业发展的方法；利用传统文化古镇、民居发展文化旅游业也是云南乡村文化产业发展的一大特色。第三，在乡村产业发展较好的地区，增加了农民收入，拓宽了农民就业渠道，培养了乡土人才。第四，发展乡村文化产业调整了农村产业结构。第五，发展乡村文化产业改善了有形和无形的基础设施建设。

尽管云南省民族地区乡村文化产业发展呈现出令人鼓舞的态势，但乡村文化产业发展中也还存在投入不足，基础较为薄弱，规模不大，单打独斗，人才不够，缺乏管理经验以及精品不多，后劲不足等诸多问题。在这一认识基础上，对云南民族地区乡村文化产业的发展提出如下对策建议：一是以民族文化资源为基础，进一步挖掘乡村文化产业的发展潜力；二是进一步找准乡村文化产业定位；三是加强乡村人才培养，为乡村文化产业发展提供持久动力；四是充分认识市场规律，整合文化资源、社会资源等要素；五是采用政府授牌的方式，打造乡村文化产品品牌；六是延长产业链，联动产业资源，形成产业集群；七是以“政府引导、企业投资、村民参与、市场化运作”的方式，使乡村文化产业发展具有更多的动力来源。

该课题研究从理论上对民族旅游、民族文化产业进行了具有一定深度的思考，对民族传统文化对现实经济发展的作用也进行了研究，并且对云南省乡村文化产业发展现状进行了点面结合的调查研究，研究基本呈现了云南乡村文化产业的发展现状、面临的问题并提出了相应的对策建议。该成果对于扩大文化产业研究的领域具有一定的理论价值。

课题名称：云南少数民族地区传统文化对经济发展的作用研究

课题负责人：马翀炜

所在单位：云南大学

主要参加人：马翀炜 孙信茹 刘从水 孙美璆 李德建

结项时间：2009 年 11 月 6 日

现代性视阈中的农民主体性研究

一、课题研究的目的和意义

21 世纪，在人类一部分成员对现代性已开始持批评态度并试图超越时，占我国人口大多数的农民却游离于现代性之外，凸显了农民主体性建构的艰巨性和紧迫性。基于此，本课题以现代性为切入点，探讨了农民主体性历史变迁及其建构等问题。

以往国内外学者主要从经济学、政治学和社会学角度来研究农民问题，并取得了一定的理论成果。但是，这些研究成果存在一个明显不足：即缺乏把农民问题纳入哲学思考的理论自觉性，忽视了主体性在现代性中的核心和基础地位，从而不能对农民问题作出哲学（尤其是主体性）这一维度所应有的分析和评价。这种理论的滞后与我国建设社会主义新农村的伟大实践极不相称。这迫切要求我们立足于马克思主义的立场、观点和方法，深入地研究农民主体性，对农民主体性的构成、类型和变迁作出系统的分析和概括，从而自觉地坚持和推进对于农民问题的研究，并丰富和深化马克思主义主体性理论。有鉴于此，本课题坚持以马克思主义为指导，力图揭示农民主体性的基本内容和实质意蕴。在理论上：（1）拓展对农民问题研究的领域，将农民问题的研究向纵深推进，为社会主义新农村建设提供理论支持；（2）深化主体性理论的研究，把从研究一般类的主体性拓展到研究具体的阶级或阶层的主体性，从而弥补了国内外学术界对这方面研究的不足。

二、研究成果的主要内容、重要观点或对策建议

(一) 主要内容

课题首先对几个关键概念作了必要的交代：规定了研究对象中农民的外延、确定了主体与主体性内涵、理清了农民主体性与现代性的关系、简要考察了农民的发展历史。

其次，将抽象的主体性范畴具体化为主体性外在环境、交往方式、新意识酝酿、依附性、主体性发展动力机制以及主体功能单位等来分析。随着历史的发展，民族意识、阶级意识、跨共同体意识及民主意识等农民非传统意识先后产生。家族文化和农民交往方式的变迁为当前农民新意识成长提供了适宜环境；土地、家族或拟共同体对农民的束缚正在减弱，以人为本理念下的国家控制有助于农民突破传统文化之墙；职业交往、自由恋爱交往一定程度冲击着传统人情交往；承包制和市场经济等后天定命机制动摇先天命定机制；农民主体功能单位大小不同，其成员主体性的强弱也不同。农村这一单位分别由宗族、新中国成立前后短暂出现的小家庭、人民公社以及其瓦解后联产承包责任制下的家庭承担。总趋势是主体功能单位由大变小，最终与个人合一。但由于传统文化惰性加之与自然经济的天然亲和力等因素，当前农民主体性仍未走出传统主体性窠臼，虽然旧壳中已经酝酿着新因素。

再次，为把脉当前农民主体性症状，对传统农民主体性进行了溯源，通过文化精神、伦理、价值等视角分析了前近代农民主体性的生成环境。在传统文化精神部分探讨了皇权主义与依附意

识的形成、整体主义与独立人格生成的困难、传统文化的内倾与国民性格的消极满足、崇古与守旧意识的相伴而生。传统道德部分主要探讨仁礼、义权、天人、德智与传统农民主体性的关系：仁与礼的关系实质隐含着仁入世的过程中自律转化为他律的困境，预示了主体性不断丧失的命运。义务本位使权利意识难产，互惠双向的义务关系现实地表现为一部分人垄断权利而另一部分人承担义务的二元结构，披着面纱的义务之网阻碍了权利意识的萌生。人道与天道合一，为人道设立了一个本原性的价值根据，人道的客观性、合理性和绝对性有了形而上保证，确立了人道的绝对权威。但由于它把天道作为道德的本体，人道严格地被限制在天道的框架之内，人道始终未能摆脱天道的制约而取得独立地位，为人的存在、本质、活动及其价值设立了一个不可逾越的先验本原，人成为一个被规定的主体性存在。重德轻智的德性文化培养了德性主体，“反求诸己”强调人的反思、体悟，发扬了人的主观能动性，但由于在反思前预设了一个不容怀疑的先验的道，使自省的精神大打折扣，且由于过分“向内用力”，德性主体在精神世界的怪圈中循环，德性主体丰满与实践主体萎缩极不相称，德性成果难以通过外在实践主体巩固。在价值部分探讨了人与自我、人与人、人与自然的三重价值关系。重义轻利，片面追求精神发展，贬低物质利益与人的合理需要最终导致物质贫困及主体性发展停滞甚至退化。人与人的价值关系上的他人本位应对忍气吞声、自怨自叹、裹足不前的国民性格负责。人与天价值关系方面，主流思想是崇天，而以自然为主导的天人合一只能说明主体陷入客体化而不能自拔。在对主流文化分析的基础上，多维透视了传统农民文化这一“亚层次”。

最后，农民主体性现状及其历史原因的把握，为农民的主体性建构打下了基础。农民主体性建构应分为自构与他构。在自构方面，主要是加强自我教育，实现农民的自我管理。他构方面，包括消解家国同构和二元结构，营造主体发展的社会环境，消除传统共同体残余，为农民的个性发展松绑，发展市场经济，摧毁自然经济残余，建立和谐民主家庭为主体性培育营造小环境，进行精神文明建设，洗涤农民精神污垢等。

（二）重要观点或对策建议

1. 理清了现代性视阈中农民主体性研究的几个问题

以现代性视阈研究农民主体性问题是当前不可回避的课题，它以研究对象、研究意义、研究的历史与现状以及现代性与农民主体性的内在关联为前提。对象的选取应结合国情，突出重点；农民主体热既有一定时代背景也有它自身的原因，当前对其研究无疑具有重大的理论意义和实践意义；以现代性视阈透视农民主体性延续了从农民问题研究到农民主体性研究百年历史，将为当前农民研究开辟新领域、新路径；主体性与现代性同源，农民主体性的确立是现代性实现的重要标志，农民主体性的长期性意味着现代性实现的艰巨性。

2. 农民主体性仍属传统型

由于受传统文化惰性和其与自然经济的天然亲和力等因素影响，当前农民主体性仍未走出传统主体性窠臼，虽然旧壳中已经酝酿着新因素。

3. 提出农民主体功能单位概念

自由自主个体为一个标准主体功能单位。农民主体功能单位大小不同，其成员主体性的强弱也不同。组成这一单位的人越多，主体性总值除以成员人数的商值就越小，主体性发挥的空间就越小。

4. 农民主体性发展的先天命定和后天定命机制并存

所谓主体性发展的动力机制，就是主体在发展过程中获得社会给予的制度性激励，它可以是习惯形成的或是人为安排的。按照社会给予的方式，可以分为先天命定和后天定命。先天命定是与生俱来的，贵贱荣辱与后天努力无关。后天定命则相反。

5. 传统农民主体性虚无

农民客观上是物质生产的主体，也是历史发展的推动力量。但模仿和宿命打击了他们作新尝试的努力，清官意识满足了他们求保护的愿望，也冲淡了他们自我代表和自我保护的权利意识，大家庭给予他们温馨也把他们异化为家族绵延的工具，生存需要的不满足制约了主体的性质，神性是对人性的剥夺，均平有利于整体的存在，也使张扬的个性毫无踪影。这些决定了传统农民的主体性距离独立的、自由个性的现代的主体性有很远的距离。

6. 提出农民主体性应划分五阶段

传统农民主体性发展到现代主体性大致可以分为如下几个阶段：近代起点以前的阶段、以传统为主但却有了发展可能的阶段、以传统为主而转向现实性阶段、现代主体性为主但仍受传统影响阶段以及现代主体性完全确立五个阶段。至此，开拓、创新、以未来为导向的全新农民诞生了，依附、内倾、怀旧的传统农民终结。

7. 农民主体性的自构与他构

一般认为，主体性是以理性为基础的自由性、自觉性和超越性。似乎主体性只表现于精神一维。其实不然，主体性确立和发挥离不开制度和器物。主体性虽不内含制度和器物，但却以制度和器物为外在基础和前提，从某种意义上说，器物和制度是主体性外壳。健全主体应是“内外兼修”的。主体性建构分为自构与他构。所谓自构，就是农民从时代发展需要出发，认识自我、发展自我并朝着全面自由发展的人方向前进的过程。所谓主体性他构，指社会为农民传统主体性向现代主体性转型的需要有系统有组织地营造文化、制度、社会环境的过程。

（三）方法的创新程度

本课题运用了唯物史观的基本方法，在大量的文献梳理和考证的基础上，以农民主体性为研究对象、以现代性视角为切入点，在传统与现代相互参照中揭示农民主体性的现代性意义，透视农民主体性的结构，勾勒农民主体性的变迁，从而把握农民主体性的基本内容和实质意蕴。

（四）突出特色和主要建树

从目前掌握的资料来看，同类著作或从抽象哲学主体性线路，或从人民主体论线路研究农民主体性，而本课题以现代性视阈透视农民主体性问题。现代化以人的现代性为条件和内容，中国的现代化离不开农民现代性的确立，而现代性之核心是人的主体性，农民主体性确立是现代化之标杆。作为对现代性内涵的引申和拓展，提出和研究农民主体性问题。探讨当前农民主体性现状，并延伸至前近代农民主体性及其未来建构。揭示了当前农民主体性动态结构以及传统社会中农民主体性的金字塔式结构，界定了“主体功能单位”概念以衡量农民主体性量的变化，用先天命定机制和后天定命机制分析当前农民主体性发展的内在动力，提出农民主体性发展“五阶段说”，主张主体性建构应为自构与他构的统一等。

三、研究成果的学术价值、应用价值及社会影响和效益

本课题在文献梳理的基础上对农民主体性的基本观点和实质意蕴作了有深度的探讨，揭示了客体主义和主体主义两种对立视角的不足。深化了农民主体性理论的研究，拓展了对农民问题研

究的领域，为农民问题的解决提供了新思路。

课题名称：现代性视阈中的农民主体性研究
课题负责人：黄　琳
所在单位：玉溪师范学院
主要参加人：武正雄　罗　伟　李银兵　杨少英　李　玲
　　　　　　王成华　李艳彬　孙　剑
结项时间：2010 年 1 月 16 日

经 济 学

小康家庭在西部欠发达地区的实现条件研究

一、课题研究的目的和意义

全面建设小康社会一方面要使社会主义经济、政治、文化和社会事业不断发展，为全体人民过上小康生活创造条件；另一方面要体现在社会绝大多数家庭通过自己的劳动，建成一个个小康家庭，过上小康生活。因此，研究什么是小康家庭，如何建设小康家庭，对于实现党的十六大和十七大确定的全面建设小康社会奋斗目标具有重大意义。全面建设小康社会的重点和难点在西部地区，特别是西部地区的广大农村。云南是一个集边疆、民族、山区、贫困为一体的欠发达省份，其特点在西部欠发达地区中具有代表性。研究西部欠发达地区全面建设小康社会和建设小康家庭的特殊条件，揭示其特殊规律，对西部欠发达地区有重要的理论意义和实践意义。

二、研究成果的主要内容、重要观点或对策建议

1. 全面建设小康社会目标下小康家庭建设的意义、内涵和标准的理论探讨

小康家庭建设对于全面建设小康社会的重大意义在于：小康社会是全体人民共建共享的社会，每个家庭（或大多数家庭）通过自己的努力建成小康家庭是全面建设小康社会的目的；建设小康家庭是全面建设小康社会的有效载体，使人们对自身利益的追求与国家建设统一起来，启动了民生动力，把广大人民群众自下而上的努力与政府自上而下的领导和服务结合起来。各级党委和政府在制定和实施相关政策、措施时，要确立家庭视角，有关民生的政策需要落实到家庭。

课题把全面小康目标下小康家庭的内涵定义为：在人均可支配收入达到一定水平的基础上，物质生活充裕、文化生活丰富、享有基本社会保障、安居乐业、和谐文明的家庭。

小康家庭的标准与全面小康社会的标准既有联系又有区别。家庭作为社会的细胞和小康社会建设的微观载体，一些社会指标应该在家庭中得到体现，但以家庭为载体的“小康”指标，所关注的并非是人均国内生产总值、城市化程度、平均每个医生负担人口、平均预期寿命等宏观经济指标的测量，而是一个涵盖家庭成员政治、经济和文化资源的获得，思想道德和科学文化素质、物质和精神生活质量，身心健康、人际关系等多侧面、主客观指标有机合成的多元评估体系。本课题使用的方法是参考国家统计局、国务院发展研究中心等有关部门在党的十六大之后制定的全面小康指标体系（到现在还没有一个全国统一的为政府各个部门和专家、学者所认同的全面小康社会指标体系），分析出

小康家庭应该具备的标准，并对一些小康家庭必须具备但又难以量化的标准提出质的要求。从家庭视角看，小康家庭标准应包括家庭收入、社会保障、人口素质、生活质量和家庭关系五个方面共15项指标。具体指标和至2020年的发展目标如下：(1) 城镇居民家庭人均可支配收入20 000元以上。(2) 农村居民家庭人均纯收入为800元以上。(3) 社会保障覆盖率应达到100%。(4) 6岁以上人口平均受教育年限应达到10年。(5) 恩格尔系数。城市居民家庭降到30%以下，农村居民家庭降到40%以下。(6) 居住质量。城市家庭人均住房面积超过30平方米，农村居民家庭人均钢筋、砖木结构住房面积40平方米。(7) 文化娱乐消费支出比重。城市居民家庭10%以上，农村居民家庭为7%以上。(8) 生活信息化程度。至2020年，城市小康家庭彩色电视、电话和计算机应得到普及，农村小康家庭彩色电视、电话应得到普及。(9) 男女平等，夫妻互敬互爱，共同承担家庭责任。(10) 尊老爱幼，老有所养，少有所学，家政民主，温馨和睦。(11) 热爱劳动，勤俭持家，树立科学、合理、积极、健康的消费观念和消费方式。(12) 文明礼貌，助人为乐，邻里团结。(13) 爱护公物，保护环境，遵纪守法。(14) 家庭暴力为零。(15) 家庭成员犯罪率为零。

2. 云南省小康社会和小康家庭建设的现状和存在问题分析

课题组对云南省昆明市、临沧市、大理州、红河州、怒江州、昭通市、玉溪市，以及宾川、柯街、陆良华侨农场等地区城乡小康家庭建设情况作了抽样调查，重点调查各市（州）、县、乡农村小康家庭的建设情况，并结合国家统计局云南调查总队、云南省统计局提供的数据，肯定了云南省“十五”期间和“十一五”以来小康社会和小康家庭建设取得的成就，但还面临以下主要问题和困难：(1) 云南一些主要经济发展指标低于全国平均水平。(2) 云南省贫困面大，贫困人口多，贫困程度深。

(3) 农民增收难。(4) 城镇高低收入家庭差距呈扩大趋势。(5) 省内城乡之间收入差距高于全国平均水平。(6) 省内地区间差距较大。(7) 文化教育和人口素质低于全国平均水平。(8) 社会保障事业仍不能适应广大人民群众的需求。(9) 城乡居民的文化生活水平与全国平均水平仍有较大差距，城乡居民消费结构不尽合理。(10) 在创造和睦的家庭关系和树立良好的家庭道德方面还存在一些问题。

3. 西部欠发达地区（以云南为例）小康家庭实现条件分析

课题以云南的特殊性为例进行分析，提出了以下条件：(1) 国民经济发展条件。云南省作为西部欠发达地区，要与全国同步实现党的十七大确定的全面小康的奋斗目标，要实现高于全国平均水平的跨越式发展。云南具有丰富的资源优势、区位优势和生态环境优势，只要切实从云南省情出发，扬长避短，发挥优势，确立符合云南实际和特色的发展路子，实现跨越式发展是有可能的。(2) 增加居民收入条件。在云南这样的西部欠发达地区，千方百计增加城乡居民收入对于全面建设小康社会和小康家庭更加紧迫，难度也更大，需要创造一些特殊条件。在发展经济的基础上，要把改善民生放在更加突出的地位；较快地增加农民收入；加大扶贫攻坚力度，创新扶贫工作思路；加大收入分配调整力度。(3) 社会事业发展条件。比起经济发展与全国平均水平的差距，云南在社会发展水平方面与全国平均水平的差距更大，而且成为制约经济发展的一个根本性的原因。因此，加快教育、卫生、文化和社会保障体系等社会事业发展，提高政府公共服务水平，在云南这样的少数民族聚居的西部欠发达地区，其地位、路径选择和保障措施有不同于其他地区的特殊性。课题组参考了一些学者的观点，主张在少数民族聚居的西部欠发达地区应实施“社会发展优先”的战略。社会发展优先并不是要改变以经济建设为中心，把经济建设放在首位，而是相对政府的行政行为、投资方向而言的。这涉及要加快市场经济条件下政府职能的转变，改进政府管理经济工作的方式，大大加强政府的公共服务和社会管理职能。必须明确政府在提供基本公共服务方面的重要责任。着力加强覆盖城乡居民的基本公共服务体系和制度建设，注重实现基本公共服务均等化，按照基本公共服务均等化的要求完善公共财政制度，加快公共财政的转型，逐步提高基本公共服务占财政总支出的比重。（4）社会和谐稳定条件。对于云南这样众多少数民族聚居的边疆省份，构建社会主义和谐社会还必须突出：民族团结、边疆稳定，各民族共同繁荣，城乡区域协调发展；禁毒斗争和防治艾滋病工作；生态环境保护和建设。中央和省政府必须对生态功能区加大生态补偿和支持力度，着力改变不合理的生态补偿机制。（5）家庭发展动力、发展能力和家庭关系和谐条件。该课题把家庭自身的条件概括为家庭发展动力、发展能力和家庭关系和谐三个方面。家庭发展动力一方面受制于社会制度、政策和传统习惯，另一方面来自家庭成员自身的观念更新。在云南，要深化各项改革，为城乡居民创造更为宽松的创业条件。鼓励人们进一步解放思想，更新观念，放开眼界，大胆创业，勤劳致富，激发家庭发展的动力和活力。家庭发展能力取决于家庭成员的素质，包括文化素质、身体素质、劳动技能，以及家庭理财能力和经营能力等。云南的一个突出问题是农村特别是少数民族地区农村教育落后和人口素质低下。只有全面提高少数民族群众的科技文化素质，才能从根本上改变边疆少数民族地区贫困面貌。家庭关系和谐是建设小康家庭必不可少的重要条件。构建和谐家庭关系有几个重要环节：夫妻和睦是家庭和谐的基础；教育好子女是家庭关系和谐的重要因素；孝敬和赡养老人是每个子女应尽的义务。在云南构建和谐家庭关系要注重的是以农村和少数民族地区为重点，实现男女平等，倡导科学健康的生活方式和消费方式，移风易俗，改变落后的生活习惯。

4. 云南省小康家庭建设的对策建议

小康家庭建设中存在着政府（社会）与家庭的互动关系。课题就小康家庭建设中政府（社会）和家庭这两个方面提出对策建议。政府（社会）的职责或应创造的条件是：（1）千方百计增加农民收入。要进一步调整农业产业结构，发展优势产业，推进农业产业化经营，培育龙头企业以带动广大农户，把发展乡镇企业与推进农业产业化经营、壮大县域经济、建设小城镇结合起来，促进农村富余劳动力向非农产业转移。（2）加大扶贫工作力度。要继续坚持整村推进和整乡推进的开发式扶贫为主导，力争把扶贫与项目开发、农业基础设施建设、农村经济结构调整、农业产业化经营、劳动力培训转移、改善农民生活条件、完善农村社会保障制度等结合起来。要注重智力扶贫，使每个家庭至少有一人掌握1~2门实用技术，使他们有谋生手段和致富本领。丧失生存条件的地方，坚决实行易地搬迁扶贫。（3）加快发展农村教育。2009年底云南省已实现了全省普及九年义务教育的目标。教育投入坚持政府主导原则，对贫困地区的教育，中央财政、省财政应当继续给予专项支持，继续帮助2009年底实现“普九”的三个县，巩固和提高我省已实现的“普九”成果。（4）促进全省区域协调发展。要按照主体功能区要求和基本公共服务均等化原则，加大国家对欠发达地区财政转移支付力度，着力缩小地区间公共服务水平差距，实施符合云南实际的城镇化战略。（5）千方百计扩大就业。把大力发展第三产业作为扩大就业的主攻方向；大力发展民营经济；进一步发展中小企业。（6）加快覆盖全社会的社会保障体系建设。特别是加快还比较薄弱的农村社会保障体系建设，提高保障水平。（7）完善农村金融服务体系，解决新农村建设的资金瓶颈。（8）政府对边疆地区给予特殊政策扶持。建议国家建立“国家每年给予国家级自然保护区人民一定的补偿费”的政策。（9）加快发展各项文化事业，丰富城乡居民的精神文化生活，提高人民的健康素质。坚持正确的文化导向，各项公共文化事业发展要面向基层、服务群众，为广大城乡居民所享用。(10) 要以社会主义核心价值体系为引领，促进良好的家庭道德、家庭关系和家庭生活的形成。(11) 加快和完善服务型社区建设。既可以为广大社区居民提供完善的物质、文化、医疗、卫生、安全、家政、居家养老等服务，提高居民的生活质量，又可以解决部分人的就业问题，是一举多得的好事情。

家庭的职责或应创造的条件是：(1) 解放思想，转变观念，激发家庭发展动力。(2) 勤奋劳动，增加收入。(3) 勤俭持家，改善家庭物质生活条件，确立健康、科学的消费观念和生活方式。(4) 自觉贯彻义务教育法，保证青少年接受学校教育。(5) 提高家长素质，重视家庭教育。(6) 树立家庭美德，营造良好的家庭关系。(7) 贯彻计划生育的基本国策，优生优育，改变一些贫困地区越穷越生、越生越穷的恶性循环。(8) 遵纪守法，树立良好的社会公德，处理好与邻里、与社会的关系。

三、成果的学术价值、应用价值以及社会影响和效益

该课题的完成，是以西部欠发达地区的云南省为例，特别是云南省农村作为研究对象进行分析的。按照课题预期研究计划，完成了6项对云南省部分地区农村小康家庭建设调查报告、2项专题研究报告。调查报告是：①《云南省昆明市小康家庭建设调查报告》、②《云南省怒江傈僳族自治州农村小康家庭建设调查报告》、③《云南省临沧市农村小康家庭建设调查报告》、④《云南省红河哈尼族彝族自治州农村小康家庭建设调查报告》、⑤《云南省大理白族自治州农村小康家庭建设调查报告》、

⑥《云南省丽江市小康家庭建设调查报告》。研究报告是：①《小康家庭的内涵和标准的理论研究》、②《欠发达地区城市、农村小康家庭建设研究》。

1. 该课题成果的学术价值

在国内主流学界对家庭研究关注度下降，但全面建设小康社会、构建社会主义和谐社会实践中亟须加强家庭研究的形势下，课题选择了小康家庭研究的题目，在小康家庭的内涵，小康家庭的标准，小康家庭的实现条件特别是在云南这样的西部欠发达地区的实现条件和特殊性等方面有创新；丰富和深化了对党的全面建设小康社会理论的理解，拓展了这一问题的研究空间。

2. 该课题成果的应用价值

可以作为云南省各级党委、政府有关部门制定相关政策，推进小康社会建设借鉴参考；也可以作为对广大群众特别是农村和少数民族贫困地区群众建设小康家庭、争取幸福生活的宣传材料。

课题名称：小康家庭在西部欠发达地区的实现条件研究
课题负责人：陈继延
所在单位：云南民族大学
主要参加人：欧炯明　李普者　陈德顺　夏　卿　欧莹莹　徐　岚　潘　军　由黎黎　苗　科　潘　凤　李　青
结项时间：2010 年 5 月 7 日

云南新农村建设中政府公共投资的重点和投入方式研究

一、课题研究的目的和意义

农业丰则基础强，农民富则国家盛，农村稳则社会安。长期以来，我国农业基础薄弱、农村经济落后、农民收入低下，加之二元化的经济发展之路导致城乡差距日益扩大。为了解决这一问题，中央明确提出了要建设社会主义新农村，大力发展农村经济，提高农民生活水平。建设社会主义新农村，需要国家财政的大力扶持和公共财政阳光的沐浴。对于新农村建设下的政府公共投资研究，是新农村建设系统工程中的一个重要部分，建立健全财政支农资金稳定增长机制，创新财政支农资金的管理机制，是积极发挥财政的职能作用，让公共财政的阳光逐步照耀农村，大力支持现代农业发展和社会主义新农村建设的重要内容。云南省地处祖国边疆，多民族，经济发展水平仍低于全国平均水平，更低于东中部地区，这样的经济背景和特殊的地理、人文条件，加大了云南省新农村建设的难度和政府公共投入的压力，在政府财力不充裕的条件下，公共投资的重点和方式选择尤为重要，从而带来了对公共投资重点和方式研究的迫切需要，这正是本课题研究的立项依据和选题的意义。

二、研究成果的主要内容、重要观点或对策建议

1. 为新农村建设政府公共投资重点和方式选择寻找充分的理论依据

（1）新农村建设中政府的角色定位。新农村建设，面对的问题和难点很多，这些问题的解决似乎都离不开政府，都离不开政府投入的增加。因此，探讨政府和财政在新农村建设中的地位和角色，是确定新农村建设中政府公共投资重点与投资方式的重要理论前提。本课题以市场经济理论为依据，明确了政府公共投资的理论边界：新农村建设中政府的角色定位必须与我国现行的市场经济体制相吻合，即以市场失灵领域为政府的作为区域。而政府公共投资的实践边界，应以成本与效率为标准。具体讲，新农村建设中，政府公共投入的范围和方式取决于交易成本的高低。如果公共品由政府提供的交易费用低于私人提供，就应由政府提供；如果公共品由私人提供的交易费用低于政府提供，就应由私人提供；如果公共品由政府和私人联合提供的交易费用低于任何一方单独提供，最佳的选择应是政府和私人联合提供。

（2）政府公共投资范围、重点与方式的理论确定。解决政府公共投资范围、重点与方式，必须与公共财政制度相吻合，弄清哪些属于财政全额提供的农村公共品，哪些属于市场提供的农村私人品，哪些属于由财政和市场共同提供的农村混合品。同时，由于任何政府都拥有双重的身份，即既是一个经济人，又是一个强制性和服务性机构，在新农村建设中，一方面农业的特殊性（粮食安全及扩大内需等公共产品的需要）要求政府加大投入，另一方面又由于政府失灵的存在，要求加大对政府行为的制度约束，还须加强对农村财政投入监督和绩效评价等制度建设。

（3）二元经济理论与城乡统筹发展为新农村建设政府公共投资提供理论支撑。一个国家要加速现代化进程，要求改造传统农业，提高农业生产率，实现二元经济结构向一元经济结构的转变。针对现阶段我国农村公共产品的供给存在着严重的供给不足（缺位）和供给过剩（越位）并存、供给与需求错位的失衡现象以及财政资金有限的现实，要求重视对农业的财政投入，确保财政支农资金总量的稳定增长，积极探索和创新“民办公助”等财政支农资金投入机制，尤其面对当前国际金融危机的影响，扩大内需，增加国内消费的关键是必须设法提高农村居民收入水平和其消费支出能力，缩小城乡收入差距，根本出路在于通过加大投资促进农业的全面振兴与发展。

（4）解决新农村建设中政府公共投资的效率保障问题，需求层次理论要求建立农村公共品需求表达机制；新公共管理和新公共服务理论要求政府通过吸纳农村居民对新农村建设方案的参与，激发农民重新恢复原本应有的公民自豪感和公民责任感，引入竞争机制，提高公共投入效率等。

（5）较为系统地梳理和总结了国内外农村公共投资和新农村建设理论和实践探索的经验。在对国内外学术界政府农村公共投资理论与政策研究前沿进行全面综述的基础上，重点对国外部分国家新农村建设经验作了较为详细的总结、介绍和评述，为云南新农村建设政府公共投资重点和方式模式选择及设计提供了可借鉴的经验和启示。

2. 对云南省多年来农村公共投资与促进农村和农业发展的实践进行了较为深入的实证分析

（1）通过数据的分析，我们看到，多年来，云南省委、省政府及财政对农业和农村义务教育的投入在逐年增大，尤其近年来，支持农业农村发展的力度在加大，相比全国或四川省，云南省农业及农村义务教育公共投资占一般预算支出比重较高且稳定性较好，说明云南省已形成了较稳定的支农保障机制。

（2）对云南省农村公共投资重点选择和投资效率存在的问题及成因作了全面的分析，指出了云南省农村公共投资总体水平仍不高，更多地表现在农村基本设施建设、农村科技、乡镇企业扶持等投入严重不足，直接影响云南省农业的可持续发展。同时，农村民生投入不足，主要突出在农村义务教育基础条件尤其校舍、食堂等硬件的投入严重不足，以及农村医疗卫生和公共卫生、社保、交通、饮用水、用电、通信等方面仍和城市有着相当大的差距。在公共投入主体上，投入的责任更多地落在了财政极为困难的县、乡、镇级政府和财政，中央与省级政府和财政承担的投入责任过少。云南省农村公共投入效率的低下与投入不足相伴而生。这些问题的产生主要根源于我国长期形成的二元经济结构、财政管理体制、监督体制、决策机制、激励机制的不完善。

3. 确定了云南新农村建设中政府公共投入重点和投入方式的模式选择

（1）公共投入重点选择。首先，确定了长短期目标。短期目标为加快农业自身发展，带动农村经济水平提高；提高农民收入，扩大国内需求；缩小城乡差异，减少社会摩擦。长期目标为促进农村经济发展和社会稳定，构建和谐社会。其次，须遵循公平原则、效率原则、可持续发展原则、经济发展水平原则、需求原则。最后，依据公共产品理论和农业的特性，划定了重点范围：一是重点加强制度、政策等“软公共品”的提供，即为新农村建设提供优化的制度环境和政策环境。在新农村建设大背景下，农民、农村、农业已产生了新的潜在的制度变迁需求，为适应这种需求，政府要做的事是通过制度变迁和制度创新，改善农村发展的制度环境。在政策环境优化方面，政府要做的是政策目标设计环境的优化，政策执行、实施环境的优化，政策评估、监控环境的优化。二是“硬公共品”提供的重点范围，将投入重点放在农业可持续发展和民生上。前者包括农村基础设施建设、生态环境保护、农村科技发展、农村人力资本的积累、农村文化的发展，其中，大中小型骨干水利工程、农业基础科学研究、气象、农业区域规划、江河治理、水土保持工程、救灾、农村环境保护属于纯公共品，理应由政府和财政全额提供。其他的属于准公共品，政府有着部分投入的责任，政府可以采取加强引导，吸引多方力量，用较少的财政资金引致社会资金的方式支持农业的可持续发展。后者包括农村义务教育、农村基本生活条件、农村公共卫生医疗、农村社会保障机制、农村公共安全。其中，农村义务教育、农村公共卫生、农村公共安全属于纯公共产品，应由政府全部承担；农村公共医疗、农村社会保障机制属于准公共品中公共性很强的一类，绝大部分应由政府承担投入；其他都为准公共品，政府需要部分承担，其余部分应交由社会承担。

(2)“民办公助”公共投入方式模式的选择。首先，“民办公助”财政支农资金投入的范围是农村的准公共品，即农村高中及职业教育，农村水利灌溉系统，中低产田改造，农村医疗，农村道路建设，乡村电网建设，农村文化馆，村庄整治和美化乡村环境，农村电信、电视，成人教育，自来水，农业机械设备投入，湖泊的渔业资源利用，种植、养殖供产销联合体，农业综合开发，农产品加工和流通等。其次，云南省“民办公助”公共投入方式模式建立的总体思路是：充分发挥财政补贴、专项贴息、减免税等政府补助方式，以各级政府财政资金投入为引导，以国内外公司资本和村集体及村民资金投入为主体，以金融支农为支撑，以其他社会资金投入为补充，建立多元化、多层次、多渠道的支农资金投入体系与机制。最后，“民办公助”财政支农的具体方式：通过直接补助资金、补助原材料或“以奖代补”、以物抵资、先建后补等形式，依靠农民自己投工投资改善农村生产生活条件，如乡村道路、农村文化馆、村庄整治和美化乡村环境等；探索建立农业保险机制，鼓励保险公司开展农业保险业务；通过招标与投标或承包的方式让私人提供农村水利灌溉系统、中低产田改造、乡村电网建设等公共品；采取补贴、贴息贷款、减免税等政府补助方式，结合付费制、竞争与合同制、特许权拍卖、合同外包等确保农村道路、桥梁、湖泊的资源利用，种植、养殖的供产销联合体，农产品的加工和流通等；采取补贴、贴息贷款、减免税等政府补助方式，推进农业综合开发、龙头企业科技创新和技术改造；采用包括民间投资、吸引外资和 BOT、债券融资、产业投资基金等多种方式，实现农村公共产品产权多元化或民营化；通过农村公共基础领域股份制改革，鼓励引进社会资本，构筑多元化产业格局与市场竞争格局；制定较优惠的农业财税投资政策，调动和引导各投资主体增加农业投入。

4. 云南省政府公共投入重点和投入方式模式实现的建议

（1）提供良好的制度环境。一是转变政府职能，明确政府在新农村建设中的角色定位。树立公共服务理念，构建农村公共服务体制及管理规程，完善农村公共产品供给决策机制。积极探索和推进农村土地流转制度的改革，加快农村土地使用权保护和建立农民私有财产保护制度以及农民利益维权机制。二是合理界定各级政府财政农业投资的职责范围。通过界定各级政府在农业投入上的事权和财权关系，建立与分税制财政体制相适应的财政支农新的管理体制，明确各级政府对农业投入的责权利。三是继续研究规范省以下财政管理体制和财政转移支付制度，进一步缓解县乡财政困难，促进城乡和谐发展。四是建立和完善农村市场经济体制。加大培育农村市场经济体制的力度，搞活农村市场，发展村级集体经济，促进农民增收。培育并建立农村市场运行机制，调动各经济利益主体供给农村公共产品的积极性。

（2）创新可行的政策支持体系。一是财政政策支持体系。积极争取中央财政资金；整合现有财政支农资金，创新财政支农投入政策；建立财政支农资金投入的稳定增长的长效机制；优化政府资金投入结构和方式，建立健全绩效评价、资金管理制度和高效的公共投资管理机构与协调机制；制定出《云南省政府鼓励并支持农村基础设施项目（纯公共产品、准公共产品）目录》和《云南省政府鼓励并支持农村基础设施项目（纯公共产品、准公共产品）财政预算和财政补助办法》，引导财政资金合理使用和鼓励民间资金向农村基础设施工程项目的投资。二是税收政策支持体系。研究出台小水利等农村“民办公助”项目建设的税收优惠政策。三是金融政策支持体系。充分发挥农业政策性银行监管作用，建立资金回流农村的长效机制，允许农发行直接利用一部分国债资金，增加对农业和农村政策性信贷资金的投入。四是城市居民支持农村建设体系。运用税收优惠政策、财政贴息政策等措施，鼓励城市企业资金捐助“三农”及农村事业发展，或直接投资农村“民办公助”建设项目。五是农业科技开发支持体系。财政资金、银行金融资金应大力支持节能、省工、降耗的高效生态农业模式。六是法律法规保障体系。建议国家制定《关于“三农”发展及农村事业发展保护法》，赋予农村和城市居民平等的公民权利。

（3）建立科学的公共投资审批和评审制度。包括规范的政府公共投资可行性论证制度、政府公共投资评审制度和政府公共投资审批制度。

（4）充分调动社会资金投入的积极性。一是通过改进政府补助方式，引导企业资金投入新农村建设。二是积极引导外商重点投资农产品精深加工项目、农产品出口创汇项目、地方企业的重组改造项目。三是通过组建省级农村合作银行，建立行业互助自救机制和金融支农风险财政补偿基金，完善金融支农贷款担保机制，发挥政策性银行的支农保障作用，进一步完善金融支农体系。四是建立完善的财政支农资金投入和使用监督制度。建立完善的法律监督机制，发挥政府各监督机构的积极性，确保财政支农资金投入与使用的规范性；完善财政支农资金“自主管理”投入与使用制度，增强制度化监督意识；充分发挥财政监督的作用，加强对财政支农资金的监管，确保资金安全有效使用；完善财务管理制度，加强监督，提高支农资金的使用效益；制定财政支农资金公共投入监督管理及责任追究制度。

三、研究成果的学术价值和应用价值及社会影响和效益

（1）本课题对国内外理论与实践研究和探索进行了较大篇幅的总结和介绍，尤其对国外农村建设的实践探索，不仅对本课题的研究有很大的借鉴价值，而且对云南省相关部门的决策将提供极具价值的参考意义。

（2）本课题通过对新农村建设涉及的市场经济、成本与效率、公共财政和公共选择、公共服务均等化、二元经济结构、需求层次、公共管理等基础理论的研究，为云南新农村建设政府公共投入重点和方式的选择提供了较为扎实的理论依据，准确确定了政府在新农村建设中的角色定位和理论与实践的具体边界，不仅为本课题的研究，尤其在投入重点范围的选择和投入方式模式的创新方面奠定了理论基础，而且能为云南省各级政府的职能确定提供较好的理论指导。

（3）本课题根据选择目标、原则、理论依据的确定，重点设计了云南省新农村建设中政府公共投入重点范围和“民办公助”投入方式模式，具体翔实地划分了政府需全额承担投入责任的农村公共品和需政府部分承担但须采取“民办公助”投入方式，吸引社会资金共同承担投入责任的准公共品，这些将对云南省委、省政府及相关决策部门在调整云南新农村建设中的投入

重点和投入模式的决策方面提供既具体又有很强操作性的指导。

（4）本课题在对云南省农业和农村义务教育公共投入的实证分析的基础上，系统地梳理了存在的问题，剖析了存在问题的成因，提出了有较强针对性和操作性的改进措施和对策，这些成果将为云南省新农村建设的推进提供具有较大价值的参考。

（5）本课题中有关“民办公助”支农方式的研究已于2007年作为云南省财政厅课题完成验收，并已应用于省财政厅农业处的政策制定和实际工作的指导，取得了较好的效果。同时，该成果也在2007年云南省首届社会科学学术年会作学术交流，并以论文的形式收录年会文集。另有一篇论文《新农村建设中的政府角色》发表于财政学科最高刊物《财政研究》2007年第2期。

课题名称：云南新农村建设中政府公共投资的重点和投入方式研究

课题负责人：张丽华

所在单位：云南财经大学

主要参加人：吴 署 杨树琪

结项时间：2009年6月28日

基于知识管理的技术能力与技术创新能力研究

在知识经济时代，技术创新条件发生了显著变化，主要表现为从简单地依靠物质积累转变为需要较强的智力资本。创新研究的关注点也发生了相应的变化，特别是人们逐渐认识到知识是创新的源泉，创新思想的来源是技术创新的投入之一，若没有这些思想来源，技术创新活动就不可能产生。这些变化都显示出技术创新研究向知识理论维度的转变。而知识管理与企业技术创新能力之间的关系，以及如何通过知识管理提升企业技术创新能力都是具有重要理论及现实意义的课题。

该课题在国内外技术能力及技术创新能力研究的基础上，结合知识管理的基本原理，对技术能力及技术创新能力进行了研究，具体研究成果如下。

一、技术能力的本质是知识

通过分析技术能力与知识的关系，研究认为技术能力的本质是知识或者说技术能力是组织知识的一种表现形式，企业技术能力是组织静态技术知识存量及潜能，是组织技术识别的能力、技术获取能力、技术学习能力和技术创造能力的综合体现。

二、基于知识管理的技术能力构成要素分析

在对技术能力构成要素进行分析时，也应从知识管理的角度进行重新划分，要素划分时应兼顾对技术能力的静态及动态描述。通过对现有技术能力研究的定义及要素分析可以把技术能力的构成要素分为四种。

1. 技术识别能力

技术识别能力是指识别技术未来发展方向、趋势及对社会经济、生活影响的能力。技术识别能力是其他技术能力要素的基础。企业技术识别能力关键在于以下两个方面：

（1）在正确解读国家技术基础设施、政策导向及科技条件的基础上，判断行业内关键技术未来发展方向。一方面，如果对技术未来发展方向识别错误，并进行研究或投资，会导致企业在即将淘汰或仅仅是暂时过渡的技术上浪费大量的人力、物力及资金；另一方面，如果对该技术对社会经济、生活的影响判断失误，会导致企业错失重大的发展机遇或作出威胁企业生存的错误决策。

（2）在考虑企业的未来长远发展战略基础上，选择与企业现有技术相耦合的技术。这要求企业在识别技术过程中，长期与短期技术选择相匹配，一方面所选择技术长期内能有利于企业未来发展战略的实现；另一方面所选择技术短期内能被企业的现有技术能力所引进、消化、吸收或进一步创新。

2. 技术获取能力

技术获取能力是指获取（寻找、收集、引进、交换、购买等）各种现有技术资源（资料、设备、信息等）的能力，企业技术获取能力的最显现表象就是企业内的技术知识存量及积累能力。企业技术获取能力关键在于以下两个方面：

（1）寻找技术源的能力。企业在正确识别技术发展趋势及选定企业自身未来技术发展方向后，应能通过技术搜索，了解可能提供相关技术的技术源，并对各技术源进行评价比较后，最终选择技术获取对象。

（2）技术的取得能力。选定技术获取对象后，企业通过收集、交换、购买和合作等方式取得技术的能力。

企业不论是进行技术模仿还是创新总是需要立足于现有技术之上，如果企业技术获取能力不足，则企业技术知识存量及积累必将抑制企业技术创造能力的发挥。同时，企业可能必须投入大量资源去重复开发已有的成熟技术。这不但抑制了企业进行技术创新的能力，而且大量浪费了企业的人力、物力和资金。

3. 技术学习能力

技术学习能力是指通过对所获取技术资源的消化和吸收，从而提升企业技术知识水平的能力。企业的技术学习能力关键在于以下两个方面：

（1）技术知识共享能力。企业通过技术获取所获得的新知识，必须通过知识共享使知识以不同的方式在企业内各部门或个体之间转移和传播。知识共享既是知识管理中最基本，同时也是最复杂的活动。在企业技术能力中，知识共享的目的是吸收新知识和有效地利用新知识。通过知识共享，将那些使组织获益的知识加速应用，使组织获得竞争优势。

（2）技术知识应用能力。知识的应用就是把各方面的知识结合起来以获得产品和服务（Demsetz，1991）。企业应能够通过知识应用，有效地推动企业技术知识存量切实地转化为企业技术能力的提升，并最终体现在企业所提供的产品和服务当中。

企业在正确识别技术发展趋势，并成功获取相关技术资源后，会具备一定的技术知识存量及积累，但这并不能保证企业技术能力提升，这些技术资源必须在企业内得以合理的分配、共享和应用后，才能最终转变成为企业的技术知识及技术能力。

4. 技术创造能力

技术创造能力是指通过制度化研究在技术上取得较重要的创新和突破的能力。企业的技术创造能力关键在于：

（1）技术知识整合能力。企业中流动着的知识的简单堆砌，不会自动产生支持创新成果的原创性知识。创新知识的出现有赖于企业把融入技术创新过程中的知识加以有效的整合。只有经过有效的知识整合活动，企业在技术创新过程中获取的知识才能够成为企业的特有知识，形成企业的核心能力。“知识整合对于一个企业或个人来说，绝不是现有知识的简单相加，而是一个知识创新的过程。”

（2）技术知识重构能力。知识的重构建立在知识应用的基础上，这是一个内部的升华过程。具体而言，涉及知识的变异、知识的选择，以及知识的保持。知识经过变异、选择和保持实现知识的重构，使新知识和原有知识实现交叉融合，最终把资源活化为现实竞争优势以满足环境变化的要求。

企业的技术创造能力是建立在知识的积累和连续重组基础之上的，知识积累和企业技术创造之间是一种相互促进的关系。企业只有通过自身研究在技术上取得更符合技术发展趋势，更能适应社会经济、生活发展要求的技术创新和突破才能保证企业相对竞争对手有持续的竞争优势。

三、基于知识管理的技术能力与技术创新能力的关系研究

该研究认为，企业技术能力是组织静态技术知识存量及潜能，是组织技术识别能力、技术获取能力、技术学习能力和技术创造能力的综合体现。而技术创新能力是组织动态技术能力各要

素间的整合与协动，不同技术能力元素组合运用后，可形成不同创新模式。

技术能力与技术创新能力之间具有如下关系：

1. 技术能力为静态基础，技术创新能力为动态发展

技术能力低则创新能力必然不高；技术能力高，但要素整合模式（创新模式）选择错误，整合能力（知识管理）不强，技术创新能力也必然低下。而知识管理则是使二者达到协调发展的重要桥梁和纽带。

2. 技术能力一定程度上决定了技术创新能力的水平

技术创新能力可以直接通过产品研制开发的周期与效率、产品的技术含量、产品销售与出口情况、生产工艺准备等方面表现出来。但企业技术创新能力提高必须建立在技术能力增长的基础上。因此，要想实现技术创新，就必须将附着在内部人员、设备、信息和组织中所有内在知识存量的总和进行整合与激活，从而实现外在的技术创新能力的提高。因此，从知识角度来看，技术创新能力就是将企业内外部知识激活，进行整合与创造并实现其价值的能力。

3. 技术创新能力在运用过程中，不断带动技术能力发展

在技术创新过程中，企业通过知识的整合与重构，一方面，通过企业的产品创新、工艺创新、服务创新为企业在市场中取得长足的竞争优势；另一方面，在技术创新的过程中，企业自身的技术知识存量也在不断积累，同时通过技术创新能有效促进企业技术识别、技术获取及技术学习的能力，从而不断带动企业技术能力发展。

该课题虽然尝试着对技术能力、技术创新能力进行知识管理角度下的重新解读与构架，但仅仅只是开始了一个有益的探索。课题对我国企业如何通过内部知识管理能力的提升从而推动企业技术能力及技术创新能力进行了研究，对知识管理及技术创新研

究具有一定的理论意义，对企业知识管理及创新管理具有一定的实践指导意义。

课题名称：基于知识管理的技术能力与技术创新能力研究
课题负责人：寸晓宏
所在单位：云南财经大学
主要参加人：鲜于德清　马　媛　刘　蕾　朱丹丹
　　　　　　雷　森　秦德智
结项时间：2009 年 6 月 10 日

云南文化品牌的现状和对策研究

一、课题研究的目的和意义

随着社会生产力的迅速发展和人民消费水平的提升，品牌作为现代市场经济中高附加值的区别性文化特征，在日益激烈的市场竞争中发挥着越来越重要的作用。文化品牌不仅蕴涵着无限的市场经济价值，而且关系到地区形象的建设，关系到整体软实力的强弱。建设云南丰富的文化品牌是应对国内外经济、文化冲击，建设民族文化强省，实现由资源大省向经济强省转变的关键。

该课题的研究在理论和实践上为政府和企业建设及提升云南文化品牌内涵提供决策咨询，以促进云南文化品牌价值的实现和市场竞争力的提升，最终起到保护、充实、提升文化品牌，探索文化产业发展重要内容和路径的作用。

二、研究成果的主要内容、重要观点或对策建议

随着社会生产力的迅速发展和人民消费水平的提升，品牌消费已经成为当今社会市场竞争的主要内容。品牌对云南社会经济发展起着极其重要的作用。改革开放以来，云南品牌从数量到质

量上都呈现出积极上升的态势，从单一的烟草、矿冶、特色产品和一些轻工品牌拓展到生产生活的多个方面。随着产业结构调整和旅游产业与文化产业等新兴产业的发展，近年来还涌现出一大批旅游、文化品牌。由于云南丰富多元的民族文化资源和产品在文化产业的发展中体现了巨大的优势，云南文化品牌的数量和质量也在大幅度地提升，其与传统产品品牌之间有着必然的联系，同时又体现出文化内涵、影响力方面的特殊价值。云南文化品牌直接关涉云南文化产业和经济社会发展的方式和走向。正是关注到文化品牌对云南的重要性所在，本课题以云南文化品牌为主要研究对象，重点开展了以下几个方面的研究。

首先，对云南文化品牌进行了现状的分析和研究。随着民族文化强省建设以及近年来文化产业的发展，云南文化品牌进入快速发展时期，文化品牌的层次、结构得到完善。云南文化品牌已经形成三大类型，包括文化产品品牌，如滇西的银铜器、木雕、扎染，《云南映象》、《吉鑫宴舞》，云南花卉、普洱茶等民族手工艺品、文化艺术产品和区域特色产品在作为具体产品的同时逐渐发展成为民族和区域文化的标志，体现出更大的文化影响力；而原生态歌舞、云南旅游和云南民族文化等一系列由同类产品或者服务集聚形成的类型性文化品牌也发挥着规模化的文化带动力；东巴文化、香格里拉和西双版纳则是从一种民族文化、一个地名发展成为包含了民族、区域所有文化现象、体验和意义的整体性文化品牌，这样的品牌在云南发展地区经济和繁荣民族文化、提升文化软实力的过程中发挥着至关重要的作用。云南以民族文化为文化品牌的主要内容，民族文化品牌的建设可以强化云南的整体形象，并且成为云南旅游业持续发展的核心支撑力量，同时民族文化品牌的建设还丰富了地方文化生活，是和谐社会建设的重要内容，更是促进地方可持续发展、增强地方竞争力的重要力量。

第二，在现状分析的基础上总结出了云南文化品牌建设和发展的基本经验以及存在的问题和不足。云南文化品牌建设的经验，主要是以资源构筑品牌基础、以生产铸造品牌形象、以服务充实品牌内涵、以营销扩展品牌影响。存在的不足和问题主要体现在相关部门和企业对文化品牌建设重视不足、认识存在偏差，资源型和产品型的品牌居多，品牌结构不合理，文化品牌内涵提升乏力，缺乏可持续眼光，缺乏打造大品牌的创意。

第三，在上述现状和问题分析的基础上提出了云南文化品牌建设的基本路径。即尽快培育一批具有发展潜力、一定影响力的文化品牌，拓展云南文化品牌的类型、层次、数量，完善云南文化品牌的结构，加快文化产业与旅游产业互动，充实、壮大传统旅游线路、景区景点，开发高端文化旅游产品，充实、壮大云南民族文化旅游品牌，加快文化资源与文化品牌的整合，强化云南文化品牌整体发展与营销云南的意识，充实、壮大“文化云南”品牌。本课题针对政府决策咨询的需要，进一步提出了培育、充实、壮大云南文化品牌的对策与措施，即强化文化品牌的自主创新意识，出台有利于文化品牌自主创新的政策，加大对文化品牌知识产权的保护，培育文化品牌建设的保障机制，加强文化品牌的宣传营销。

三、研究成果的学术价值和应用价值

该课题将关注的重点集中在云南民族文化强省建设和文化产业发展过程中涌现出来的一些在文化影响力上起到重要作用的品牌上，这些品牌和一般的商品品牌、著名产品等不尽相同，它是以丰富的文化内涵渗透和带动旅游、文化休闲娱乐、民族民间工艺品等行业的发展，体现出极大的活力。随着文化产业的迅速发展，像云南旅游、香格里拉等都逐渐形成文化价值明显产生辐射力的系统性、整体性的文化品牌，为云南文化产业的发展和地方社会经济的发展提供了牵引力。因此，该课题在品牌研究方面不局限于纯粹经济学上对品牌的一般界定，而是结合云南实际创新性地以独具特色的云南文化品牌为研究对象进行分析研究，并高度重视其复杂性、关联性和渗透性研究，形成了对现代文化产业理论研究不足的一个重要的内容补充，在云南文化品牌的建设和发展方面提供了翔实的材料，阶段性成果形成的论文都发表在国内文化产业方面具有较大影响力的刊物上，体现了新颖和切实的学术价值。

同时课题在研究过程中注重实证性，大部分的材料都源于课题组成员亲自田野调查得来的一手资料，因此研究报告和发表的几篇论文能够较为全面地展现云南文化品牌自形成发展到壮大的过程、类型和存在的问题，并针对这些问题通过比较研究，站在全省的角度提出了进一步建设文化品牌的对策、路径和方法，具有较高的实践性，可为相关政府部门提供必要的决策咨询参考，具有切合实际的应用价值。

课题名称：云南文化品牌的现状和对策研究

课题负责人：李　炎

所在单位：云南大学

主要参加人：林　艺　王　佳　郑　宇　陈　芳

结项时间：2009 年 7 月 20 日

云南省农民养老保险法律问题研究

进入新世纪以来，中国经济和社会发展进入一个崭新的时期。2004 年底，65 岁及以上人口占总人口的比例达到了 7.6%，全国人口年龄结构老龄化的进程在加快，出现了“未富先老”的现象，而且中国农村人口占全国总人口的 58% 以上，农村老龄化趋势高于城市。目前养老保障制度改革主要集中在城镇的制度安排上，农村养老保障尚未真正破题。在构建和谐社会的总体目标下，农村养老保障问题已经成为人们关注的重点，被提上了政府的议事日程。

众所周知，为了建设正规制度的农村养老模式，我国首先在经济相对发达的地区进行农村社会养老保险制度改革探索，并在试点基础上制定出台了《县级农村社会养老保险基本方案》，确定了农村社会养老保险制度的一些基本原则，随后在全国各地开展了改革试点。这一农村养老保险模式名为三方筹资，实则农民一方出资，社会保险有名无实，形同个人储蓄；基金保值增值压力大，未来支付困难，现行保障制度存在着深刻的危机。而在制度模式设计上，刚开始就从城镇到农村一直试图直接借鉴外国的经验和模式，甚至是直接照搬套用。表现为两个套用：（1）城镇社会保障制度改革单纯套用国外模式；（2）农村社会保障制度改革又要套用城镇改革的模式，从而把农村养老保障简单化为“农村养老保险”。

云南省正是在这样的背景下进行农民养老保险制度改革和安

排制度模式选择的，同样，也采用了当时全国采用的模式进行试点改革。

1992年国家民政部公布《县级农村社会养老保险基本方案》(试行)，在这一背景下，云南省人民政府于1992年颁布《关于开展农村社会养老保险工作的通知》，并在建水、曲靖、潞西三地进行试点，初步成功后，又扩大到个旧、开远、楚雄、龙陵、路南、宜良、呈贡等7县市；1997年省政府颁布《云南省农村社会养老保险暂行办法》；1999年全国清理整顿时，云南农村养老保险停滞了一段时间。2002年，党的十六大报告明确指出，有条件的地方建立农村社会养老保险制度，“三农”问题得到党和国家的高度重视，在此背景下，云南省重建养老保险制度，并在省委、省政府的领导下积极探索适合云南省情况的农村养老保险制度。至2003年底，云南省共有14个地州市、105个县市、1 145个乡镇、7 822个村委会、293个乡镇企业开展农村社会养老保险工作，累计参保133.21万人，有3.16万人按月领取养老金，养老保险基金滚动节余7亿元左右。

与全国其他实施省份相比较，云南省农村养老保险制度有以下特点：（1）云南省农民养老保险的筹资方式是“个人缴费为主，集体补助为辅，政府政策扶持”，通过实地调研发现，农民养老保险基金基本上由个人缴纳，集体经济发达的地方集体会给予一定补助，不发达的地区就没有集体补助这部分。政府基本不出资金。筹资方式完全属于个人储蓄式社会保险。（2）参保人数少、农保覆盖面小。2003年底，云南农村社会养老保险参保人数累计133.21万人，只占全省3 600万农村人口的3.7%；能按月领取保险金的仅有3.16万人；达到60岁以上的农村老年人，只占全省农村540万60岁以上老年人口的0.59%。（3）保障程度低。云南省农村社会养老保险年人均领取养老金57.2元，这一水平与全国某些省份相比差距明显，例如浙江（年人均达

2 745.2 元）、辽宁（年人均达 1 260 元）等。另外，即使在云南省内，领取养老金水平差异也较大，例如楚雄，高者每月可领取 407.6 元，低者每月仅领 0.40 元；丽江，高者可领 200 ~ 300 元，低者仅领 1.20 元。（4）农保基金的保值增值能力弱。现仅靠银行利息来保值和增值。这些特点实际上也反映了云南省农民养老保险制度存在的问题。

课题试图从制度、文化角度探讨研究云南农村养老保障问题，目的就是要重新审视云南省的农村社会保障制度改革，提出云南省农村养老保障的新模式及相关的政策建议。

该课题研究具有重要的理论意义和现实意义。从理论意义方面来看，主要有：（1）有助于解决云南省农村养老保障制度建设理论研究严重滞后、推进改革的理论准备不足等问题。（2）简单用“试点”推进的方法值得反思。要积极进行制度安排和制度设计研究，做到制度设计先行，通过规范的制度安排，建立具有长效机制的农村养老保障制度。从现实意义方面来看，主要有：（1）认真应对人口老龄化的挑战。农村人口老龄化问题的解决比城市更为突出，必须立即着手制度建设。（2）切实解决好“三农”问题。城镇化步伐的加快，对农村养老保障制度改革带来新的影响，在城乡收入差距不断扩大的原因中，因病致贫、体衰致贫问题突出。（3）适应构建和谐社会的要求，以科学发展观为指导，统筹城乡，建设与小康社会相适应的农村养老保障制度。

该课题有以下三方面的理论创新：

第一，从农民主体发生变化的角度，作为研究云南省农民养老保险制度模式创新的基点。进入 21 世纪，随着城镇化进程的迈进，全国范围来看，农民主体已经不是原来单纯的纯务农农民这一种形式，即主要收入完全依靠土地劳动所得，逐步演变出土地被征用的农民、进城务工的农民两种主体形式，而后两种主体形式所占比例在上升。云南省也不例外，因此在研究云南省农民养老保险制度模式创新上，原则上不能再实行以前的一个模式的标准，而应考虑分类研究。

第二，在研究方法上，尝试运用制度分析方法、跨学科研究方法和田野调查法等方法研究农村养老保障问题。在理论上，从制度构建视角对云南农村养老保障制度创新问题进行研究，运用了人类学访谈法和田野调查方法，设计了《农村老年人养老情况问卷》，对云南省的两个村庄养老情况进行了实地考察，取得了农村养老保障方面的第一手资料。

第三，在探索云南省农村养老保险制度模式构建上，从理论上对“实物换保障”模式进行深入研究，试图从理论上研究这一模式实行的条件。从而对这一模式在云南实行的可行性进行分析。

该课题的研究论文和研究报告，既可以在理论学术界交流，从而进一步推动对理论界云南省农村养老保险制度建设的研究进展；同时，研究成果也可供云南省相关工作部门参考，为实现和构建云南社会主义和谐新农村提供理论借鉴。

课题名称：云南省农民养老保险法律问题研究
课题负责人：张　霞
所在单位：云南师范大学
主要参加人：李兴安　周梁云　穆美琼　杨纪武　肖　玲
　　　　　　潘　宇
结项时间：2009 年 7 月 20 日

区域产业竞争力的形成机理及政策选择

一、课题研究的目的和意义

该课题研究的主要目的和意义是，在构建区域产业竞争力分析框架的基础上，提出提升区域产业竞争力的对策建议。在当今各区域、各企业间都充满着激烈竞争的背景下，区域产业发展的重要因素就是产业核心竞争力的提升。因此，构建一个区域的产业核心竞争力，使区域内各企业在共赢的前提下，深深嵌入整个区域的产业链中，发挥整个企业集聚群的优势，形成一个强大的“联合舰队”，已越来越迫切地摆在我们的面前。该课题研究以提升区域产业竞争力为主要路径，针对存在的问题，系统地分析原因，从而提出如何提升云南省区域产业竞争力的指导方针，提出在未来云南省所面临的区域竞争与合作的战略环境中，如何以提升区域产业竞争力来构建云南省在未来大区域格局中的“经济发展引力”的对策建议。

二、研究成果的主要内容和对策建议

区域产业竞争力对区域经济发展起着至关重要的作用。区域产业竞争力的形成有其内在的规律和机理，政府的公共政策是提升区域产业竞争力极其重要的外部条件和因素，然而，政府公共政策的有效性很大程度上取决于对区域产业竞争力内在形成规律及机理的认识、把握与应用水平。课题研究在系统地综述区域经济和产业竞争力理论的基础上，利用区域产业竞争力综合评价指标体系和价值链分析方法，提出了“区域产业竞争力”的分析范式，结合中国区域经济发展实际，以云南省的资料和数据为样本，实证分析了云南省区域产业竞争力状况，提出了进一步提升云南省区域产业竞争力的政策建议。

该课题在产业竞争力的研究框架下，结合产业发展在区域经济发展中的结构性作用分析，强调了区域经济发展的产业依赖观，并提出了以核心产业的集聚为代表的区域产业竞争力的形成是区域经济发展的引力源的理论观点。由此，从如何形成和促进区域产业竞争力的分析目标，建立了区域产业竞争力的分析框架，依次展开了从产业竞争力到区域产业竞争力，以及从区域产业竞争力到区域经济发展的分析逻辑，并从中揭示了区域产业竞争力的形成机制和发展路径，从而发展了区域产业竞争力形成过程中的区域经济发展引力模型。

基于上述分析框架，该课题还分别从企业角度和要素角度，重点阐述了区域产业组织在引力机制作用下形成产业集聚过程并形成区域产业竞争力的过程及机理。在霍特林模型的基础上，引入知识溢出因素，并加入了企业到原材料市场距离变量，基于企业追求利润最大化假设，分析了产业集群对企业的引力，分析了区域产业聚集的动力机制和动态变化过程，揭示了区域产业竞争力形成的根本原因。由此，课题在总结、发展和完善区域产业竞争力的评价方法方面，利用我国地区经济发展的截面数据，对全国分行业区域产业竞争力状况进行了实证的比较研究，分析了我国各地区的区域产业竞争力差距导致了区域经济发展差距的情况，从而揭示了区域产业竞争力是隐含在区域经济发展过程中最核心的力量的结论。

在对云南区域产业竞争力现状进行研究的基础上，该课题对如何提升云南区域产业竞争力提出以下几方面的政策措施：

1. 金融措施与区域产业竞争力——区域资本形成机制的促进措施

金融发展对资本积累与经济发展具有极其重要的作用，发育良好、结构合理的金融中介组织体系，以及由其构成的有效的资本配置机制和投资促进机制，不仅有利于储蓄的增加以及向投资的有效转化，更为重要的是能够通过金融中介机构进行资源动员和信用创造，并以此调节经济体系的流动性，进而推动资本积累、技术进步及经济发展。具体来讲，可以从以下几个方面进行构建：一是建立健全为集群内中小企业服务的金融组织体系。国有商业银行应建立为中小企业服务的职能部门，建立中小企业银行，协助中小企业改善生产设备和财务结构，健全经营管理。二是建立和完善对集群企业金融服务提供支持的辅助体系。包括集群企业综合诊断体系，对集群企业进行会计制度、内部控制制度、财务规划、预算制度和利润中心等方面的辅导机制。三是建立完善的集群企业融资供给体系。健全金融与非银行金融机构信贷业务，设立集群企业发展基金，为集群企业的新产品开发、新技术应用等多方位、多渠道筹集资金。建立健全集群中小企业信用担保体系。四是健全金融配套服务体系。五是建立健全的支持集群内中小企业发展的金融法律法规体系。以法律形式规范各有关金融机构及集群企业融资主体的责任范围、融资办法和保障措施，是满足集群企业融资需要的重要保证。六是创造良好的金融生态环境，防止区域金融资源外流。七是注重加强区域内外金融合作，积极扩大区域金融业的服务效应。

2. 促进区域产业发展的区域创新导向政策措施

政府可以通过实施积极的产业集群式创新导向政策，以促进竞争和效率为目标选择政策工具，本着促进产业集群与区域创新体系相结合的基本准则，在区域创新体系建设框架之下，制定并完善产业集群的发展政策，不断优化区域创新环境，提升区域创新能力。以下是具体的政策建议：一是将产业集群与区域创新体系建设紧密结合起来。二是在区域范围内要从产业政策转变为产业集群和区域创新政策。三是建立以产业集群为基础的科技创新平台，形成具有较强创新能力的科技创新网络。政府有关部门通过对影响产业集群发展的某些基础性科研、共性技术与关键技术的扶持，既可促进产业集群的发展，也可体现国家科技战略规划。四是努力消除区域产业集群的制度壁垒，整合区域经济资源。区域发展的关键在于打破本地创新主体间的联系阻隔，加强彼此间的交流与合作。五是培育促进产业集聚的区域社会文化环境。六是推进区域产业集群融入全球产业价值链体系。

3. 提升区域产业竞争力的社会化服务体系

提升区域产业竞争力的社会化服务体系，是指围绕区域内企业的创立、生产经营、研究开发、融资信贷、技术与信息支持等方面提供的咨询、指导、帮助等服务体系。提升区域产业竞争力的社会化服务体系应该包括信息支持体系、中介服务体系、人才资源开发服务体系、创业辅导体系以及专业性与行业性组织几个方面。

4. 促进区域产业发展引力的政策措施

促进区域产业发展引力的政策和制度设计应从产业组织、微观企业和政府行为三个层面考虑。企业层面的对策在于寻求与整个产业集聚互动发展，以及自身如何提高竞争能力的措施。产业组织层面的对策在于分析整个集群如何提高竞争能力，实现集群整体的持续、健康发展，提高整个产业集群在国际、国内产业中的竞争地位。政府层面的对策则在于规划整个地区的产业结构、产品结构和竞争规则，为产业集群的发展创造良好的软硬环境。具体包括以下主要方面：一是充分发挥政府职能。政府应在产业集群发展中发挥协调、指导、监督和服务等方面的功能。二是加强产业政策引导与实施，实现产业升级。三是促进集群创新与扩散。强化产业集群的创新能力是推进集群持续成长的首要问题。强化集群的创新能力应优化核心网络的学习环境，引导集群成员在该生态系统内部形成有序的竞争态势，促进集群内部的知识外溢。四是大力发展产业中介组织，完善产业集群支持体系。五是促进跨区域产业集群协调，提升云南产业集群竞争力。要强化城市群功能，增加区域经济竞争力。

三、研究成果的学术价值和应用价值

该课题从基于区域产业竞争力多维度概念的分析思路出发，分析了区域产业竞争力的形成机制和发展路径，目的是结合云南省的产业发展实际，探索适合提升云南省区域产业竞争力的政策措施。课题用“引力模型”的思想和分析逻辑，从产业分工的企业盈利动机维度和产业发展要素流动维度，揭示产业形成集聚式发展并从而塑造区域产业竞争力的动力机制和发展过程。课题分析的理论基础之一，是基于知识溢出的技术创新所引致的产业分工高回报机会，在以资本为主体的要素流动带动下而形成的企业盈利实现和动态产业集聚过程。

在上述分析基础上，该课题有针对性地对云南省的区域产业竞争力与其他省份作了实证比较分析，证明了云南省的区域产业竞争力总体上有所提升，但比较东部地区（甚至某些西部地区）仍然有较大差距，提出了在未来大区域发展格局中构建云南省“经济发展引力”，有效地提升云南省区域产业竞争力的公共政策建议。

课题名称：区域产业竞争力的形成机理及政策选择

课题负责人：饶南湖

所在单位：共青团云南省委

主要参加人：蒋　冠

结项时间：2009年9月23日

云南省城市外来务工人员社会保障问题研究

城市外来务工人员社会保障问题主要涉及的是最低生活保障和社会保险保障两方面的问题。本课题组针对这两方面的问题进行了调研分析，并据此提出一些政策建议，希望为相关政策的制定提供参考。

外来务工人员主要指外地户籍的进城打工的人员，其构成主要为农村户籍人员。2009 年全国农村外出务工劳动力 15 097 万人，超过了全国人口总数的 10%，约占农村劳动力的 30%。云南省 2009 年 1 ~ 6 月全省转移农村劳动力总量达 715 万人，其中，省外转移 125 万人，省内转移 586.6 万人，国外转移 3.4 万人。

一、城市外来务工人员最低生活保障状况及问题

最低生活保障制度，也称“贫困线”制度，是政府对陷入贫困的人口实施最低生活保障的一项社会救济制度，是社会保障体系的最后一道防线。

（一）城市外来务工人员最低生活保障缺失的主要原因

1. 现行相关政策的限制

1999 年 10 月 1 日国务院颁布的《城市居民最低生活保障条

例》的第二条规定："持有非农业户口的城市居民，凡共同生活的家庭成员人均收入低于当地城市居民最低生活保障标准的，均有从当地人民政府获得基本生活物质帮助的权利……"

显然，按上述规定，享受城市低保的前提有三：一是共同生活的家庭成员人均收入低于当地城市"低保标准"；二是非农业户口；三是本城市居民。显然，处于城市"贫困线"以下的城市失地农民家庭成员和外来务工人员家庭成员已被排除在城市居民最低生活保障制度之外。

2. 城市最低生活保障经费投入不足

按我国《城市居民最低生活保障条例》规定："城市居民最低生活保障标准，按照当地维持城市居民基本生活所必需的衣、食、住费用，并适当考虑水电燃煤（燃气）费用以及未成年人的义务教育费用确定……"

2007 年我国城乡低保人口 7 333.9 万人，约占总人口的 5.55%。2009 年云南省低保人口城市为 87 万人，农村为 307 万人。农村贫困人口 555 万人（按年收入 1 196 元测算）。如以城乡 642 万贫困人口计算，我省贫困人口约占总人口的 14.2%，远高于全国水平。

2008 年云南省用于最低生活保障的支出为 28 亿元，占全年财政支出的 1.9%。享受最低生活保障的城镇和农村人口分别为 87 万人和 307 万人，人均补差为 710.66 元/年、59.22 元/月。如以每人每天支出不足 1 美元即为贫困人口的国际标准计算，按 1∶6.8 汇率折算（人民币与美元），目前我省农村贫困人口的标准仅约为 0.48 美元，远低于国际标准。

2009 年，昆明市最低生活保障标准约为 201 ~ 255 元。

3. 尚缺多层次、多渠道的"最低生活救济保障制度体系"

社会救济体系应是多层次的，全民参与的，除国家财政投入外，应积极支持各类民间的、宗教团体的慈善组织在社会救助活动中发挥积极作用，并使之成为社会最低生活救助保障体系的组成部分。欧美发达国家及其民间的、教会的各类慈善机构，实际上已成为社会保障救助体系中的重要组成部分。

目前中华慈善总会已有170多个会员单位，遍布全国。募款数额也从最初的几千万元发展到50多亿元，民间慈善捐助，正在成为政府社会救助体系的重要补充，但与发达国家相比，社会各阶层的参与度还很低。

二、城市外来务工人员的社会保险情况

云南省2008年年底，仅农民工人数就达600多万人，其中在省内就业的达450多万人，但参保率很低。养老保险、医疗保险和工伤保险参保率仅为1.87%、1.82%和5.62%，远低于城镇在岗职工的参保率，也远低于全国水平。导致云南省外来务工人员社会保险参保率低的主要原因如下：

1. 部分地方政府及相关部门对农民工社会保障权益重视程度不够

一方面，考虑农民工仍与土地保持着一定的权属关系，土地可以作为其生存保障的托底载体，因此只重视城镇居民就业及社会保障问题，而忽视农民工的社会保障问题。另一方面，多数的城市农民工由于文化水平及劳动力市场上巨大的供过于求的压力，不敢对自己的工资、劳保等权益提出意见，不得不接受极低的劳动力价格的现实和诸多的“不平等条约”。

城市有关劳动监察、城管、公安、工商等一些行政执法人员不时出现的执法不公、执法不严或面对农民工权益损害时的行政不作为等使农民工的合法权益得不到保护。

2. 社会保险费用过高

调查表明，社会保险费用过高，是导致大量用人单位不愿为

外来务工人员足额投保的主要原因之一。五项保险显示，用人单位缴费率为工资总额的33.4%，已超过国际公认的预警线(20%)。过高的社会保险费率已成为许多企业，特别是非公有制企业不愿为其一般职工，特别是外来务工人员缴纳社会保险费的主要原因。

3. 现行社会保险体系不能满足外来务工人员流动性的需求

现行社会保险制度不仅区分农村和城市，且是以省、市或县区统筹管理的。为保障广大外来务工者的权益，各省、市政府均要求所有企业为外来务工者购买社会保险。但由于这些政策的地方性难突破城乡二元制及区域分割的社会保险统筹管理模式，在参保人数增加的同时，退保率也不断升高。例如，广东省有的地区农民工退保率高达95%以上。

三、政策建议

（一）外来务工人员最低社会生活保障政策制度方面

(1) 修改和完善《城市居民最低生活保障条例》，取消对农民工的限制条款，把城市外来务工人员（含农民工）直接纳入城镇社会保障体系，为农民工的社会保障提供法律支持。

(2) 提高城市最低生活保障标准，扩大最低生活保障覆盖面，把更多的需得到救助的低收入者（含农民工）纳入城市最低生活保障体系。

①以实际居住地、实际就业地及人均家庭收入水平确定低保人群，把未农转非的失地农民、城市外来务工人员中的低收入者纳入城市居民最低生活保障体系。

②建立全国联网的城市居民最低生活保障受助者数据库，防止或降低由于信息不对称所致的重复申领或重复发放低保费等事项的发生。同时，建立个人诚信机制，使需要保障的人群真正得

到保障。

③待遇标准应与经济增长率相适应，使城市低收入者（含农民工）也能享受到经济发展所带来的实惠。

（3）支持各类民间的、宗教团体的慈善组织在社会救助活动中发挥积极作用，并使之成为社会最低生活救助保障体系的组成部分。

①简化慈善组织设立审批制，对慈善组织的社会救助、援助活动给予适当的专项财政配套支持。如希望小学的建设、志愿者的生活补贴（提高）等。

②加大对公益事业的宣传，扩大公众对公益慈善事业及相关政策的认知度。如在中小学的政治课、大学的“形势与政策”必修课中增加公益慈善事业的相关内容。

③慈善捐款、公益宣传广告费用准予在缴纳企业所得税、个人所得税前全额扣除等。

（二）外来务工人员社会保险政策制度方面

1. 加强社会保险执行力度，提高外来务工人员的劳动合同签订率

制定各行业外来务工人员劳动合同范本，将办理社会保险直接写在合同里，以强化用工单位为农民工办理社会保险的责任。同时，加大劳动执法监察，监督用工单位与农民工签订公平的劳动合同，建立权责明确的劳动关系，并按规定办理用工登记和备案手续。

2. 调整社会保险政策，运用社会保险与商业保险相结合的方法，最大限度地为农民工提供权益保障

（1）对于长期在城市工作，并且在城市已经有固定住所的外来务工人员在达到一定年限（3～5年）后，给予其享受城市居民权益的资格，包括转为城市户口，纳入当地的社会保障

体系。

(2) 针对外来务工人员流动性大的特点，允许利用相关商业保险险种替代养老、医疗、工伤、失业、生育社会保险，为外来务工人员提供安全保障。保费由政府、雇主和员工共同分担。

对于流动性较大而且今后不一定在城市安家生活的外来务工人员，可考虑通过适当的商业保险方法为其提供社会保障，切实解决外来务工人员因跨城乡、跨区域所致社会保险保障缺失问题。鼓励和允许雇主为没有纳入城市社会保障体系的外来务工人员购买相关商业保险。如“养老保险”、“雇主责任险”、“住院医疗保险”、“失业保险”、“生育保险”等，为雇员养老、工伤、疾病、失业、生育等提供保障，并允许其替代相应社会保险险种。

为减轻企业负担，以及增强外来务工人员的保险意识，保费可采取由政府、雇主和雇员三方负担的方式。如三分之一的保费可由政府财政分担或冲抵企业所得税；另外三分之二由雇主和雇员分担。保费费率可根据企业责任风险大小，允许保险公司有一定浮动，促进企业加强风险管理。

这一方法的作用及意义在于：既考虑到了目前户籍制的现实，也考虑到了企业的社会保险费负担，同时也考虑到了外来务工人员流动性大的特点。社会保险受户籍制的限制，商业保险则不受此限制，从而能为广大的外来务工人员或农民工提供保险保障，有效弥补“二元经济社会结构”的不足，使城乡两种社会保障体系能有机地衔接起来。

3. 加强外来务工人员社会保障政策的宣传工作，提高外来务工人员对社会保障的认知度

(1) 加强社会保障宣传工作，增强外来务工人员的维权意识。针对外来务工人员总体文化程度低的特点，制作简单易懂的社会保障宣传手册向外来务工人员免费发放，在外来务工人员就

业和居住相对集中的地区开展政策咨询活动。利用报纸、杂志等媒介，开辟外来务工人员社会保险政策宣传专栏，利用网络、电视、广播等媒体开展专题讲座和政策答疑等，尽量使更多的外来务工人员了解社会保障知识，增强外来务工人员的参保意识。

（2）加强社会保障经办机构人员的服务意识，提高服务质量和服务效率。社会保险经办机构要彻底消除对外来务工者的歧视，按照建设和谐社会和服务型政府的要求，增强服务质量，提高服务效率，做到讲解经办程序不厌其烦，政策咨询和答疑简洁易懂，经办服务准确细致。要根据外来务工者的特点，尽可能简化经办手续，实行“一站式”服务。

4. 公开社会保障的运作管理，加强舆论监督

知晓社会保障事务及社会保障基金的筹集、支付、运行和管理等情况是参保单位及参保人员的基本权利。实现社会保障事务及基金运作管理公开透明既是相关政府部门政务公开的要求，也是自觉接受社会公众监督、确保基金安全的前提。因此，在完善社会保障事务和社保基金监督管理机制时，应充分考虑参保人员的知情权，应利用网络、电视、广播等媒体公开社会保障事务及社会保障基金的筹集、支付、运行和管理等情况，开展专题讲座和政策答疑等，自觉接受参保人员的监督。

课题名称：云南省城市外来务工人员社会保障问题研究
课题负责人：曹　明
所在单位：云南大学
主要参加人：刘　军　张有华　张　越　宋　梅　朱俊衡
结项时间：2009 年 11 月 3 日

政府公共职能与建设服务型政府研究

——政府采购电子拍卖模式分析及应用

一、课题研究的目的和意义

政府采购制度是国家管理政府公共支出的一种基本手段，是政府有偿获取货物、工程和服务最通用的做法，由于其公开、公正、公平、高度透明、充分竞争的机制设计，使其在强化政府宏观调控能力、增强财政监督职能和节约财政支出等方面起到积极作用，在质量、进度的控制和经费使用效益上均取得显著成效。但随着政府采购工作的不断深入，实践过程中出现了一系列问题：一是采购范围窄、规模小；二是政府采购市场化程度不高，资金使用效率低下，浪费严重；三是政府采购法律制度建设滞后，招投标机制、监督体系不健全，专业化水平不高，采购方式不够科学，等等。

隐藏在这样的表象下，政府采购的实质问题到底是什么呢？该课题从根源上找出了存在于政府采购过程中的问题的真正症结所在：我国政府采购的实质问题是效率与效益的问题，即节省时间与降低成本的问题。课题围绕这一问题展开研究、分析与判断，积极探索一种既能监督官员的采购行为，保护政府利益，又能保证信息的公开性和共享性的采购方式，从而找出一种切实可行、具备理论依据同时具有实用操作价值的方法来解决当今我国政府采购中出现的问题。该研究为解决政府采购中遇到的实际问题提供了全新的科研视角。

二、研究成果的主要内容和重要观点

由于政府采购流程的不对称性、不确定性以及监督机制的不健全，传统采购流程过程漫长和面对面的操作使招投标中内外勾结、价格同盟和徇私舞弊行为发生的概率增大。该课题从理论层面入手，通过分析政府采购基本特征——政府的公共职能性和市场性归纳得出了政府采购的基本原则，即公开、公平、公正及诚实信用原则。在提出问题的基础之上得出结论：当前国内对政府采购的研究主要集中在政府行政管理和财政管理的角度，更多是强调政府采购的公共资源优化配置、宏观调控、财政监管等功能，而很少从采购流程对现行政府采购进行分析和设计，因此也无力从制度方面对由于流程自身的缺陷所带来的先天不足进行纠正。

该课题提出：从政府采购方式的演变过程可以看出，随着政府采购制度的不断变化，需要一种简捷、高效的采购方式，以适应不断变化的市场。互联网的出现，使这一设想成为可能，政府机构在实践电子政务的基础上希望加大电子采购的应用程度。课题将"政府采购电子化"作为传统采购流程问题的解决方案，是因为电子化的政府采购具有快速性、透明性、高效低成本的优势，可以解决电子采购的实质性问题，可最大限度地兼顾效率与效益。

该课题提出：与传统采购方式相比，电子化政府采购具有明显的优势，主要表现在四个方面：一是可以降低采购成本，节约巨额财政支出。二是可以大大减少采购环节，有利于提高政府采购效率。三是可以更有效地抑制采购中的腐败行为，有利于实现信息披露的公开化、及时化。四是有利于实现政府的各项政策功能。因此，政府采购电子化将成为政府采购发展的必然趋势，对我国政府采购产生重大影响。

目前国内不少省市已经上线了政府采购电子化系统平台，但大部分采购系统的电子化主要是偏重于采购公告的公开发布和供应商信息的数据库建立。在整个采购流程中，尽管对于信息的发布、供应商的选择已经实现了电子化，但对位于采购流程的核心阶段的招投标环节，大部分情况仍是采用传统的密封式公开招投标方式。尽管密封式公开招投标保证了政府采购所要求的公开、公平基本原则，但在成本节约和效率的提高上仍然有相当大的发展空间。考虑如何将竞标环节电子化，以此实现提高效率和节约成本，并选择合适的模式来实现具有非常重要的现实意义。

该课题将电子反向拍卖作为密封式公开招投标的替代方式，并对其应用范围和影响进行分析。课题认为，尽管电子反向拍卖与传统的出售拍卖不同，但经济分析表明，传统的拍卖形式和电子反向拍卖形式之间结果并无不同。两种形式都可以被用于政府目的，例如传统拍卖形式被用于变卖政府资产，而电子反向拍卖形式被用于购买政府需要的产品。在后一种情况中，即在严格意义上的政府采购中，只能使用电子反向拍卖形式，供应商或承包商相互竞争以赢得政府采购合同。

电子拍卖的主要优势在于能节约采购时间及成本，从而能使企业将所节约的时间更多地用于战略管理中。但电子反向拍卖之所以能节约采购成本及时间，提高效率，是与其机制属性有着密切联系的。在看似已成功上线的拍卖系统中隐藏着很多问题，要解决这些问题必须综合供应市场因素和采购因素两方面的影响进行协调。

该课题还提出：实践中采购实体在电子反向拍卖中可以使用三种模式：（1）唯一因素拍卖模式；（2）多因素全拍卖模式；（3）多因素非全拍卖模式。而具体应用哪种拍卖模式，需要在确定采购对象后具体对待。面对相对较特殊的服务及非标准化产品的采购，可以采取如下解决办法：（1）建立预认证和预审核制度；（2）使用多属性反向拍卖机制。通过建立以上三种拍卖模式并在较复杂及特殊环境下创建两种应用的解决办法，能从技术环节上首次扫除电子反向拍卖应用于政府电子化采购流程中可能遇到的障碍。

课题认为，在以往政府采购中电子反向拍卖的研究中，基本上都是集中于采购制度及电子反向拍卖优势分析，而很少有关于电子反向拍卖方式对采购主体与供应商的合作管理关系的研究。但在实际研究中，由于电子反向拍卖这种交易模式对原有的供应商关系管理带来了巨大挑战，改变了原有的供应链关系管理，因此在电子反向拍卖应用中值得引起重视。将竞价结束后的采购供应链管理引进采购前的评估阶段是非常有必要的，是对前期预认证和预审核制度的一个修正和补充。只有这部分完成实现后，才可能将电子反向拍卖引入到工程、服务等方面的购买领域。

尽管电子拍卖作为一种有效的电子采购工具，在节约成本和提高效率、缩短采购周期上已是毋庸置疑，但由于政府采购所具有的政府公共职能性，考虑使用电子拍卖作为政府采购工具时，就不能完全与企业采购相一致。政府采购具有进行宏观经济调控和政策引导作用，而企业采购是希望追求最大限度的成本控制和时间节约。因此，电子反向拍卖有可能会伤害到本地供应商或者中小企业。政府采购机构应当加强培训本地企业及中小企业，使他们能掌握和熟悉电子拍卖技能，以确保在电子竞拍中处于公平竞争地位；另一方面在采购政策上对中小企业给予倾斜，使其能处于公平竞争地位，能为其创造原本无法获得的交易机会，使中小企业也能参与到政府采购活动中，分享政府采购利益，这无疑有利于提高中小企业的市场竞争力，也是实现政府采购公共职能性的有效方式。

三、研究成果的学术价值、应用价值及社会影响和效益

该研究成果的学术价值在于：从崭新的角度重新关注政府采购，重新认识政府采购的特征，开辟了该领域新的研究方向。在现有的理论研究成果基础之上增加了新的研究内容，将电子反向拍卖作为一种解决方案引入政府电子化采购的体系构建中，并用大量翔实的数据、严谨的理论分析证明了该方案的可行性及优越性。这种方式将扩宽该领域内研究的广度，增加研究内容的深度，具备将该科研成果转化为实际应用方案的实力。科学应用电子反向拍卖，可以大大降低政府采购成本，节约政府采购时间，避免权力寻租，降低供应商的竞购风险。

该课题提出的多属性反向拍卖机制的运行机制，在我国尚属首创，一旦该模型应用成功，将大大减少政府运营成本，对我国政府采购的发展产生深远影响。通过以“公开、公平、公正”为最终目标实现政府采购的基本原则，将会客观地提升政府的公信力，有利于对政府公权力实行真正意义上的监督。同时有利于为政府决策提供真实有效的数据，并帮助决策者进行市场经济的宏观调控。

课题名称：政府公共职能与建设服务型政府研究——政府采购电子拍卖模式分析及应用

课题负责人：何江南

所在单位：云南财经大学

主要参加人：殷晓茵　李兴华　杨润高　刘洪江　朱英豪

结项时间：2010 年 2 月 5 日

中国—东盟自由贸易区税收协调研究

中国—东盟自由贸易区是中国在区域经济一体化进程中组建的第一个自由贸易区，是中国实施自由贸易区战略、实现和平崛起的重要举措。税收协调作为中国—东盟自由贸易区建设的基本内容和制度安排，是有效解决自由贸易区进程中不可避免的各种税收问题最为重要的手段。因此，中国—东盟自由贸易区税收协调研究，其目的在于构建完善的自由贸易区税收协调机制，促进区域社会经济的发展，为推动中国—东盟自由贸易区建设和实现我国自由贸易区战略提供理论支持、政策建议和决策咨询。同时，该课题的研究，还是对国际税收协调理论与实践的拓展和实证，是探索加强云南与东盟国家经贸关系的重要切入点，具有重要的理论意义和现实意义。

该课题在全面梳理国内外有关研究成果的基础上，以税收协调是中国—东盟自由贸易区建设的重要内容和内生因素为主线，从税收协调现状、协调效应、国际比较和对策建议等几个方面，对中国—东盟自由贸易区税收协调进行了研究，较为全面、系统地阐述和构建了促进中国—东盟自由贸易区税收协调的基本框架。

一、中国—东盟自由贸易区税收协调的现状及问题

中国—东盟自由贸易区税收协调，表现在各国税制改革的趋同、关税协调的展开、重复征税的减除、双边税收协定的签署等方面，并由此初步奠定了自由贸易区税收协调的基础。但是，受中国—东盟自由贸易区经济、政治、文化以及税制差异等因素的制约，自由贸易区税收协调目前还存在着内容和形式单一、协调范围小、程度不够、缺乏专门的组织机构和深入的理论研究等问题。因此，中国—东盟自由贸易区税收协调，既有协调困难多，协调滞后性较明显，求同存异难度大的一面；更有迫切需要应对这些情况，循序渐进，加大区域内税收协调力度，拓展税收协调空间，最大化地消除税收障碍，加强区域经济交往与合作的一面。

二、中国—东盟自由贸易区税收协调的效应分析

中国—东盟自由贸易区税收协调，具有明显的社会经济效应：不仅有利于直接推动自由贸易区各国税制的完善，防范有害税收竞争，避免重复征税，遏制偷税避税和维护自由贸易区各国税收权益，创造和谐的税收关系，而且有利于提高自由贸易区资源配置效率，形成自由贸易区规模经济效应，增进自由贸易区整体福利水平和推动自由贸易区建设的进程。具体就中国—东盟自由贸易区关税协调而言，具有突出的贸易创造效应和投资促进效应。

三、欧盟税收协调的经验与借鉴

欧盟作为区域经济一体化程度最高的典范，其税收制度协调最为全面、深入，对区域性税收协调具有重要的导向意义。因此，总结和借鉴欧盟税收协调的经验，就成为中国—东盟自由贸易区税收制度协调研究不可或缺的参照和重要环节。

四、促进中国—东盟自由贸易区税收协调的对策研究

促进中国—东盟自由贸易区税收协调，必须遵循效率与公平相统一、协商一致与灵活务实相结合和全面协调与渐进发展相统筹的原则，按照夯实税收协调基础、构建完善的税收协调框架、维护税收权益和提升区域税收竞争力的总体思路，既要积极深化各国税制改革，加强税收征管合作，又要不断健全和完善多层次的税收协定网络；既要积极探索和推动税收协调内容的深化，又要着力构建完善的税收协调机制，加强税收协调的理论研究。

五、加强云南与东盟国家经贸关系的税收协调建议

中国—东盟自由贸易区的建设和澜沧江—湄公河次区域的合作开发，为云南经济实现跨越式发展提供了难得的历史机遇。立足于云南与东盟国家经贸关系的现状，加强云南与东盟国家经贸关系，真正变区位优势为对外开放优势和经济优势，服务东盟，服务全国，发展云南，就必须充分重视和有效利用关税协调的成果，不断强化云南与东盟国家在相互投资等领域的税收管理和特

许优惠政策，积极争取在云南试点与东盟国家的税收协调，努力开拓创新经贸合作的新机制和新平台，加大云南与东盟经贸发展涉及的有关税收政策及税收协调的宣传和调研力度。

总体来看，该课题在研究视角、研究内容和研究方法等方面具有一定的创新和特色，提出的对策建议既有前瞻性又有一定的现实性，主要表现在：

（1）在研究思路和视角上，课题报告将税收协调置于中国—东盟自由贸易区建设进程中，视税收协调为中国—东盟自由贸易区建设的重要内容和内生因素。

（2）在研究内容上，课题报告对中国—东盟自由贸易区税收协调进行了全面、系统的研究和阐述：既有对自由贸易区税收协调现状和问题的全面梳理和剖析，又有对自由贸易区税收协调效应的深入分析和思考；既有对区域性税收协调尤其是欧盟税收协调的经验总结和借鉴，又有对促进中国—东盟自由贸易区税收协调的原则、思路和对策的系统阐述，以及对加强云南与东盟经贸关系的税收协调建议的具体探讨。

（3）在研究方法上，课题报告较好地将经济学的实证分析与规范分析等方法有机地结合起来。首先，中国—东盟自由贸易区税收协调的研究，本质上就是对国际税收协调理论和实践的一种实证。其次，中国—东盟自由贸易区税收协调现状和效应的分析，是该课题在主要研究内容上对实证方法的运用。再次，立足于实证分析的基础和支撑，课题报告还从规范分析的角度，对促进中国—东盟自由贸易区税收协调的对策和加强云南与东盟国家经贸关系的税收协调建议进行了探讨。最后，课题报告还从制度分析和比较分析的角度，将税收协调看做是中国—东盟自由贸易区建设的重要制度安排和内生因素，并通过对欧盟等区域性税收协调的比较借鉴，多角度地对中国—东盟自由贸易区税收协调进行了分析和研究。

（4）在对策建议上，课题报告对促进中国—东盟自由贸易区税收协调和加强云南与东盟国家经贸关系的税收协调建议的研究，既有前瞻性的考虑，更有出于现实需要的思索，相关对策及措施的可行性较强。

该课题研究不仅具有较强的理论性和学术价值，而且在促进中国—东盟自由贸易区建设和推动云南与东盟国家经贸关系的进一步深入发展等方面，应用价值前景广阔，预期具有良好的社会影响和效益。首先，中国—东盟自由贸易区税收协调框架的构建，既是对区域经济一体化尤其是自由贸易区建设理论的拓展，又是对国际税收协调理论的实证和丰富，并直接为院校本科和研究生“国际税收”课程的教学和研究提供了具体的案例和分析思路。其次，该课题为推动中国—东盟自由贸易区建设和实现我国自由贸易区战略提供重要的理论支持、政策建议和决策咨询。研究报告最后所关注的加强云南与东盟国家经贸合作关系的税收协调建议，其意义不仅在于为云南扩大与东盟国家经贸关系、服务云南地方企业提供税收方面的决策支持、政策建议和咨询，而且在于探索提升云南对外开放水平、服务东盟、服务云南、发展云南的新的合作机制和平台。

课题名称：中国—东盟自由贸易区税收协调研究

课题负责人：赵仁平

所在单位：云南财经大学

主要参加人：王　励　李树奇　杨向英

结项时间：2010 年 2 月 10 日

全球化背景下中国—东盟金融市场合作研究

一、课题研究的目的和意义

中国—东盟自由贸易区已经于2010年1月1日正式启动，推动中国—东盟金融合作的号角也已经正式吹响，对中国—东盟金融市场合作的理论和实践进行研究是当前面临的重要任务。在建立中国—东盟自由贸易区的过程中，如何建立服务于自由贸易区的金融体系是一个关键的问题，而这个问题又直接涉及中国及东盟各国如何在金融市场进行合作。本课题研究的目的就是希望从理论和实践两个方面推动中国—东盟金融市场合作的研究，一方面为中国—东盟金融市场合作找到理论基础，另一方面为中国—东盟金融市场合作提供可供参考的合作模式和方式。该课题研究的理论意义在于为中国—东盟金融市场合作提供基于新开放经济宏观经济学体系下的理论基础，实践意义在于为中国—东盟金融市场合作提供可行的建议。

二、研究成果的主要内容

1. 成果研究内容

该课题的最终成果为《全球化背景下中国—东盟金融市场

合作研究》。研究内容主要分为三个板块：一是全球化背景下中国—东盟金融市场合作的理论框架构建；二是全球化条件下中国—东盟金融市场合作的理论模型分析；三是中国—东盟金融市场合作方式研究。

在理论框架构建方面，该课题以金融发展理论、金融结构理论和金融全球化理论为出发点，从发展中国家金融合作的角度，为中国—东盟金融合作构建了理论框架。中国—东盟在金融市场领域存在合作的可能性，主要体现在货币市场合作、资本市场合作和金融市场监管合作等方面。课题在以下两个板块中对中国—东盟金融市场合作的理论模型和合作方式进行了研究。

在理论模型分析中，主要研究了两个方面的内容：一是金融合作以及金融一体化的理论模型发展过程和研究综述，特别针对新开放经济宏观经济学模型进行了深入和细致的研究；二是在新开放经济宏观经济学模型中引入反映中国—东盟特点的要素，即劳动力市场摩擦，构建了针对中国—东盟金融市场合作的模型，在这个模型中讨论了中国—东盟金融合作对于成员国的宏观货币政策和宏观财政政策等宏观经济政策的影响作用。

在合作方式研究中，该课题主要对两种重要的合作方式进行了研究，第一种合作方式是对主权财富基金的投资，第二种合作方式是建立中国—东盟区域金融中心。

针对主权财富基金的投资，该课题认为当前中国—东盟金融市场的割据现象明显，特别是在资本市场领域，且各国均有相当数量的外汇储备，这使得在现阶段最容易互相进入其他成员国资本市场的方式就是进行主权财富基金的投资，这比起对个人开放资本市场要容易得多，且采用这种合作方式在收到金融市场合作成效的同时又将开放资本市场的危害限制到了最小，因而现阶段中国—东盟在资本市场的合作以主权财富基金的投资为主。课题针对主权财富基金的透明度问题和主权违约的问题进行了深入探讨，结论是支持以主权投资基金作为主要金融市场合作方式。

针对建立中国—东盟区域金融中心，该课题提出，中国—东盟自由贸易区需要有能够对其进行支持的区域金融中心，因而主动积极地推进中国—东盟区域金融中心的建立有利于中国—东盟自由贸易区的建设进程。建立中国—东盟区域金融中心，可以发挥集聚优势，实现规模经济，为中国—东盟自由贸易区提供最直接的金融服务。而昆明作为中国与东盟联结的桥头堡，如能利用当前的时势，抢占先机，建成中国—东盟区域金融中心，则是最能有效地为中国—东盟自由贸易区服务的金融市场合作方式。

2. 研究方法的创新

首先，“金融结构理论”通常用于对一国金融结构的研究，也有部分学者将“金融结构理论”用于区域金融结构的研究，而该课题创新性地把“金融结构理论”用于研究国家或是经济体之间的金融合作当中，一方面使金融结构理论获得了新的用武之地；另一方面也试图为国家和经济体之间的金融合作找到新的理论依据；另外，在合作方式上，该课题站在发展中国家合作发展的角度上，将极大地有利于新的合作道路和合作方式的创新。例如，中国—东盟金融市场一体化的推进模式、金融机构合作途径、金融工具合作方式等。

3. 主要结论

第一，中国—东盟在全球化的趋势中存在合作发展金融市场的可能，并且通过金融市场的合作发展可以加速发展中国家的发展，缩短与发达国家之间的差距。

第二，金融结构由金融工具和金融机构组成，在发展中国家金融市场合作发展中的金融结构一方面将有利于各合作国家金融工具的流通并提高融资效率，另一方面又为金融机构提供了更广阔的发展空间和公平的竞争环境。

第三，中国—东盟通过金融市场合作，可以加强金融市场的监管力度，使调控方式多样化，有利于金融市场的协调稳定发展，真正成为经济发展的推动力量，而不是通过金融危机等方式阻碍经济发展。

三、研究成果的学术价值、应用价值及社会影响和效益

党的十七大报告指出，要“推进金融体制改革，发展各类金融市场，形成多种所有制和多种经营形式、结构合理、功能完善、高效安全的现代金融体系”，同时还指出，要“扩大开放领域，优化开放结构，提高开放质量，完善内外联动、互利共赢、安全高效的开放型经济体系，形成经济全球化条件下参与国际经济合作和竞争新优势”。该课题是在深入学习党的十七大报告后，结合中央的经济金融指导方针，针对当前全球化不可逆转的趋势进行设计的。金融市场在经济体系中的作用日益增强，而金融风险的威胁也无时无刻不在逼视。金融市场的国际合作已经成为各国化解金融风险、巩固金融体系的重要手段之一。课题研究对中国—东盟金融市场合作有重要的理论价值和实践指导作用，为中国—东盟自由贸易区的金融合作实践提出了可供参考的理论基础和实践模式，具有一定的潜在社会价值。

课题名称：全球化背景下中国—东盟金融市场合作研究

课题负责人：石黎卿

所地单位：云南大学

主要参加人：姚志林　吕　毅　陈　然

结项时间：2010 年 4 月 16 日

唐代城乡经济互动发展研究

一、课题研究的目的和意义

农村、农民和农业问题，可称之为中国的关键问题。历史上，农业是我国的立国之本；在现阶段，“三农”问题仍是制约中国实现现代化的瓶颈。从一定意义上讲，解决了“三农”问题，也就基本解决了中国问题。而要解决农村问题，单纯就农村而谈农村是不够的，一定要有系统和全面的思想，即要将城市和农村结合起来研究。

“唐宋转型”或称“唐宋变革”是近年来史学界讨论的一个热点话题，也有很多学者认为转型在唐代中期就已完成，笔者深以为是。唐代中期后很多方面表现出与以往朝代迥异的特点，就城乡关系而言就由原来的对立转向互动发展，因此研究这一转变不仅有助于更好地了解唐代经济的发展，而且对解决当前的“三农”问题、消除城乡二元经济结构也有十分重要的借鉴意义。

要研究中国古代的城市，就不得不研究农村；而研究古代的农村，就不得不研究古代的城市。因此，城乡关系就变得十分重要，研究中国古代城乡关系就变得意义重大，对研究古代国家与社会的很多方面起到了关键性的作用。

二、研究成果的主要内容和重要观点

唐代是我国社会发展的高峰时期之一，这一时期尤其是唐代前期总的来说政治开明，诸如“贞观之治”、“开元盛世”等时期，其中经济也获得很大发展，出现了一些新的经济现象，诸如“柜坊”、“飞钱”、“宫市”等。尤为关键的是，这一时期的城乡关系也发生了一系列深刻变化，标志着中古社会城乡关系的巨变。该课题从“城”“乡”界定、唐代中期以前城乡关系的梳理、唐代中期城乡关系的演变、城乡关系演变的原因、城乡经济的互动发展以及现实意义等六个角度来展开论述。

1. 城市的出现与“城”“乡”界定

城市和乡村是一定历史的产物。在不同国家，特别是不同文明发源地，城市的出现以及由此形成的城乡分离过程有着明显的差异。在中国，城市形成及城乡分离经历了一个漫长的过程，具有鲜明的特色，并对城市和乡村所产生的政治现象有着深远的影响和规定。此部分对城市出现的诸多观点进行了梳理，并提出了关于“城”“乡”概念的界定，为研究城乡关系提供了前提与基础。

2. 唐代中期以前城乡关系的梳理

唐代以前城市的经济循环是“输入型”经济循环，是一种单向的人、财、物的流动。由于城市本身不进行产品的生产，城市生存必需的物质财富必然来源于系统外部的供给。农业作为当时社会的主要生产形式，农产品是社会财富的主要形式，农业收入是社会的主要收入，城市运动中所需要的物质价值直接来源于农产品（物质）及农业收入（价值）的分割。从单纯的价值形态看，在城市的经济循环中，农民将税收交给政府，将地租交给地主，这些人将得到的税收与地租留下自己生活必需的部分，其余的通过市场交给小手工业者，并从他们那里取得必要的产品与服务。这种城市循环的继续，必须以单向的地租和税收向城市不断输入的形式为基础，城市循环是建立在农村向城市的产品及价值输入的基础之上，是输入型经济循环，如果中断了这种输入，城市的整个经济循环系统将不复存在。总而言之，虽然在古代中国一体性社会条件下，城市和乡村具有一体性趋向，但由于它们在整体社会中有着不同的功能和作用，因此仍然是两个相对独立、各有特点的共同体，并结成了相互之间的关系。即处于统治地位的城市上层社会和处于被统治地位的乡村下层社会之间的不平等关系。这也是古代中国城乡二元社会结构的突出特点。

3. 唐代中期城乡关系的演变

城市与乡村的关系除了对立性以外，还具有相互依存、密不可分的特点。因为许多城市的前身就是乡村，城市需要的劳动人手、生产原料与生活资料也主要靠乡村供应；另一方面，农村也离不开城市。比如农村的精神文化生活大都来自城市，而且农产品的卖出，某些手工业产品的买进，也都离不开城市。社会分工越发展，城市越繁荣，二者的关系便越紧密。唐代尤其是中期以来，商品经济的快速发展，在一定程度上改变了原有的城乡关系。伴随着消费型城市向生产型城市过渡、政治军事型城市向经济型城市转化和镇市的兴起，说明原有的城市功能发生了变化，经济功能增强，尤其是城乡联系的纽带——镇市的兴起，充分说明唐代中叶城乡关系正在发生着一些细微的变化。随着商品经济的发展和城市的经济功能增强，唐代中期以后城市的导向和辐射功能增强，消化和吸收农村剩余劳动力的能力也在增强，表明城乡关系平等性和相互性开始向纵深方面发展：（1）城市导向和辐射功能增强；（2）城市消化和吸收农村剩余劳动力；（3）农村商品生产的增加。

4. 唐代城乡关系演变的原因

集中从生产力和商品经济的发展与农村生产关系的局部变革两个方面展开分析。生产力和商品经济的发展，集中表现在农业、手工业和商业三个方面，而且更表现为三方面协调发展。农村生产关系的局部变革指的是唐代中期生产关系也发生了一些局部变化，这些变化促进了城乡关系的发展。这些变化集中表现为均田制的瓦解、人身依附关系的变化和两税法代替租庸调制三个方面，改变了城乡政治联系为主要联系的局面，城乡之间平等的经济联系也逐渐增强并发展起来。

5. 以货币为媒介，阐述了唐代中期城乡关系的互动发展过程

由于唐代后期货币与城市居民关系日益密切，市场中货币的需要量和实际流通量日益增加，也较好地满足了商品流通中货币的需求。唐代后期城乡商品货币关系的发展，还表现在商业资本和高利贷资本的发展。安史之乱后，商业资本发展很快，货币财产大部分集中在商人手中。在国家税收体制的影响和商品经济的带动下，唐代后期的货币结构发生了明显的变化。主要表现为货币与城市居民的生活日益密切，无论是达官贵人还是贩夫走卒，他们的生活时时刻刻都与钱紧密联系在一起，真正达到了“无钱寸步难行”。其次，以货币为媒介密切了城乡的经济联系。唐代中期以后在城乡对立的基础上，城乡的合作性与共容性逐渐增强。中唐后，城市的大量兴起以及城市的消费性特征，决定了城市必须依赖乡村而存在。这一依存性主要由如下因素决定：乡村为城市输送粮食、手工业品、自然资源等物品以及提供大量劳动力；城市为乡村提供开发土地与自然资源的资金，同时为涌向城市谋生的劳动者提供就业的机会与场所。

6. 研究的现实意义

唐代城乡关系的变化，即由城乡对立向合作性、共融性转

变，是我国古代城乡关系发展的重大转折，有着极其重要的意义。其中一个重大的意义就在于促进了城市的经济功能的增强，促进了城市的良性发展，也最终促成了唐帝国的强盛与经济繁荣。中国的特点是人口众多，这就决定了要解决人们的吃饭问题和经济发展问题不能依赖外部，只能从国家内部来寻找出路。我国的地形特点是多丘陵山地，少平原，这就决定我国耕地少且分散，很难走西方大规模现代农业之路，也决定着长时间内农村与城市并存的事实。处理好我国的城乡关系是我国经济发展好坏的关键，何时城乡关系处理好了，经济就发展；如处理不好，经济就受到影响。因此，要充分认识并重视城乡关系对当代经济发展的重要性。树立城乡统筹的观念，考虑城市问题要兼顾农村，反之亦然。当前，城乡二元结构明显，因此还要消除城乡之间人为的壁垒，使城乡之间的劳动力、资金、物资可以自由流动。农村在发展经济的时候要面向市场，例如粮食作物与经济作物的种植，要考虑城市市场的需求；而城市也应有一颗更加包容的心，在消除农产品和工业品的“剪刀差”，切实增加农民收入方面作出切实的姿态。只有农民的收入提高了，广大农村市场才能启动，城市的众多工业品才有广阔的市场，“三农”问题才会逐渐解决，并最终消除城乡二元结构。

课题名称：唐代城乡经济互动发展研究
课题负责人：肖建乐
所在单位：云南民族大学
主要参加人：唐国锋　顾胜华　范淑萍　孙德华　李　发
结项时间：2010年4月30日

农民工市民化的转换成本与政府公共政策选择研究

一、课题研究的目的和意义

一是探索具有中国特色的人口城市化理论。课题组基于中国城乡二元经济结构的现实背景，以人口城市化的成本模型为指导，从公共服务均等化的视角，通过构建农民工市民化的社会成本模型，探索农民工市民化的路径模式，促进了具有中国特色的人口城市化理论的探索与实践。

二是为中国农民工市民化的推进与管理提供决策依据。课题组通过对43个农民工聚集地城市的数据分析，测算了分地区、分类型农民工市民化的社会成本，并从制度关联的视角，设计了农民工市民化的系统性政策组合方案，为农民工市民化的推进与管理提供决策依据。

二、研究成果的主要内容、重要观点或对策建议

1. 主要内容与重要观点

一是探讨农民工市民化的理论及其核心难题，界定农民工市民化的内涵。所谓农民工市民化是指农民工在职业上由农业转向非农产业，在身份上由农民转向城市市民，更重要的还是在生活

方式、社会交往、思想理念等方面与城市逐步融合，从而实现一体化。然后在这个基础上，探讨了目前制约农民工市民化的各种难题：制度改革的障碍、个体素质的障碍、社会资本因素的障碍，指出农民工市民化的核心难题是消除这些障碍的社会成本问题，即需要在制度改革的过程中承担农民工市民化的社会成本。

二是农民工市民化的社会成本的测量。通过比较发展经济学中的人口城市化与中国农民工市民化，并借鉴人口城市化的成本模型，建立农民工市民化的社会成本模型：包括私人发展成本与公共发展成本。其中私人发展成本是指农民工向城市居民转换所必须付出的私人生活成本、智力成本、住房成本与社会保障成本；公共发展成本是指在农民工市民化过程中，为保障城镇健康协调发展所必需的城市内的基础设施、生态环境与公共管理等基本功能要素的投资成本。

然后以农民工聚集地的43个城市为样本城市，对农民工市民化的社会成本进行实证分析，测算了分地区、分类型的农民工市民化的社会成本：沿海地区第一代农民工市民化的社会成本大概是100 000元；沿海地区第二代农民工市民化的社会成本大概是85 000元；内陆城市第一代农民工市民化的社会成本大概是60 000元；内陆城市第二代农民工市民化的社会成本大概是50 000元。

三是社会成本、制度关联与农民工市民化的关系分析。从制度关联的视角，分析了目前政府由于担心无力承受农民工市民化的社会成本而延缓了制约农民工市民化的制度改革；并通过设计系统性的政策组合，在理论上探讨通过关联制度的改革为农民工市民化筹措所需要的资金：制度改革过程中农民工劳动创造的社会财富与土地的转让收益，从而打消政府对承担社会成本的担心，推动农民工市民化。

四是农民工市民化的社会成本分担机制与所需资金筹措的研

究。通过分析理论上农民工市民化所需资金的来源，认为农民工市民化的社会成本实质上是由农民工自身承担的，但是由于制度改革的滞后，形式上需要由其他主体参与分担，从而形成以地方政府为主、中央政府为辅、农民工所在企业与农民工公共参与的社会成本分担机制。同时，依据理论上的资金来源，在实践中提出了四种筹措农民工市民化所需要资金的渠道。

第一种是各级政府的财政支出，通过合理平衡农民工工资、企业利润与政府税收，将来自于农民工劳动创造的社会财富的税收以财政支出的形式用于农民工市民化。第二种是土地的转让收益，包括了城镇的土地转让收益和农村土地的流转收益。第三种是农民工所在企业对农民工的各项支出，逐步抚平农民工因身份的区别所导致的就业机会、工资收入等的差异，提高农民工的工资收入并为他们办理基本的社会保险，避免农民工市民化的社会成本的进一步积累。第四种是农民工自身的工资收入，尤其是企业给予农民工正常待遇后，农民工需要将自身的部分工资收入也用于农民工市民化。

五是提出了农民工市民化的途径与方式。根据中国的具体国情以及农民工本身的细分特征、市民化所需资金的筹措等情况，分批逐步推动农民工市民化：提出先让城市第二代农民工市民化，然后是城市第一代农民工市民化，最后是乡镇企业农民工市民化，并给出了相应的财政预算，以打消政府的担心，实现农民工市民化的有序进行。

2. 对策建议

农民工市民化的社会成本对中国政府是个巨大挑战，但正如课题组所分析的那样，农民工在城市沉淀的时间越长，其市民化的社会成本就越高，带给政府的压力也就越大。因此，政府需要顺应我国城市化的趋势，加快相关制度的改革，尽快推动农民工市民化。

农民工市民化是一个长期的过程，庞大的社会成本意味着政府只能根据农民工本身的细分特征逐步市民化，这就需要政府建立相应的市民化条件，分批逐步推动农民工市民化。同时，在整体性推进农民工市民化的同时，我们仍然需要充分利用已有政治、经济、社会条件和既有制度安排的合理成分，通过精心设计，在改革户籍制度、就业制度、社会保障制度和城乡土地制度的同时避免社会动荡，避免过激的利益格局调整，在社会、经济平稳发展的过程中实现农民工市民化。

由于中国需要非农化的农民的数量十分庞大，不可能全部都市民化，即使是非农化的农民，比如农村的乡镇企业的农民工，也会有相当部分只能是“离土不离乡，进厂不进城”，成为社会主义新农村的村民。因此，需要政府加快新农村建设，为农民工，尤其是第一代农民工的自愿返乡创造条件，尽可能减轻农民工聚集地城市政府压力。

三、研究成果的学术价值

由于中国经济体制转轨和城乡结构转型的特殊性，发展经济学的经典理论虽能描述工业化、城镇化进程中乡镇人口流动的一般规律，但不能涵盖中国农村剩余劳动力转移中从农民→农民工→城镇市民的特殊过程。因此以市民化为目标，以社会成本为逻辑主线，研究农民工市民化的社会成本与公共政策选择，有助于探索中国城镇化与农村剩余劳动力转移的特殊规律，具有重要的学术价值。

课题名称：农民工市民化的转换成本与政府公共政策选择研究

课题负责人：张国胜

所在单位：云南大学

主要参加人：梁双陆　谭　鑫　张　梦　汪秀亮

结项时间：2010 年 5 月 2 日

养老金投资的增长效应：理论、实证及政策含义

一、课题研究的目的和意义

养老保险是社会保障体系中重要的一部分，也是社会保障研究关注的焦点。从20世纪80年代中国稳步推进社会保障制度改革以来，收支规模不断扩大，1989年到2008年各项社会保障基金收入从150亿元增加到13 696亿元，支出从120亿元增加到9 925亿元，2008年中国养老、失业、医疗、工伤和生育五项社保基金的全年收支总规模首次超过2.3万亿。养老保险是社会保障基金的重中之重。20世纪90年代，在养老保险改革上，我国确立了“低水平、广覆盖、多层次、双方负担、统账结合”的改革思路，实行社会统筹与个人账户相结合的模式。2001年在辽宁省进行基本养老保险做实个人账户的试点，对统筹基金和个人账户基金实行分账管理，实现个人账户真正意义上的积累。现在这一试点已经推进到吉林、黑龙江两省，并将进一步向全国推广。另外，有关部门正在研究制定一系列的制度措施，推动企业年金的大力发展。截至2004年9月底，企业年金持有22只股票，持股市值达到4.5万亿元。

养老金投入资本市场，实行市场化运作，实现保值增值，是世界各国的普遍做法。从现收现付制到基金积累制，养老基金将

产生巨额积累，面临保值增值的巨大压力。世界各国的普遍做法是将养老金投入资本市场，一方面在充分分散风险的基础上提高投资收益率，另一方面为资本市场提供长期、稳定的资金，服务于国家经济建设。比如，智利的养老金资产在1981年仅占GDP的0.84%，到1999年底养老金资产已经占到GDP的53.3%。由于养老金的特殊性，各国把养老金投资的安全性放在首位，实行相对于其他投资基金更加严格的管制，对投资范围和投资比例都有严格的限制。根据资本市场的成熟度对投资限制作相应调整，在资本市场不成熟的情况下，规定较高的固定收益类投资的比例，限制股票类高风险投资比例；随着资本市场的成熟，逐步扩大投资范围和高风险投资的比例。

现在中国实行社会统筹与个人账户相结合的部分积累模式，特别是随着企业年金制度的逐步实施和推广，客观上要求对积累的基金进行投资，而且为抵消通货膨胀的影响，也需要通过投资运营使其实现保值增值。另外，从世界人口的发展趋势和我国的实际来看，只有积累基金，实现了保值增值才能缓解养老保险基金的危机，迎接人口老龄化的挑战。从更广泛的意义上来讲，包括企业年金在内的养老基金投资能否获得良好回报，其意义不仅仅在于保值增值进而使政策具有持续性，更在于养老保险制度乃至整个社会保障制度的改革已经成为深化改革的必由之路和突破口，完善的社会保障制度才可以使退休的“老人”和即将退休的“中人”老有所养，老有所依，进而更好地体现公平的原则；另一方面，完善的社保制度对减轻企业的负担、增加企业的竞争活力，进而促进经济增长，体现效率原则同样意义深远。

从目前世界各国的实践来看，现收现付制和完全积累制是养老保险的两种基本的制度安排。为此，国外许多经济学家分别从养老保险对储蓄和对最优增长路径的影响这两个角度研究了养老保险与经济增长之间的关系。然而，就养老保险是否或在多大程度上影响储蓄和经济增长这一问题所进行的大量理论研究和实证分析结果，迄今为止仍然是混乱不清。

相比之下，国内学者对相关问题的理论研究文献甚少，基于我国宏观经济数据研究养老金投资与经济增长关系的实证文献目前在国内还是空白，这给我们科学地认识我国的养老金投资对经济增长的影响带来了许多误区，不利于有效、积极地运营养老金。因此，本报告的研究不仅具有重要的理论意义，而且符合当前我国养老金制度改革的需要，具有现实的实践指导意义。

二、研究成果的主要内容

第一章导言对相关研究背景、相关研究问题进行系统性的整理。

第二章扩展了戴蒙德的世代交叠模型，研究了基金型的养老金制度对经济增长的影响。我们得出的基本结论是积累基金对稳态均衡和经济增长的影响依赖于政府对积累基金的投资方式和投资效率。如果积累基金的投资效率很高，那么积累基金投资越大，稳态均衡时的人均资本存量越小，经济增长越慢；如果积累基金的投资效率很低，那么积累基金投资越大，稳态均衡时的人均资本存量越大，经济增长越快；如果积累基金的投资效率等同于自然储蓄利率，那么积累基金投资的大小与稳态均衡时的人均资本存量和经济增长速度没有关系。著名的基金型的养老金制度对均衡的资本形成的作用是中性的结论，是第二章研究所得结论的一种特例。

第三章用戴蒙德的世代交叠模型，研究了现收现付型的养老金制度对经济增长的影响。得出的基本结论是现收现付的基本养老金的征收对稳态人均资本存量和经济增长具有负效应。

第四章结合我国目前的养老金制度改革，扩展了戴蒙德的世代交叠模型，研究了混合型的养老金制度对经济增长的影响。在第四章模型中，得出的结论是混合型的养老体系在大多数情况下会降低均衡的资本存量和经济增长率，在少数条件下能够提高均衡的资本存量和经济增长率；政府对养老金的投资方式决定了积累基金对经济所起的作用。所得到的结论是纯现收现付的养老金制度和完全基金型的养老金体系对经济影响的进一步推广，但本质上并没有改变结论是负面的或者是中性的性质，与国内学者柏杰的研究结果也是相一致的。这意味着养老金的不同融资方式或不同的制度安排，将会对经济增长产生不同的影响。

第五章建立了一个内生增长模型，假定养老金投资品和资本品均进入到 CES 型的生产函数中，从理论上提供了研究养老金投资和经济增长之间的关系的一个全新的视角。从理论上证明了养老金投资对经济增长的影响是正向的或者是中性的。这一结论与国外的许多实证研究结果是吻合的，为各国政府积极运营养老金提供了有力的理论依据。

第六章基于我国的实际宏观经济数据，运用最新的多种计量分析方法（动态回归、协整、VAR 模型等），探讨了养老金投资、固定资产投资和产出之间的关系。实证分析结果表明：从长期来说，养老金投资对产出具有正效应，是有助于一国经济增长的。从我国的实际情况来看，养老金投资虽说对经济增长有正作用，但相比固定资产投资对经济增长的贡献还少得多，大约为后者的 1/10 ~ 1/3。这一部分的实证分析结果充分地支持了第三部分的理论研究结果。

第七章分析发达国家美国、德国的养老金制度的运作和成功经验及发展方向，以此作为我国养老金制度改革的借鉴。

第八章分析了养老金投资对资本市场的影响。

第九章是本课题研究的结论及政策建议。

三、研究成果的结论和建议

（1）在混合型的养老金体系下，基本养老金比例越大，稳态均衡时的人均资本存量越少，经济增长越缓慢；基本养老金比例越小，稳态均衡时的人均资本存量越多，经济增长越快。

（2）在混合型的养老金体系下，如果积累基金的投资效率很高，那么积累基金比例越大，稳态均衡时的人均资本存量越少，经济增长越缓慢；如果积累基金的投资效率很低，那么积累基金比例越大，稳态均衡时的人均资本存量越多，经济增长越快；如果积累基金的投资效率等同于自然储蓄利率，那么积累基金的比例大小与稳态均衡时的人均资本存量和经济增长率没有关系。

（3）在混合型的养老金体系下，如果积累基金的比例 $A^2 \geqslant 0$，那么积累基金的投资效率越高，稳态均衡时的人均资本存量越少，经济增长越缓慢；积累基金的投资效率越低，稳态均衡时的人均资本存量越多，经济增长越快。

（4）如果养老金投资品和资本品均进入到 CES 型的生产函数中，且这两种资产不是完全替代的，则养老金投资与经济增长率之间具有一种正向关系：养老金的投资比例越高，经济增长率越高；如果养老金投资品和资本品进入到线性的生产技术中，即这两种资产是完全替代的，则养老金投资对经济增长所起的作用是中性的。

从对宏观经济数据的计量分析来看，在我国养老金投资对产出具有长期的正效应，有助于经济增长，但不是很显著。具体地讲，从实证分析中发现了以下有意义的结论：

（5）单位根检验显示：人均产出（lnOPW）、人均养老金投资（lnFPW）和人均资本（lnCPW）是二阶单整的非平稳变量。

（6）Granger 因果性检验表明，人均养老金投资对人均产出存在 Granger 因果性，而人均产出对人均养老金投资不存在 Granger 因果性。人均资本对人均产出存在 Granger 因果性，而人均产出对人均资本不存在 Granger 因果性。

（7）“一般到特殊”建模法所得到的动态回归方程揭示了人均产出与人均养老金投资、人均资本之间存在着长期的均衡关系，其中人均养老金投资和人均资本对人均产出有显著的正效应。

（8）AEG 或 EG 检验显示，人均产出和人均养老金投资、人均资本之间存在协整关系。协整关系所揭示的长期均衡关系意味着：从长期来说，人均养老金投资对人均产出有正影响，但不是很显著，而人均资本对人均产出有显著的正效应。

（9）基于 Johansen 的 VAR 模型的 LR 检验显示，人均产出和人均养老金投资、人均资本之间也存在着协整关系。协整关系说明，从长期来说，人均养老金投资和人均资本对经济增长有显著正的作用。

（10）脉冲响应（impulse responses）显示，人均养老金投资的一个标准差大小的冲击对人均产出有长期的正影响，随着时间拉长，正效应慢慢地减弱。

（11）不同的计量方法，得到的弹性估计相差不多，其中总产出关于养老金投资的弹性估计大约在 0.06～0.248 之间，总产出关于资本存量的弹性估计大约在 0.643～0.800 之间。估计结果显示出，就经济的长期增长而言，在我国，养老金投资对产出的贡献要远小于固定资产投资的贡献。

根据实证研究，我们认为养老金投资对我国经济增长具有正效应，但还不是十分显著；养老金投资对产出的贡献要远小于固定资产投资的贡献，并尝试性地提出一些前瞻性的建议。本课题的实证分析在一定程度上揭示了我国养老金投资与经济增长的关系，填补了国内这方面的研究空白。

课题名称：养老金投资的增长效应：理论、实证及政策含义
课题负责人：田存志
所在单位：云南大学
主要参加人：蒋　冠　杨洪涛　陆亚琴　王　任　顾鸣润
结项时间：2010 年 5 月 4 日

云南自然保护区周边社区生态与经济协调发展机制研究

一、课题研究的目的和意义

近年来，云南省政府加大对国家级、省级保护区建设的投入，截至2006年底，共建立了各种类型的自然保护区186个，数量居全国第一，在生物多样性保护和生态环境建设方面取得了显著成效。然而，这些自然保护区地处贫困山区，是我省贫困人口，特别是少数民族贫困人口的聚居地。保护区的建立，打破了当地居民多年来长期依赖于消耗自然资源为经济来源的生产方式，其生计来源主要依靠各级政府的“输血式”的资金补助，加剧了保护与资源利用的矛盾，制约了周边社区的经济发展。因此本课题以高黎贡山国家级自然保护区周边社区为研究对象，提出生态与经济协调发展机制，具体意义如下：（1）有利于生态文明建设，促进人与自然和谐发展；（2）为各级政府制定针对自然保护区周边社区少数民族居多、贫困落后的实际，解决周边社区经济发展、“三农”问题和建设社会主义新农村政策提供理论依据；（3）为保护区管理者对提高居民环保意识，以及寻求社区对保护区支持，从而实现自然保护区事业可持续发展而制定科学合理的管理办法和规章制度提供科学指导；（4）丰富生态经济理论的知识。

二、研究成果的主要内容

本课题研究的内容总共包括六个部分：第一部分为绪论，第二部分为自然保护区周边社区生态与经济协调发展机制的理论分析；第三部分是自然保护区周边社区生态与经济协调发展机制构建；第四部分为生态与经济协调发展机制实证研究——以高黎贡山周边社区为例；第五部分为促进高黎贡山自然保护区周边社区生态与经济协调发展机制的保障措施；第六部分为结论与讨论。

第一部分：绪论

在本部分里，阐述了本课题研究的背景和意义，并通过相关文献查阅，回顾了目前国内外研究进展，最后归纳并列出在本研究过程中所涉及的研究方法。

第二部分：自然保护区周边社区生态与经济协调发展机制的理论分析

1. 相关概念的界定

主要陈述了“自然保护区”、“自然保护区周边社区”两个概念，并对本文所讨论的周边社区进行了一个界定。

2. 自然保护区周边社区经济发展特征

通过分析自然保护区周边社区特殊的资源禀赋、自然环境及制度，得出自然保护区周边社区经济发展包括以下特征：经济发展水平低；区域经济发展不平衡；社会发育程度低；社区发展对自然保护区资源依赖大。综合这些特征得出自然保护区周边社区经济发展最大的特征就是贫困。

3. 自然保护区周边利益主体的博弈分析

通过分析相关利益主体和构建博弈模型，得出以下结论：

（1）自然保护区管理局主要侧重于对生态环境的保护，而周边社区居民则主要是侧重于其经济利益的保证，两者的利益从本质上来看是一致的，只是侧重点不同。

（2）自然保护区管理局逐渐从原来单纯的保护生态环境转变为开始考虑周边社区居民的经济需求，而这一转变与模型相吻合，是模型的最优解，实现了双方利益的最大化。

（3）要想确保实现模型的最优解，管理局不仅要首先采取利益共享政策，使社区居民得到的收益高于其采取破坏性行为所得的收益，还要加强监管力度，做到对违法行为及时发现、严格处理。

4. 自然保护区周边社区生态与经济协调发展的理论基础

主要包括可持续发展理论、生态经济学理论、系统理论和社区参与式理论，并分别对这四个理论在自然保护区周边社区生态与经济协调发展中的应用进行分析。

第三部分：自然保护区周边社区生态与经济协调发展机制

1. 机制构建的原则

构建的机制主要遵循系统性原则、可持续性原则和开放合作的原则。

2. 机制的内容

根据上述原则，最终确立机制的内容主要包括制度机制、市场机制、参与机制、补偿机制和动力机制五个部分。

第四部分：生态与经济协调发展机制实证研究——以高黎贡山周边社区为例

1. 周边社区概况

分别对高黎贡山自然保护区、周边社区进行总体概况。

2. 周边社区经济现状及影响因素分析

主要涉及对样本地家庭经济基本结构、社区经济活动与保护区之间的相互影响因素三部分分析，通过运用 EVIEW5. 1 计量软件对保护区周边少数民族家庭收入的实证分析表明，在众多影响自然保护区周边民族家庭收入的因素中，文化程度、技能、人均土地产出率、来自保护区收入所占比值、农地经济作物收入所占比值、地理位置等6个因素对家庭收入具有显著的正向影响。其中，技能、来自保护区收入所占比值和地理位置三个变量对自然保护区周边少数民族家庭收入的影响程度最大。此外，社区经济活动与保护区之间是相互影响、密切联系的，保护区良好的生态效应为周边社区带来丰富的水源，而本文通过模型也证实了来自保护区收入所占比值这个变量对家庭总收入的影响较大，说明保护区在发挥生态功能的基础上，可以促进周边民族村寨的经济发展，增加民族家庭的收入。

3. 高黎贡山周边社区生态发展现状分析

高黎贡山周边社区在开展生产生活的同时，对其生态环境也产生了一些负面影响，具体表现在能源、责任山砍伐、放牧三个方面。

4. 高黎贡山自然保护区周边社区生态与经济协调发展机制研究

根据前面建立的保护区周边社区生态与经济协调发展机制框架，基于高黎贡山自然保护区周边社区生态和经济发展现状，高黎贡山自然保护区周边社区协调发展机制主要包括动力机制、制度机制、市场机制、多方参与机制、补偿机制等五个机制并进行相应分析和提出可行的建议。

第五部分：促进高黎贡山自然保护区周边社区生态与经济协调发展机制的保障措施

高黎贡山自然保护区周边社区生态与经济协调发展得以实现，除了建立有效的机制体系以外，还需要一系列的保障措施。从高黎贡山周边社区实际情况分析，最为关键的主要涉及八条措施：一是加强基础设施建设；二是调整和优化农业产业结构，鼓励发展林下经济；三是大力发展科技教育，改善卫生条件，提高人口素质；四是改进保护区管理模式，在保护区可承受的条件下，发挥保护区的经济功能；五是建立健全劳务输出保障机制；六是发展小额信贷，解决农民资金问题；七是加大各级政府和社会的扶贫力度；八是加强生态环境教育，提高农民环保意识。

第六部分：结论与讨论

在结论部分作者主要介绍了两个方面的结论，一是关于自然保护区周边社区生态与经济协调发展理论及机制的结论；二是关于高黎贡山自然保护区周边社区生态与经济协调发展机制的结论。在讨论部分中，作者主要列出了两个问题待进一步研究和解决。

三、研究成果的学术价值、应用价值及社会影响和效益

该成果的学术价值主要表现在两个方面：第一，对自然保护区周边社区生态与经济协调发展的相关理论进行了梳理，对保护区及周边社区相关利益主体进行博弈分析，为构建周边社区生态与经济协调发展机制奠定理论基础；第二，初步完成对自然保护区周边社区生态与经济协调发展机制的构建。

该成果的应用价值及社会影响和效益也主要表现在两个方面：第一，构建的自然保护区周边社区生态与经济协调发展机制，有利于可持续发展周边社区经济，从而为解决自然保护区周边生态和贫困问题作出贡献；第二，将周边社区作为研究主体，从内源发展的角度开展研究，为实现自然保护区事业可持续发展而制定科学合理的管理办法和规章制度提供科学指导。

课题名称：云南自然保护区周边社区生态与经济协调发展机制研究

课题负责人：罗　辉

所在单位：云南林业职业技术学院

主要参加人：黄晓园　李念峰　董　琼　刘丽芳　和　珍　赵寿斌　李海莹

结项时间：2010 年 5 月 23 日

旅游目的地品牌化及品牌管理研究

一、课题研究的目的

目前，中国旅游业已经由景点竞争、线路竞争过渡到区域竞争发展阶段。旅游目的地营销迅速驶入整合营销和品牌化时代。一些学者根据品牌理论提出了旅游目的地品牌的概念，但在旅游目的地品牌的内涵和管理体系研究方面还很不成熟。

本研究在对国内外旅游目的地品牌研究进展总结的基础上，了解旅游目的地品牌理论的发展现状，重新审视对品牌的理解，并在此基础上提出旅游目的地品牌的概念，系统阐述旅游目的地品牌资产理论，为旅游目的地品牌管理实践提供理论依据。

二、研究成果的主要内容

（一）界定了旅游目的地品牌的定义和特征

旅游目的地品牌是指以旅游目的地旅游资源的特征、旅游产品和服务质量以及旅游企业信誉为核心内容，以一个名称、术语（简短文字）、标记、符号、图案或是它们的组合运用，以便识别某个或某些目的地的产品或服务，并使之同其他旅游目的地的产品或服务区别开来。它浓缩了旅游目的地文化的重要信息，易于被旅游者感知或识别并产生联想，它能给旅游者带来安全感和附加价值，并能满足旅游者某种情感或精神需要，或某种利益。

一个完整的旅游目的地品牌应包含六层含义：（1）属性。一个旅游目的地品牌可给旅游者带来特定的属性。（2）利益。旅游者购买旅游产品，并不仅仅针对属性，而是追求某个或某组利益。（3）价值。旅游目的地品牌还应体现目的地旅游企业的某些价值观。（4）文化。旅游目的地品牌也可象征一种文化。（5）个性。旅游目的地品牌应具有一定的个性。（6）旅游者。旅游目的地品牌有时体现了购买这一旅游目的地产品和服务的旅游者属于哪一种类型。

作为一种地理空间品牌，旅游目的地品牌不同于一般品牌。旅游目的地品牌的特征可以归纳为：（1）排他性弱。（2）出发点不同。一般品牌营销的出发点主要有两个：竞争与顾客，而旅游目的地品牌营销对旅游环境高度依赖。（3）主体的不同。通常的品牌注册主体与运营主体均是企业，旅游目的地品牌作为一种营销战略主要由国家、城市等行政区域主体负责实施。（4）构成的复杂性不同。通常的品牌是单一的产品/服务品牌或企业品牌，而旅游目的地品牌不都是单一的，它是一个系统品牌。旅游产品尤其旅游线路产品是综合产品，因此旅游线路品牌实际上是由不同旅游企业的单一旅游品牌所构成的整体旅游品牌。它的基础是涵盖不同旅游要素的旅游品牌群。（5）延伸性不同。由于旅游资源的不可移动性，旅游目的地品牌或者无法延伸或者只可做有限的延伸。（6）不可转让。旅游目的地品牌作为一种区域空间品牌不能够脱离其所在地理空间转移到其他地理区域。（7）品牌价值难以估量。作为区域空间品牌的旅游目的地品牌所关联的因素更为广泛，因此旅游目的地品牌价值难以衡量。

（二）阐述了旅游目的地品牌化的过程

本课题主要从五个方面阐述旅游目的地品牌化的过程。

第一，旅游目的地品牌评估（Tourist Destination Brand Assessment），主要指应严格地评估目前旅游目的地的品牌定位，进行客观的“形势分析”，分析对象包括市场、游客、利益相关者、受影响者、竞争对手以及由人口统计、心理统计数据支持的相关经济与产业条件。

第二，旅游目的地品牌承诺（Tourist Destination Brand Promise），是指一个旅游目的地品牌价值的主题——对游客承担的义务。从本质上讲，品牌承诺可以定义为现有和潜在游客希望从参观旅游目的地的整个体验中获取的功能或情感利益。

第三，旅游目的地品牌设计（Tourist Destination Brand Blueprint）。品牌的设计必须综合考虑各种各样的信息（视觉信息、书面文件等），只有这样才能充分表达品牌承诺。它包括旅游目的地的品牌名称、品牌描述方法（图形描述）、副标题、大标题、品牌故事等等。像广告代理商或图形设计公司等专家或许能传达一些实际的信息。品牌设计的目的是区分反映旅游目的地品牌本质的信息的类别与质量的好坏。

第四，培植旅游目的地品牌文化（Tourist Destination Brand Culturalization）。品牌文化在提供旅游目的地品牌形象和实现旅游目的地品牌可持续发展等方面起着核心作用，培植品牌文化是旅游目的地组织实现品牌承诺的指导方针。旅游目的地组织的雇员、成员、协会和合作伙伴在品牌文化培植过程中都毫不例外地受到影响，他们必须被训练和接受品牌的整体信仰、行为和方法特征，从而提高意识水平去增强个人和组织实现品牌承诺的能力。

第五，旅游目的地品牌优势（Tourist Destination Brand Advantage）。在前四个步骤的规划与控制下，旅游目的地必须意识到最后的目标是建立其他旅游目的地无法比拟的竞争优势。反过来，旅游目的地又可以利用这种优势来进行相应的品牌化活动。

（三）设计了旅游目的地品牌资产的评估指标与模型

旅游目的地品牌资产的概念提升了品牌在营销策略中的重要性。品牌资产概念不仅可以让管理者了解过去的营销业绩，而且为未来的品牌发展指明了方向。

影响品牌资产的主要因素有：旅游目的地品牌存在时间，旅游目的地产品或服务的类型、质量、媒体支持和广告宣传、个性和意象、连续性、更新、效率。

本课题提出并验证了基于游客的旅游目的地品牌资产评估模型，主要从品牌认知、感知质量、品牌形象和品牌忠诚四个维度来评价一个旅游目的地的品牌资产。根据实证研究结果，发现品牌形象对品牌资产的影响最大。品牌资产的四个维度间存在着相互关系。品牌资产的四个维度并不是孤立的，它们之间存在着显著的正相关关系。在旅游目的地品牌管理中，每个维度都是重要的且不能忽视的方面。

（四）探讨了旅游目的地品牌管理的理论和内容

1. 旅游目的地品牌管理的任务和挑战

品牌管理贯穿于品牌创建、品牌维护、品牌发展延伸以及品牌再造的每一个环节。品牌管理的主要内容包括品牌核心价值、品牌战略与架构、品牌识别（认知模式）、品牌策略、品牌组织架构与流程、品牌管理组织架构制定。

从管理学角度讲，品牌管理任务主要包括创建品牌和维护品牌。然而实现这两大任务主要面临着资金、一致性和信息混乱三方面的挑战。

2. 旅游目的地品牌管理的组织分析

本课题对旅游目的地品牌营销组织的初步构想是：设置一个政府机构，由旅游目的地政府高层领导负责，并委派助手管理该机构。该机构是一个整合品牌传播部门，负责品牌的战略管理，并根据具体的任务种类下设分部，安排专业人员分别从事品牌规划与发展、品牌投资与收益、品牌传播、市场调研、关系营销、价值评估等工作，具体内容涉及周期性战略规划的制定、具体实施计划的安排、品牌发展目标的设定与实现方式、品牌投资管理与回报收益评估、品牌形象与个性特征的塑造、信息传播方式的选择与受众接收反馈分析、接触点的细化管理、消费者的态度评价与利益相关群体的认同度、品牌的信息沟通与购买行动的号召能力、品牌价值判断与优化管理等。

3. 旅游目的地品牌管理的过程

第一，分析旅游目的地品牌的个性。全面分析研究的结果使品牌定位清晰化。旅游目的地品牌清晰地浮现了出来：目标明确、个性鲜明、战略清晰与集中。不论目标受众或沟通方式如何，品牌的力量源于核心个性和核心目标保持真实的能力。因此，在旅游目的地品牌开发和基础研究中，特别要重视清晰界定目的地核心个性，并使所有的市场营销策略都真实地反映这一个性。

第二，旅游目的地品牌价值的传递。目的地品牌建设的目标就是要以一种同时包含目的地的象征价值和可体验价值的统一方式，抓住目的地的精髓——品牌个性。明确了旅游目的地品牌的个性特征，就清楚了旅游目的地需要向旅游者传递的核心价值是什么。也就是说，旅游目的地品牌建立的另一个重要环节是如何让旅游者与旅游目的地接触时，获得对旅游目的地形象的良好感知。旅游者获得旅游目的地信息的途径非常广泛，可以是口头信息、电视媒体、纸质媒介、公共关系、网络、实地游览等方式。

旅游目的地需要在这些接触的途径上很好地控制或者影响旅游者的感知，向旅游者传递旅游目的地的信息，让旅游者产生共鸣，并保持旅游者旅游体验与品牌价值承诺的一致性。

第三，旅游目的地品牌评价。品牌价值的评价不仅可以让管理者了解过去的营销业绩，而且为未来的品牌发展指明了方向，品牌价值评价为营销者提供了一座连接过去与未来的战略性桥梁。

第四，旅游目的地品牌的维护。创建强大品牌战略的最后一步就是确定该活动是否成功地达到了目标，并进一步维护和保持这一成果。旅游目的地品牌的维护主要是指旅游目的地品牌的再定位、旅游目的地品牌的延伸和品牌的危机管理。

三、研究成果的学术价值和应用价值

本课题的学术价值主要体现为在总结研究国内外旅游目的地品牌的基础上，结合现有的品牌理论知识对旅游目的地品牌进行剖析，将旅游目的地品牌与一般商品品牌区别开来，归纳出旅游目的地品牌的特征，并对旅游目的地品牌进行完整的定义和分类。通过上述研究，在对中国旅游目的地实证研究的基础上理清旅游目的地品牌的构建要素，探索旅游目的地品牌化的过程；在现有一般品牌资产知识的基础上，详细阐述旅游目的地品牌资产理论，并设计旅游目的地品牌资产评估的指标体系。构建出旅游目的地品牌资产评估模型，对不同类型的旅游目的地品牌进行案例研究。该研究能填补国内在研究旅游目的地品牌资产以及其评估领域的空白。最后，通过对个案的分析和深入研究，从理论和方法上解决旅游目的地品牌的创建模式和程序，建立起相对完善的旅游目的地品牌管理理论体系。

本课题的应用价值主要体现在指导旅游目的地市场营销和品

牌建设的实践方面。随着我国旅游业的蓬勃发展，旅游目的地争夺游客的竞争日趋激烈，而旅游目的地的竞争也由单项旅游产品的竞争进入旅游目的地的综合竞争。在此情况下，研究旅游目的地品牌问题就成为一种强烈的客观要求。同时，本课题以香格里拉和勐巴娜西为其研究对象，具有一定的代表性，通过模型评价比较研究两种不同类型的旅游目的地品牌化途径和品牌管理战略。其成果推广对其他旅游目的地品牌建设有较强的借鉴意义。

课题名称：旅游目的地品牌化及品牌管理研究

课题负责人：陶　犁

所在单位：云南大学

主要参加人：冯　斌　范　俊　梁　坚　邓　衡　郭永锐

结项时间：2010 年 5 月 31 日

基于 CGE 模型的云南省区域动态竞争力研究

一、课题研究的目的和意义

20 世纪 90 年代以来，随着中国地方政府管理和调控区域经济能力的不断提高，区域发展成为各级政府共同努力的目标，区域竞争成为各级地方政府必须共同面对的一项挑战。

影响区域竞争和竞争力提升的因素是多种多样的，既有原有经济基础竞争力、产业竞争力、企业竞争力等，也有人力资源竞争力、基础设施竞争力、科技竞争力等等，这些影响因素的共同作用，形成了一种复合的竞争力，也即区域经济竞争力。区域经济竞争力是区域经济发展的实质性推动力。而当前我国省级区域的发展中，多数中西部省份政府政策和发展战略具有很强的趋同性，缺乏自己的特色，难以形成竞争导向的差异化。

同中国大多数省份一样，云南在过去的 30 多年中，经济社会发展取得了巨大的成就，但相对来说，云南在经济上仍属于国内较为落后的省份之一，在 2006—2007 和 2008—2009 的省级区域竞争力排名中都落后于中西部的绝大多数省份。因此，研究云南省区域竞争力动态变化的机理，探讨其区域竞争力的培育途径，对云南省培育区域竞争力，形成竞争优势，实现区域经济协调发展战略具有重要的现实意义。

国内外的研究表明，政府在区域竞争力的培育和发展中起着关键性作用，政策制度对区域经济的发展至关重要，如 Bob Gibbs 对荷兰、新加坡和澳大利亚西部的研究，我国沿海部分省市区域竞争力的发展也证明了这一观点。而目前在政策评价领域较为成熟和权威的方法是可计算一般均衡（CGE）模型。该模型综合投入产出、线性规划和计量经济学等宏观经济分析模型，具有相互关联性强等特点，能反映各种经济变化所产生的直接和间接波及的效应，使其在研究外生变量和政策因素对经济系统的各要素影响作用方面有着一般模型所不具备的独特优势。将 CGE 模型应用于区域动态竞争力的研究，可以动态地研究区域竞争力的变化，不仅能有效仿真区域竞争力动态演进过程，还能预测其培育路径的有效性。

二、研究成果的主要内容和对策建议

该课题采用文献计量分析的方法，对我国最近 10 多年来区域竞争力研究中所涉及的 264 篇期刊文献和 47 篇优秀学位论文的年度研究、发表刊物、研究机构、理论基础、研究内容、研究方法等方面，进行了全面分析和系统梳理，从中归纳出在这一领域研究工作所涉及的内容、方法和创新的观点。在文献分析的基础上，对区域经济政策对区域竞争力的影响进行了回顾和研究，对云南省区域经济政策的演变和发展作了全面回顾和总结，并对中国省级区域竞争力的动态演化机理进行了理论上的研究。

课题对 CGE 模型在省级区域动态竞争力变化仿真中的应用方法进行了研究。以云南省 2002 年的投入产出表、中国财政年鉴、中国税务年鉴、中国海关统计年鉴、2004 年云南经济普查年鉴、中国劳动统计年鉴及本课题测算数据为基础，建立了涵盖 42 个部门、3 种生产要素、2 种居民类型的云南省 2002 年宏观社会核算矩阵（SAM），并进一步建立了规模为 108 的云南省

2002年微观社会核算矩阵（SAM）。并以SAM表为基础，研究了乘数分析法在区域产业结构分析中的应用，并对云南省产业结构特征和产业竞争力进行了研究。发现云南产业结构方面的一些重要特征：就生产账户来看，农业、建筑业和金属矿采选业在整个国民经济中发挥了十分重要的基础性作用。第三产业中，劳动密集型的租赁和商务、综合技术服务业、旅游业、住宿餐饮等具有较大的带动力；新兴的资本密集型产业，如房地产、金融等产业有一定的带动力；交通运输和仓储、其他社会服务业等新兴服务业和技术密集型的信息、计算机服务业则显得带动力不足。

要素账户的SAM乘数分解表明，农业劳动力和土地是云南目前最主要的两类生产要素，资本所发挥的作用远远不够，产业工人和技术人员这两类劳动力要素的作用同农业劳动力相比也存在一定差距。就收入分配的特点看，农村居民受到外来冲击（主要是政府补贴和转移支付）进而对国民经济的带动力，相对于城镇居民受到外来冲击所产生的效应要大。

该课题初步建立了云南省区域动态竞争力分析的CGE模型的数学模型。模型的建模思想是模拟宏观经济运行中生产引发收入，收入产生需求，需求带动生产的循环过程。宏观经济运行过程中，各行为主体满足的经济假设包括生产者在生产技术一定的条件下通过最小化投入成本实现利润最大化目标；消费者在受收入水平限定的条件下，通过消费物品的偏好选择，实现其消费效用最大化目标；进出口品和国产品在总产出水平一定的条件下，通过价格传导机制实现其在国内销售和国外销售的最大化目标；要素的供给和需求则是在生产过程中完成其资源要素禀赋的最优化配置。以上的优化假设，通过四类方程模块在CGE模型中得以体现，分别是生产优化模块，居民消费模块，出口贸易模块，要素的供给、需求和供求均衡模块。除上述四个模块外，模型中还包括了用以刻画经济运行的国民收入模块、宏观经济模块和递推动态模块。模型方程和变量的初步规模为：108 组方程（动态联结方程 11 组），8 376 个方程；157 类变量，共 8 375 个内生变量；172 组参数，11 437 个参数；实际运行时共有 7 446 个内生非零变量，7 446 个方程进入模型。

该课题研究认为，区域竞争力包括两个基本组成要素：比较优势和竞争优势，两者的有机组合构成区域竞争力。在区域竞争力形成的内在机理研究和模型分析的基础上，欠发达地区区域竞争力培育的一般途径：一是制定适应区域竞争力构成要素特征的区域经济发展政策，统筹协调区域内部七个构成要素的发展；二是充分利用区域合作所带来的区域发展要素协整效应，积极参与区域合作发展，提升区域竞争力；三是通过适度的低价转让资源或优惠政策，凸显自身在资源方面的优势，增强自身的比较优势；四是通过提高公共产品的供给量和质量，提高本地区的生产效率来构建竞争优势。

课题提出，云南省提升区域竞争力，应以比较优势和竞争优势的构建为目标，短期内通过适度的低价转让资源或优惠政策，凸显自身在资源方面的优势，增强自身的比较优势；长期通过提高公共产品的供给量和质量，提高本地区的生产效率来构建竞争优势。具体有如下对策建议：统筹区域发展规划，夯实区域经济发展基础；加强区域开发合作，提升区域协作水平；整合区域产业布局，集聚优势产业；完善基础设施建设，发挥先期投资累计效应。

三、研究成果的学术价值和应用价值

学术价值：一是研究方法论的创新。利用社会核算矩阵 SAM 和可计算一般均衡模型（CGE）来研究区域动态竞争力问题，在已有的研究成果中是不多的。从方法论的角度，丰富现有区域竞争力研究方法体系。二是研究视角的创新。与以往静态描述区域竞争力的研究工作不同，从动态演化规律分析了云南省区域竞争力的演化过程，同时，基于动态演化的分析，探讨云南省区域竞争力培育的途径。三是研究结论的创新。通过社会核算矩阵 SAM，从区域内和区域间经济联系的角度，考察了云南省区域竞争力的构成条件；结合区域经济发展政策，梳理了区域竞争力构成条件与经济发展政策之间的联系；着眼区域合作的政策视角，提出了通过不断改善区域间经济贸易联系促进区域竞争力发展的观点。

研究意义：一方面，与已有的研究工作比较来看，从动态视角来探讨区域竞争力的演化过程，丰富了现有的研究成果，为今后开展区域竞争力动态变化规律的研究提供了参考，同时，拓宽了区域竞争力研究方法论的视野，利用社会核算矩阵 SAM，不仅可以分析区域间经济联系，而且还能够进一步分析区域间竞争力构成的现实基础，为制定区域经济发展政策研究提供理论支撑。另一方面，研究工作选取云南省区域竞争力作为研究对象，从实证研究的角度，利用社会核算矩阵 SAM 和可计算一般均衡分析 CGE 模型，揭示了云南省区域竞争力演化的过程和规律，并且，通过 SAM 和 CGE 还能够对区域政策的预期效果进行模拟分析，为云南省培育区域竞争力提供了理论和现实建议。

课题名称：基于 CGE 模型的云南省区域动态竞争力研究
课题负责人：卢启程
所在单位：云南财经大学
主要参加人：宁东玲　李怡佳　刘　蕾　刘　芳　段志刚　雷　森
结项时间：2010 年 6 月 12 日

云南企业应对中国—东盟自由贸易区贸易法律环境的对策研究

一、课题研究的目的和意义

目前介绍东盟主要国家贸易法律制度的内容的文章（或研究）在逐步增多，但是云南企业走向东盟国家，如何运用这些制度，避免法律纠纷，保护云南企业的合法权益的对策研究还比较少。因此，该项研究对于云南企业走向东盟国家就显得非常必要。

该课题立足东盟主要国家，针对云南企业应对中国—东盟自由贸易区贸易中贸易纠纷解决机制中具有普遍性、紧迫性、典型性的重大问题进行研究和探讨。本课题研究的实际意义，一是为云南的公司、企业与东盟国家进行货物贸易提供有效的法律规范；二是为云南的公司、企业与东盟国家公司、企业开展贸易提供法律依据；三是为云南的公司、企业与东盟国家的公司、企业的贸易合作提供法律依据。

二、研究成果的主要内容、重要观点或对策建议

随着云南企业进入东盟国家数量的增多，贸易额的增加，云南企业应对东盟国家贸易法律环境的困境也凸显出来。

该课题的主要观点：其一，中国—东盟自由贸易区法律环境既包括框架协议，也包括区域内各国贸易主体的法律行为规范。其二，了解中国—东盟自由贸易区框架协议是中国与东盟发展贸易关系的前提条件，了解和适应东盟国家贸易法律环境是公司、企业、经济组织和个人进入东盟市场的必要条件。其三，由于东盟国家具有所属法律体系不同，各国的法律制度有差异的特点，中国的企业与东盟国家进行贸易活动，必须了解和掌握东盟主要国家的相关的贸易法律制度，并运用法律武器处理好在对象国发生的商务纠纷、诉讼、仲裁等方面问题，保护自己的合法权益。

（一）中国—东盟自由贸易区贸易法律环境的基本框架

中国—东盟自由贸易区的贸易法律环境具有一定的特殊性。由于它是区域经济区域一体化的产物，因此，东盟自由贸易区的贸易法律环境既有宏观的法律环境，即贸易区内各成员国达成的经济合作框架协议，又有微观的法律环境，即各国制定的贸易法律、法规以及贸易政策、贸易争端和贸易纠纷解决机制等。

（1）对中国—东盟自由贸易区贸易法律环境的认识。（2）中国—东盟自由贸易区贸易法律环境宏观框架。（3）中国—东盟自由贸易区贸易法律环境微观框架，包括货物贸易法律环境、贸易交易主体法律形式、边境货物贸易法律环境、贸易管制法律环境、贸易纠纷解决法律环境。（4）东盟国家法律体系和主要国家法律制度的特征，如法律体系多元化、法律信息不对称

性、贸易法律方式多样性、贸易法律环境复杂性。贸易法律环境复杂性最突出地表现为中国与东盟自由贸易区法律的框架性，中国与东盟自由贸易区法律的灵活性，中国与东盟自由贸易区争端解决机制的滞后性等方面。

（二）云南企业应对东盟自由贸易区贸易法律环境困境

云南企业应对东盟贸易法律环境的外部性困境主要是指，指导云南企业进入东盟市场面临的困境因素。主要包括：（1）了解和掌握东盟国家贸易法律的条件不成熟；（2）系统介绍东盟国家贸易法律制度的机构不健全；（3）指导中国企业适应东盟国家贸易法律环境的对策不完善；（4）法律服务体系不完善。

云南企业应对东盟自由贸易区贸易法律环境的内部性困境主要是指，国内的法律环境对云南企业进入东盟市场的影响的困境，主要有：（1）云南企业融资法律法规不健全；（2）贸易管理法律制度存在问题；（3）政府服务的法律法规不完善；（4）规范贸易中介机构的法律法规不健全；（5）货币结算兑换体系不规范；（6）公共信息服务法律不健全。

（三）云南企业应对中国—东盟自由贸易区贸易法律环境的对策

为了使云南企业尽快适应中国—东盟自由贸易区主要国家的贸易法律环境，避免贸易争端和贸易纠纷的发生，或者使贸易争端和贸易纠纷得到圆满的解决，就需要为云南企业提供解决贸易争端和贸易纠纷的制度和对策、措施，这样才能不断完善贸易法律环境。

（1）建立和健全系统介绍东盟国家贸易法律制度的机构。（2）通过各类信息渠道发布成功解决贸易纠纷的信息。（3）组织专业人员指导云南企业适应东盟国家贸易法律环境。（4）加强法律信息传递功能克服法律信息不对称。（5）健全和完善云南省东盟经贸发展信息服务制度。（6）加强企业对法律风险的管理意识，如建立法律顾问制度，增强企业员工法律风险意识完备的法律管理体系。（7）云南企业应掌握更专业的外贸技能，如积极争取获得订立合同法律适用的主动权，云南企业应积极地学习和掌握外贸专业知识，防范贸易合同的风险。（8）加强对云南企业进入东盟市场的贸易法律服务。（9）正确了解和掌握解决贸易争端和纠纷的方法，充分掌握处理经济贸易纠纷的法律手段，选择适应性较强的方式解决争端和争议。（10）为企业提供良好贸易管理法律环境，为云南企业提供便利的贸易管理条件，完善云南企业开拓东盟市场融资法律环境，建立促进云南企业进入东盟国家的中介机构。

课题提出，云南企业应从以下三个方面应对中国—东盟自由贸易区贸易法律环境：一是建立健全东盟国家或相关国家法律法规的信息服务机制。二是运用现代技术手段，如互联网及时向云南企业发布解决相关贸易争端或争议的方法和结果，以便企业借鉴和运用。三是在与东盟国家发展贸易的过程中，还应重视培养熟悉和掌握东盟国家贸易法律法规的人才，以便及时、低成本地解决贸易纠纷。

三、研究成果的学术价值、应用价值及社会影响和效益

目前国内对于中国企业与东盟国家法律环境方面的研究，多从宏观的角度和国内的一般性研究。如在货物贸易方面、服务贸易方面、知识产权方面以及法律服务环境建设方面，主要从中国—东盟自由贸易区贸易法律环境建设进行探讨。

王义明主编的《东南亚国家经济贸易法律研究丛书》

(2006)，共21卷，约650万字，从法律的角度对东盟10国的经济贸易法律制度进行较全面的介绍。但是这套丛书并不适应国内或云南的相关企业。这些企业特别需要的是简单化和明确化的东盟主要国家贸易法律法规的指导，以便他们在进行贸易时，既能遵循，又能采取应对措施。然而，对于这种需求的研究却比较少。因此，该项研究对于国内企业走向东盟国家就显得非常必要。

该课题的学术价值在于立足东盟，面向世界，针对中国或云南企业应对中国—东盟自由贸易区贸易争端和贸易纠纷解决机制中具有普遍性、紧迫性、典型性的重大问题进行研究和探讨，对云南企业尽快适应中国—东盟自由贸易区的法律环境的建设，促进企业在区域内贸易合作的进程，具有一定的现实指导意义。同时也能对自由贸易区的贸易法律环境建立和完善，起到一定作用。

课题名称：云南企业应对中国—东盟自由贸易区贸易法律环境的对策研究
课题负责人：蔡四青
所在单位：云南大学
主要参加人：郑冬渝　许　毅　毕　治　张天龙
结项时间：2010年6月15日

云南少数民族贫困地区生态文明建设中农户行为激励机制探讨研究

一、课题研究的目的和意义

课题通过分析农户经济行为与生态环境之间的关系，剖析云南少数民族贫困地区生态文明建设中农户行为的激励机制现状，找出激励不足存在的问题及产生的原因，针对存在的问题，提出对策和措施，构建激励机制方案。

党的十七大报告第一次将“生态文明”纳入原有的三大文明的理论体系，说明我国在以牺牲生态环境为代价发展了几十年之后发现，如果生态系统不能持续提供资源、能源和清洁的空气、水等环境要素时，物质文明的持续发展就失去了载体和基础，精神文明和政治文明的内涵也无法全面持续发展。所以，当生态环境成为我国经济社会发展的“短板”时，生态文明就成为其他三个文明的基础。生态文明，是指人类在改造自然以造福自身的过程中，为实现人与自然之间的和谐所做的全部努力和所取得的全部成果，它表征的是人类处理自身活动与自然界关系的进步程度。

众所周知，我国是一个农业大国，农村人口占总人口的70%，没有农村的生态文明。就无所谓整个社会的生态文明。而目前随着生产力水平的不断提高，农业现代化、市场化、农村城市化的过程中，农业发展与农民生活造成的环境问题也日益突出。比如化肥农药的过度使用，乱砍滥伐，围湖造田，毁林开荒的现象严重；畜禽粪便、生活垃圾缺乏妥善处理；生活能源缺乏等。

云南省具有多样性的自然景观、人文景观及丰富的生物多样性，是我国最大的生态宝库之一，尤其是少数民族贫困地区，往往也是生物多样性、自然人文景观独特，同时也是生态脆弱，极易遭到破坏的地区。当地少数民族在征服自然的漫长岁月中，普遍形成了与自然和谐共存的优秀的生态文化，但是随着社会变迁、经济发展和区域开放，急功近利、片面追求经济利益而忽视生态环境的现象正变得日益普遍起来。如果这种趋势不能得到有效遏制，其后果无论对云南省还是对全社会都将是灾难性的。而在云南少数民族地区，农业是最主要的生计方式，农民的生产生活行为对生态环境起到了最直接和最重要的影响。因此，为了促进生态文明建设，对少数民族的农户行为进行调控和优化是非常必要的。

在少数民族地区的生态文明建设中，农户行为起着关键的作用，而农户行为所包含的内容极其复杂。在现实生活中农户总是按自己的利益需要而行为，一般不会主动无私地为整个社会的需要而考虑，农户总是经过对物质与非物质的成本收益的权衡，来选择能够为自己带来最大净收益的行动方案。农户的行为和活动的决策目标为自身效用的最大化，而非社会效用最大化，所以不能单纯的通过对意识与精神的要求来约束农户的生产消费行为，而是需要建立一种激励机制制约激励农户，使得其行为、活动能促进生态文明建设。

因此，研究云南少数民族贫困地区的生态文明建设中农户行为，并构建恰当的激励机制，使农户采取有益于环境的行为，对于当地的生态文明建设，以及生物多样性和生态保护具有重要的现实意义。目前，从微观层次进行生态文明建设的研究还不多，该课题采取微观的视角，直接进入到农户中，对生态文明建设中农户行为的激励机制进行实证研究，一方面为生态文明建设增进了微观层面的分析，另一方面有助于云南少数民族贫困地区生态文明的建设。综上所述，本课题的研究具有重要的现实意义和理论意义。

二、研究成果的主要内容、重要观点或对策建议

（一）主要内容

基于对农户经济行为与生态环境之间影响关系的现实问题和理论研究方面的不足，该课题通过对农户经济行为和生态文明建设之间关系的阐述及两者特点的分析，提出了农户经济行为与生态文明建设关系的理论假设和概念模型，借以探究二者之间的影响及关系。并通过调查问卷的方式，在云南少数民族贫困地区洱源县和墨江县调查取样，共获得 308 份有效样本，运用 SPSS17.0 软件进行了描述性统计分析以及量表的信度和效度检验，运用 Amos7.0 软件对数据进行结构方程模型分析，在对概念模型和假设进行验证的基础上，对生态文明建设中如何改善农户经济行为提出了对策建议。运用统计数据，对墨江（县）和洱源（县）的农户行为激励现状进行评价分析，查找生态文明建设中农户行为激励存在的问题，并进行归因分析。根据发现的问题和原因，运用激励理论，结合农户的实际需要，构建新的激励机制方案与模型，并讨论了新激励方案的运行模式，同时对激励机制外的其他因素进行了详细的分析。

经过对激励机制现状、原因、问题、解决途径的综合分析，课题构建了少数民族贫困地区生态文明建设中农户行为激励机制

的模型。

就像矛盾的两个方面一样，单纯的整治生态环境是不科学的，也是不现实的，生态环境的建设是必须与农户的收入增长和农村经济发展结合在一起的，是不可以分割的。与政府既有发展经济又有生态保护的目标一样，农户本身也有这样的目标，农户在增收的目标与动力的基础上，也有一定的环境保护意识，这在我们的调查问卷和实地访谈中都可以体会到，他们也希望居住的环境好、吃的东西健康、用的物品放心，只是农户的知识有限、思想觉悟不高、眼光不够长远才造成了环境的污染。因此我们在少数民族贫困地区生态建设的农户激励机制模型的设计中，主要考虑两个方面，一是如何让生态文明建设与农村经济发展同步，二是如何让农户的目标与政府的目标同时实现。

根据提出的两个问题，激励机制的运作，重点解决两个方面的问题：

1. 生态文明建设与农村经济发展

农村发展目标中包括了农村的经济发展和生态文明建设，然而两者之间又常常会出现矛盾。对少数民族贫困地区来说，经济落后、交通不便、经济发展愿望强烈、特殊的民族文化风俗，同时还有本身就脆弱的生态环境体系造成了生态文明建设与农村经济发展之间的矛盾会比其他地方和其他时间都要严重。因此如何在经济发展的同时又做好生态环境的建设，是政府的激励机制所必须解决的重要问题之一。因此提出：第一，以市场方式来调节农户行为，使农户的生态建设行为所获得的收入大于其传统行为下所获得的收入。第二，以发展绿色农业、生态农业为目标，这不仅是生态建设的重要方式，而且还是发展农村经济、农民致富的主要途径。但是在少数民族贫困地区这种情况会有所不同，原因关键在于交通的不方便，政府引导除了积极加快基础设施建设外，与供销公司长期签订合同、自身种植的规模化、运输方式的改变、保温箱的运用等都是解决该问题的途径。第三，引用环保科技来提升经济效益。虽然沼气和太阳能的使用并不能为农户带来经济上的多大收益，但是两者的使用可以节约其他能源的消耗，是对整体农业效益的一种提升。

2. 农户的目标与政府的目标

收入的增加、经济效益的提高是农户在生产生活中的首要目标，这也是由人类生存的基本法则所决定的，由此农户才会关心周围生态环境的好与坏。于是农户的目标就和政府的目标多多少少有了出入，农户更关心的是自己的短期利益、眼前利益、收益的增加；而政府则更关心的是长期利益、长远利益、经济发展与环境的和谐。激励机制如何运行才能调整两者之间的矛盾，成为激励机制的重要使命之一。课题提出：第一，物质激励更有效果。如浮动性补贴激励、奖金激励、专项配套激励等。第二，精神激励不可缺少。如培训教育激励、物质文化激励等。以上两种激励措施的实施，使得农户的目标和政府的目标得到了统一。

（二）重要观点或对策建议

（1）农户的生态意识、生态行为以及生态制度和生态产业对农户经济行为有直接正向影响。按照其影响的程度从高到低排序依次为：生态制度 > 生态行为 > 生态产业 > 生态意识。农户的生产行为、消费行为、储蓄行为、风险决策行为以及新技术选择行为对于形成合理生态的农户经济行为具有一定的因果关系。农户的生态意识以及其所处的生态产业环境对农户的生态行为有很强的正相关关系。农户处在良好生态产业环境或是市场环境中，对于其形成保护环境、减少农业污染等的生态行为具有一定影响。并且通过提高农户的生态文明意识，可以改善其生态行为。

（2）当前少数民族贫困地区生态文明建设中农户行为的激励机制不够健全，激励力度不够，政府缺位时有发生，比如激励措施单一、激励错位，不符合农民需要，农村环境基础设施缺乏，政府在宣传教育方面力度不够，缺乏技术推广，政府没有为农户提供相应的市场信息和销路，等等。

（3）在对激励机制的归因分析中，发现市场信息、龙头企业带动、建立农村经济合作社、提高经济收入和降低风险等五个因素，是机制设计时所考虑的必要因素。政府补贴、提供小额低息贷款、环保设施、垃圾回收站、农村环卫队、示范户及示范点、文化活动中心、奖励、处罚及监督和环保政策等10个因素是机制设计时所考虑的主体因素。同时发现少数民族贫困地区对新技术与新方法使用的抵触是阻碍农村经济发展的主要障碍之一，也是农户生态文明建设过程中所遇到的主要障碍之一。而民族问题因素也是重要的因素之一。

（4）本课题研究构建的激励机制模型，虽然在构建过程中作出了一定的假设条件，比如政府的财政较为充裕、农产品的市场交易机制健全、农户是理性人、地方政府的生态观念较强等，但这样做主要是为了模型构建的顺利。因为对于少数民族贫困地区生态文明建设中政府与农户、环境与经济这两对矛盾而言，影响他们的因素太多，因此必须要对其进行一定的假设。就其实用性而言，肯定会有一定的影响，但是同时也为今后的研究指明了方向，即随着假设条件的一步一步放宽，该激励模型将越来越贴近实际情况，其应用性也将越来越强，产生的作用也将更加明显。

（5）通过课题研究的激励模型，得出在该机制运行的过程中，生态文明建设与农村经济发展、农户的目标与政府的目标达到统一，从而实现了农户、政府、经济、环境多方面的和谐统一。这是课题构建该机制的根本目的。

三、研究成果的学术价值、应用价值及社会影响和效益

该课题在综述国内外相关文献的基础上，提出了农户经济行为与生态文明建设之间关系的相关假设，并构建了农户经济行为与生态文明建设之间关系的概念模型。以云南省少数民族贫困地区——洱源和墨江为例，设计了调查问卷，运用 SPSS17.0 和 Amos7.0软件对调查数据进行处理和模拟分析，得出两者之间关系的路径图。课题根据统计数据，对墨江（县）和洱源（县）的农户行为激励现状进行了评价分析，并查找生态文明建设中农户行为的激励存在的问题，进行归因分析。根据发现的问题和原因，运用激励理论，结合农户的实际需要，构建了新的激励机制方案与模型，并讨论了新的激励方案的运行模式，同时对激励机制外的其他因素进行了分析。

该课题研究可为宏观调控主体制定生态文明建设的政策提供重要参考，也对采取有效措施引导与优化农户经济行为，切实促进生态文明建设具有重要的作用。课题构建的激励机制达到生态文明建设与农村经济发展、农户的目标与政府的目标统一，从而实现了农户、政府、经济、环境多方面的和谐统一。

课题名称：云南少数民族贫困地区生态文明建设中农户行为激励机制探讨研究

课题负责人：杨红娟

所在单位：昆明理工大学

主要参加人：杨　丽　官　波　傅　红　李　佳　陈　蕾

结项时间：2010 年 7 月 10 日

云南能源消费、能源效率与节能对策研究

一、课题研究的目的和意义

云南是西电东送的重要省份，在中国能源安全战略中占有重要地位，但云南自身的能源指标并不高：2003 年每万元 GDP 能源消耗为全国平均水平的 116%，而电力消耗为全国平均水平的 105.6%。由此可以看出，云南存在很大的节能潜力。化工、有色金属、钢铁、水泥、制糖、烟草业是云南的能耗大户，行业上与全国呈现出不同特点。自 2005 年云南省实施工业“倍增计划”以来，上述行业取得了飞速发展。因此有必要系统地研究云南能源消费规律、能源效率问题，为制定针对性的节能对策提供依据。

(1) 系统总结云南能源消费与经济增长的关系，以及能源消费与不同产业经济发展间的因果关系，为宏观上制定不同产业的能源政策提供依据。

(2) 从云南省的产业结构与能源强度、能源消费结构与能源效率角度分析云南能源经济问题。

(3) 从微观上分析云南省节能潜力大的部门和行业，以及分析这些部门提高能源利用效率的主要途径。

(4) 研究重点行业部门的节能对策与建议。

二、研究成果的主要内容、重要观点或对策建议

（一）主要内容或重要观点

1. 概括了云南能源资源储量及其特征

云南能源资源品种多，门类齐全，拥有水能、煤炭、生物质能、太阳能、风能、地热能及油气等多种资源。但云南能源资源是典型的水能、煤炭为主的二元结构。其分布特征为水能分布呈西多东少的态势，而煤炭则呈东多西少的态势。

从可开发水能资源上看，云南可开发装机容量仅次于四川，居全国第二位；云南人均水能资源可开发率、地位面积可开发电力和电量均超过四川，居全国第一位。从开发条件讲，云南各大河流具有较好的开发条件，工程量相对较小。从水能资源角度看，云南优势明显；但从实际开发情况看，云南必须加大水能开发的力度。

云南煤炭资源丰富，煤种齐全，有无烟煤、烟煤、褐煤、泥炭，已探明资源总量253亿吨，保有储量246亿吨，是中国南方少数不缺煤的省（区）之一。云南煤炭资源以褐煤为主，虽煤质较低，但煤转化经济价值大。地理分布主要集中在滇东和滇东北的曲靖、昭通、红河三地州。

云南的生物质能、太阳能、风能、地热能储量丰富，应加大这些新型能源的开发力度。

2. 对云南能源发展现状进行分析

该课题主要从能源生产、能源消费、能源建设与投资、能源平衡等角度全面分析云南能源发展现状。

首先，从一次能源开发上看，2003年以来水能占云南能源生产比重逐年下降，主要原因是云南煤炭开发量近年来快速上

升。从电力生产情况上看，2007年云南电力生产占全国发电总量的2.78%，位居四川、贵州之后，与云南丰富的电力资源极不相符。从电力生产结构上看，2006年火电比例首次超过水电比例，2007年的水电、火电比达47.65:52.35。

其次，从云南能源消耗总量看，2007年消耗总量达7 173.26万吨标准煤，呈快速上升趋势。从能源消费结构上看，石油、天然气等优质能源的比重不断上升。电力消费持续增长，2007年电力消费达到745.52亿千瓦时，同比增长15.47%。

再次，从能源投资情况上看，2004—2007年云南省国有经济能源工业固定资产投资为648.24亿元，仅为四川的71.48%、贵州的87.84%。能源建设与投资是影响云南能源发展的主要原因。

最后，从云南能源平衡看，云南能源供应与消费基本平衡，主要原因是云南石油制品完全依赖于其他地区输入，而煤炭、电力是云南能源输出的主要构成。

3. 对云南能源消费进行系统研究

课题主要进行了云南能源消费与经济增长之间的关系分析、云南经济结构变化与能源强度分析、云南能源结构变化与能源效率分析，从总体上把握云南能源消费规律。

首先，从云南能源消费和经济增长总量的协整性来看（检验区间为1975—2007年），能源消费与经济增长存在着长期的协整性。第一产业、第二产业的因果关系则表现为经济增长到能源消费的单向因果关系，即第一产业、第二产业的增长带动了能源消费的增长。第三产业的因果关系则表现为能源增长到经济增长的单向因果关系，即能源消费的增长会带动第三产业的增长。因此，今后几年云南第一产业、第二产业的增长会带动能源消费需求的增长，必须加大对能源开发的投入；同时大力发展第三产业。

其次，对云南能源强度的结构分解分析的结果来看，产业结构的变化推动云南能源强度上升了23.08%（这与近年来云南实施的工业“倍增计划”有关）。分析结果表明，云南能源强度下降的动力，主要来自能源利用效率的提高，其中云南整体能源强度变化中的效率份额占到了123.08%。因此，调整产业结构、技术进步是今后降低云南能源强度，提高能源效率的主要途径。

此外，通过对云南能源消费结构和能源结构变化的分析可以看出，能源结构变化对能源效率是有影响的，提高石油、天然气等优质能源的使用量，减少煤炭的使用量可以提高能源效率。因此，政府应该大力推广优质能源的使用，用优质能源替代传统能源，可以促进经济增长。

4. 对云南节能现状与节能潜力进行分析

课题主要从电力部门、工业部门、其他部门分析了云南能源的节能现状与节能潜力。

首先，从电力部门看，云南省的火力发电和水力发电所占比例相当，而使用火力发电的能源消耗量比水力发电的能耗量大，因此，云南省可以利用自身优势，着力向水力发电方面发展。在火力发电方面，可以采取改进节能技术，淘汰落后产能企业的办法，提高火力发电量，减低发电能耗。

其次，从工业部门看，重工业是云南能源消耗的主要部分。化工业、有色金属行业、钢铁业、水泥业、制糖业、烟草业是云南工业部门能源消耗的主要来源。主要节能手段是提升技术含量，采用先进的节能技术替代传统技术进行生产制造。同时还应该注重管理，减少能源的浪费，提高能源的利用率。随着云南经济的快速发展，对一次能源消费总量仍会继续增加，而单位GDP能耗水平将会持续降低。但是由于近年来云南省化工、有色冶金和钢铁制造业发展较快，所以单位GDP能耗下降的速度会比较慢，一次能源消费总量增幅短期内仍会保持较高的水平，经济总量的增长速度会逐渐与能源消费总量的增长速度持平。

此外，从其他部门看，云南建筑节能拥有较大潜力，特别是云南可以充分利用太阳能提高建筑节能水平。

（二）对策建议

课题针对云南能源消费的现状，从整体出发，从政策和技术手段方面，提出相应对策建议。

（1）云南提高能源利用效率与制定节能对策必须坚持以下基本原则：一是坚持把节能作为转变经济发展方式的重要内容；二是坚持节能与产业结构调整、技术进步和加强管理相结合；三是坚持发挥市场机制作用与政府宏观调控相结合；四是坚持依法管理与政策激励相结合；五是坚持突出重点、分类指导、全面推进；六是坚持全社会共同参与。

（2）云南提高能源利用效率与制定节能对策的保障措施包括：制定和实施统一协调促进节能的能源和环境政策；制定和实施促进结构调整的产业政策；制定和实施强化节能的激励政策；加大依法实施节能管理的力度；加快节能技术开发、示范和推广；推行以市场为基础的节能新机制；加强重点用能单位节能管理；强化节能宣传、教育和培训；加强组织领导，推动规划实施。

（3）制定和推行适应市场经济的节能政策和新机制：一是经济激励政策，节能投资项目实行减免或加速折旧优惠政策，重大项目给予财政补助或贷款贴息支持；二是需求管理和综合资源规划，提高终端用电效率，优化用电方式，政府加强能源节约和开发规划，以最低成本为终端用户提供能源服务；三是能效标准和标识，制定终端用能设备能效标准和标识，以及配套政策措施；四是自愿协议，加强企业节能、转变政府职能；五是推行招标制、政府采购制等以节能为目标的市场机制。

（4）在技术方面，结合电力部门，工业部门中的化工、有色金属、钢铁、水泥、制糖、烟草业，以及建筑部门的实际情况，以提高终端能源利用率为目标，加强产业中科学技术的含量，引进国外先进的节能技术，提高能源效率。在工业部门的节能上，应该实行技术进步与调整产品结构和行业结构相结合，在节能降耗的同时，生产更多的高附加值产品。根据清洁生产理念，创建生态工业园区，实现能源和废弃物梯级利用，最大限度减少能源和原材料消耗，提高能源和资源的利用效率，同时把对环境的损害减到最小。

三、研究成果的学术价值、应用价值及社会影响和效益

该课题系统分析了云南能源消费规律，能源效率现状，并提出相关节能对策。研究成果的学术与应用价值在于，它将突出研究的实证性和政策性，通过对不同时期云南能源消费、能源效率与节能对策问题开展实证研究和政策分析，为决策者提供科学决策的依据和参考。

该课题研究成果的社会影响和效益在于：能源是社会经济增长的物质基础，社会经济增长的速度取决于与其相应的能源需求获得满足的程度，故决策者可参阅本成果，针对能源消费、能源效率与节能方面作出科学决策，在制定与实施了降耗、节能等一系列可持续发展战略后，必将提高社会的经济增长速度，加速云南省工业化发展，并可间接提升人民的生活水平，从而加快建设节能型社会，以能源的有效利用促进经济社会的可持续发展。

课题名称：云南能源消费、能源效率与节能对策研究

课题负责人：秦开大

所在单位：昆明理工大学

主要参加人：杨保建　盛　朴　杨　凌　关　博　兰　静

结项时间：2010 年 7 月 17 日

云南民族自治地区经济转型的演化、市场化进程与经济发展方式转变研究

一、课题研究的目的与意义

该课题以民族自治地区为研究的空间载体，探讨民族地区制度变迁与经济发展的关系，将制度变迁和经济转型理论在民族区域研究中加以扩展和应用。通过实证指标评估，深入分析和探讨民族自治地区经济发展的特殊性，研究民族自治地区在相对市场化进程中的发展机理和特色。课题以云南 8 个民族自治地区的经济转型阶段性演化为对象，通过指标体系对民族自治地区的消费投资外贸结构、所有制结构、产业结构、地方政府职能、开放程度等进行实证评估，从而寻找出民族自治地区制度变迁与经济转型的特色机制及其规律，并从制度变迁和要素变迁的双重角度探究民族地区经济发展方式转变的实施机制。

云南民族自治地区的制度变迁及其产生的经济转型和市场化进程，既具有中国改革与发展过程相一致的共同特征，又具有自身的民族经济的个性特色。云南是一个多民族共存且经济发展相对落后的地区，民族自治地区的经济由于历史、文化和自治的相对独立规则，使民族自治地区在经济转型过程中产生了众多区域发展的阶段性矛盾和问题，研究民族自治地区在改革开放 30 年中的经济转型的阶段性演化和相对市场化进程，对于丰富我国不

平衡经济中的转型特色研究和针对欠发达地区如何通过“相对机制”实现市场化和工业化具有十分重要的意义。通过制度变迁和经济发展变迁的研究，特别是通过对云南民族自治地区的消费、投资与产业结构、外贸等关系的实证分析，探讨出云南民族自治地区经济发展方式转变的影响因素和实施机制，对于指导云南民族自治地区经济的市场化、经济的有效发展特别是经济发展方式的转变具有重要的现实意义。

二、研究成果的主要内容、重要观点或对策建议

该课题以云南民族自治地区改革开放30年的制度变迁与经济发展为主线，考察了民族自治地区在民族自治制度的实施和贯彻过程中所经历的经济转型和市场化的变迁，分析代表性民族自治地区经济发展的历史进程和现状，研究了民族自治地区经济市场化水平及其变动趋势。在对民族自治地区经济发展和市场化进程判断的基础上，指出了民族自治地区经济发展方式的现状及其制约因素，提出了以“三驾马车”共同拉动经济发展的机制。

1. 云南民族自治地区经济转型与市场化进程研究

课题首先对经济转型、制度变迁和市场化等概念进行界定，对有关经济转型与市场化进程的研究进行综合评述，在此基础上，探讨云南8个民族自治地区经济的历史演进和制度变迁的特殊性，考察民族自治制度安排的特征及其对经济发展的作用。选择具有区域代表性的红河、大理、德宏、迪庆4个民族自治区的经济转型的各个阶段的特征，研究民族自治地区转型的共性与差异，考察各个阶段经济转型的因素及其影响。通过招标体系，对30年来云南民族自治地区市场化进程进行实证测度和比较评估，寻找出民族自治的制度安排对经济发展机理的影响，并对如何完

善提高民族自治地区经济的市场化程度提出设想。

研究认为，云南民族自治地区由于历史、地理、文化观念等原因，经济基础薄弱，经济发展水平低，其市场化程度低。但经过改革开放30年的制度变迁和经济转型，民族自治制度得到有效贯彻，国民经济得到较大发展，边疆稳定，人民生活水平得到较大提高；但与其他非民族地区相比，云南民族自治地区的市场化程度还不高，非公经济发展还不足，政府职能转换还不能适应现代市场经济的要求，对外开放的经济贡献还不够，有效市场制度供给不足，已成为云南民族自治地区发展道路上的不可逾越的“瓶颈”。因此，必须加大民族自治地区的经济市场化进程，特别是大力发展非公有制经济，培育多元化市场主体；优化产业结构，加快民族地区市场化进程；发展区域特色经济，抢占市场份额；健全法制服务体系，规范市场行为；完善政府参与市场发育的服务职能。

2. 云南民族自治地区经济发展方式转变研究

云南民族自治地区在云南经济发展中占有重要的地位，但由于经济发展方式落后，经济发展水平一直不高。在经济转型与市场化进程中，云南民族自治地区经济发展方式已经成为制约经济发展的核心因素，特别是基础设施薄弱、体制观念落后、产业特色的提升不高、劳动者素质较低等严重阻碍了经济发展方式的转变。因此，必须加强基础设施建设，为经济发展方式转变奠定基础；制定促进民族自治地区经济发展方式转变的优惠产业政策和资金支持；优化产业结构，扶持发展特色产业，增强主导产业的带动力；注重提高劳动者素质，这是转变经济发展方式的重要支撑；推进体制改革，推进政府主导型经济发展方式向市场主导型转变。

课题在研究云南民族自治地区经济发展方式的具体影响因素中，特别考察了消费、投资结构、产业结构和外贸的实际作用，通过历史和现实的计量分析，课题还研究了“三驾马车”在云南民族自治地区的表现和问题，分别提出了完善和提升消费机制、优化投资和产业结构以及扩大以外贸为中心的开放体系来实现民族自治地区的经济发展方式的转变。

研究认为，应当扩大消费在经济发展方式转变中的核心作用，通过消费政策调整与优化，刺激、鼓励消费，扩大城乡居民的消费支出，切实增加居民收入，确保居民收入稳定增长，扩大城乡居民的住行需求，推进消费结构升级，开拓农村市场，促进乡村居民消费需求稳定增长，大力支持文化生活消费，拓宽消费领域和提高消费质量，提高城镇居民收入，调节收入分配关系，提高农村居民收入，扩大农村需求，完善社会保障制度；营造良好的消费环境；同时优化投资结构和产业结构，加大第一产业投资，调整农业投资结构，促进农业产业结构升级，调整第二产业的投资比重和内部投资结构，加快高新技术产业的发展，促进工业结构高度化，促进非国有经济对第三产业投资的体制改革，加大旅游业的投资；重点发展云南民族自治地区对外贸易，抓住机遇，调整出口结构，转变竞争方式，加快基础设施建设，加强培训，加快人才培养和制度创新，大力发展加工贸易，促进加工贸易转型升级，促进自主创新能力的提高，发展自我品牌，提升产品附加值，积极扩大进口，促进贸易平衡，积极发挥民族自治地区在云南省对外开放桥头堡战略中的核心作用，提升民族自治地区的开放水平。

三、研究成果的学术价值、应用价值及社会影响和效益

1. 研究的学术价值

经济学一直注重从宏观上研究中国经济转型和市场化的研

究，而对区域经济转型，特别是民族地区的市场化研究不足。其实，民族地区经济转型既具有同中国整体经济转型一致的一面，也具有其独特的过程，通过对云南民族自治地区经济市场化的研究，并在此基础上来分析落后的经济发展的要素和经济发展方式的转变，对于丰富区域经济理论具有重要理论价值；而且通过对区域内经济增长差异和民族地区经济发展的内在机制作出科学探讨，对于丰富制度经济学的理论及其经验研究具有重要的学术价值。

2. 对中国经济实践的指导意义

当今中国正在经历着经济与社会发展的巨大变迁，在改革开放30年来的经济增长和制度变迁中，各个地区的经济转型和经济发展方式差异较大。随着中国市场经济的不断建立和发展，各地的经济制度和发展方式也在发生着一系列的边际调整，由此而产生的对经济增长的影响和各种新问题的不断涌现，要求中国的经济学家去研究和探索，从而为中国经济的长期稳定增长提供科学的理论基础。

3. 对以云南为代表的民族欠发达地区的经济具有直接的应用价值

由于受历史条件、自然环境、区位条件的制约，以云南民族地区为代表的欠发达地区的经济以内向型为主，生产力总体水平较低，物质基础薄弱，而且在全国区域经济结构中表现出明显的从属性。云南民族经济具有经济转型和发展方式转变滞后的典型特征，通过对云南民族自治经济制度影响的实证分析，探讨民族自治制度的绩效，以及了解民族落后地区在具有良好的资源环境下经济增长为什么在低程度上重复的原因，同时在市场化的制度变迁过程中如何通过制度优化和改变消费、投资结构、产业结构和外贸关系来提升民族地区经济的持续有效增长和结构优化，有着直接的应用价值。

4. 社会影响与效益

云南是中国少数民族最多的地区，运用招标体系对云南民族自治地区经济市场化进行评估，对于客观认识和了解云南民族经济的现状和发展变化的特征，特别是对如何加快云南民族经济的市场化进程，探索以云南为代表的民族欠发达地区的经济发展非常必要。云南民族自治地区在云南占有非常重要的社会经济地位，它们的经济发展和经济发展方式的转变对云南经济整体发展和效益的提高有直接的影响。只有民族地区经济的市场化大大提高，经济发展方式得到根本转变，云南经济的整体水平才能再上新台阶。

课题名称：云南民族自治地区经济转型的演化、市场化进程与经济发展方式转变研究

课题负责人：朱启才

所在单位：云南财经大学

主要参加人：谭　瑛　郭　斐　赵　林　刘富华　周　文

结项时间：2010年7月26日

基于自主创新投入的融资政策对企业增长的影响

——对云南上市公司的实证研究

一、课题研究的目的和意义

改革开放30多年来，虽然我国的GDP年均以近10%的速度增长，但自主创新能力的匮乏及其对经济增长持续性和产业升级的潜在不利影响，已越来越被学界和业界重视。对于以云南为代表的欠发达的西部地区而言，这一经济发展问题更为严重。为了增强国家竞争力，党的十六届五中全会作出的“十一五”规划中提出了增强自主创新能力、建设创新型国家的发展战略。随后，又不断出台各种相关政策，旨在促进这一战略任务的实施。以云南省为代表的西部地区，与东部及中部地区相比，经济发展较为落后。在“创新型国家”构建及西部大开发的背景下，提高自主创新能力成为今后经济发展的一个首要任务。当前，研发资金投入的不足已构成以云南省为代表的西部地区自主创新的主要瓶颈。尽管政府一直在利用西部大开发的契机，努力构建多元的宏观投资体系，但只有企业才是自主创新的主体，企业对自主创新的投资动机和投资行为决定了宏观自主创新体系运行的效率。另外，经济的持续性增长也需要以企业的增长为基础。在自主创新的投入上，作为微观主体的云南企业会选择什么样的融资行为，以及这种选择会对企业成长产生怎样的影响？这是一个值得深究的问题。

二、研究成果的主要内容和重要观点

1. 主要内容

该课题以 26 家 2008 年 12 月 31 日以前上市的云南上市公司为研究对象，以 2001—2008 年共 8 年为时间窗，按公司与年度共形成 206 个观测值。利用专利数（包括专利申请数与专利授权数）作为自主创新产出的替代变量，首先调查云南上市公司的专利数状况；然后考察专利数对融资政策选择的影响、专利数对资本结构的影响，以及财务杠杆对企业增长的影响。

2. 研究结果

（1）就申请专利分年度来看，2001—2003 年，75% 左右的公司都没有专利申请，2004—2008 年，公司的专利申请开始有所改变，没有专利申请的公司占到 70% 左右。这说明，自 2004 年以来，国家“创新型国家”战略的实施，成果开始有所显现。上市公司的专利申请差异较大，专利申请主要集中于极少数公司，绝大多数公司无专利申请，或者专利申请量较少。专利授权与专利申请的分布状况基本一致。

（2）就专利申请数从 0 一直到大于 100 的排序分布来看，2001—2008 年，绝大多数的公司无专利申请。在较小一部分有专利申请的公司中各年专利申请公司数相差不大，申请公司数也不多。从 2001—2008 年综合来看，没有申请专利的公司合计达到 152 家，申请专利数在 1 ~ 2 区间的有 19 家，3 ~ 10 区间的占到 21 家，11 ~ 100 区间的达到 16 家，专利数超过 100 项的公司不存在。总体来看，申请专利数在 1 ~ 2、3 ~ 10 两组别的公司数较多。专利授权与专利申请的分布状况基本一致。

（3）无论是用专利申请数还是专利授权数作为创新产出量，创新产出对债权融资、股权融资以及保留盈余的影响均不显著。无法找到云南上市公司专利数影响融资选择的证据，原因可能是这些公司创新能力较差，使得与创新产出有关的融资政策选择并不显著。

（4）无论是用专利申请数还是专利授权数作为创新产出量，创新产出与账面负债率均呈显著的负相关关系。这支持创新与低杠杆政策相联系的理论解释。

（5）财务杠杆与资本费用增长率间呈显著负相关关系，说明高的财务杠杆能起到抑制管理层过度扩张的作用。这与 Jensen（1986）等的观点一致，债权人会通过阻止管理及投资净现值为负的项目，限制企业的增长，其中，包括创新项目。

总之，研究结果说明，更高的创新产出有助于降低财务杠杆，但财务杠杆的降低却不利于约束管理层的过度投资行为。

3. 政策建议

在以上研究结果的基础上，该研究的政策建议是：

（1）加强企业创新的主体地位。本研究对 26 家云南上市公司专利数的描述统计发现，绝大多数公司没有专利，在有专利的公司中，多数公司的专利数也较少，这说明这些公司创新的主体地位还不够明显。原因可能在于，绝大多数公司均被政府控制，创新活动不可避免地受到政府的行政干预。由于只有企业才是技术创新的主体，因此，应该深化国有控股公司的产权改革，减少政府的干预行为，使企业成为真正意义上的创新活动主体。

（2）优化融资结构，降低资本成本。本研究发现专利数与财务杠杆呈负相关关系。这说明，创新能力越强的公司，越可能选择股权融资或内源融资渠道。一方面，可能由于创新产出向股市传递了一种企业盈利成长的信号，导致投资者看好企业发展，从而增强投资需求，进而降低了股权融资成本；另一方面，可能由于创新产出多的企业，留存收益也多，使得内源融资成本降低。企业应该针对不同情况，优化融资结构，降低资本成本，以便于提升公司业绩。

（3）健全优化公司治理结构，防范过度投资行为。本研究还发现财务杠杆与企业增长间呈负相关关系，这说明，由于创新产出导致的财务杠杆降低，可能会促进企业的增长。当公司治理不健全时，管理层可能会进行过度扩张，这将有损公司的业绩。因此，只有健全公司治理结构，才能更好地通过技术创新活动促进企业的可持续增长。

三、研究成果的学术价值、应用价值及社会影响和效益

该研究的成果在学术期刊发表论文1篇（CSSCI期刊）。

1. 学术价值

在学术价值方面，国内外有关自主创新研究的文献多数集中于宏观层面上，针对微观层面的企业，理论研究较多，实证研究较少。在为数不多的实证文献中，主要研究自主创新产出与企业绩效之间的关系。但研究结果也没有统一的定论。本研究发现：

（1）无论是用专利申请数还是专利授权数作为创新产出量，创新产出对债权融资、股权融资以及保留盈余的影响均不显著。

（2）无论是用专利申请数还是专利授权数作为创新产出量，创新产出与账面负债率均呈显著的负相关关系。

（3）财务杠杆与资本费用增长率间呈显著负相关关系，说明高的财务杠杆能起到抑制管理层过度扩张的作用。

该研究有助于进一步揭示创新产出（专利数）对融资政策选择的影响，创新产出（专利数）对资本结构的影响，以及财务杠杆对企业成长的影响机理，有一定学术价值。

2. 应用价值

在应用价值方面，该课题得出的政策建议是：

（1）加强企业创新的主体地位。

（2）优化融资结构，降低资本成本。

（3）健全优化公司治理结构，防范过度投资行为。

这些政策建议有助于相关决策者参考。

课题名称：基于自主创新投入的融资政策对企业增长的影响
——对云南上市公司的实证研究

课题负责人：陈昆玉

所在单位：云南财经大学

主要参加人：张　强　曾丽萍　陶锌其　杨佳佳　王　芬
杜士镕　郑晓翔　林幼斌　连　军　黄　波
刘淑贤　阎洪跃　黄　园　刘栗池　张姗姗
王美凤

结项时间：2010 年 7 月 28 日

权证对云南省上市公司投融资体制影响研究

一、课题研究的目的和意义

作为金融衍生品种的基础性产品，权证在我国时隐时现、断断续续地发展已有 10 多年的历史。权证市场的发展，权证产品的不断推陈出新将极大地改变公司投融资的环境，拓展其选择空间，也必然带来理论研究的新突破。但现有的理论研究多聚焦于权证产品的介绍，重点讨论权证的属性、权证的基础知识以及在中国发展权证市场的意义，或者是基于投资者的视角研究权证产品的投资组合、投资风险的防范，而基于公司的视角研究权证投融资及风险管理问题则几乎是一个盲点。在此背景下，该课题主要研究上市公司运用权证进行投融资的现状、应用的动机，以及权证的应用对公司财务政策、公司治理的影响，并结合实际对云南省上市公司应用权证的状况进行了案例分析，在研究分析的基础上提出针对性的政策建议。

二、研究成果的主要内容

（一）上市公司使用权证的动因分析

1. 权证的“信号传递机制”对事前信息不对称的缓解

权证作为一种衍生金融工具，其融资具有依附性、分段性、期权性和风险性的特性。权证融资依附性的特性使得公司在利用权证进行融资时可以促进以发行股票为主要目的的股权融资或以发行债券为目的的债权融资的顺利进行。权证融资的分段性、风险性、期权性不仅有利于缓解公司融资中因信息不对称所导致的逆向选择和道德风险，还有利于管理融资风险。权证融资通过减少融资中的信息不对称，管理融资中的风险，达到提高公司融资效率的目的。

股权融资中是否采用权证这一融资工具具有信号传递效用。通过模型分析得出：在股权融资中那些质量好、真正需要资金的上市公司可以通过在增发中引入股本权证，向市场发送信号，从而将自己和其他类型的上市公司区别开来，以此提升公司的市场价值，并给自己带来更大的好处；而那些质量不佳或并不真正需要资金的上市公司如果在增发中引入股本权证，则面临很大风险，得不偿失。债权融资中是否引入权证也有信号传递效用，在债权融资中如引入权证，公司将面临债券还本付息和能否完成后续性股权融资的双重压力，双重压力向市场传递出公司质量上乘的信号。除此之外，能否采用权证融资，对发行公司有一定的质量要求，权证融资的筛选效用也能传递出公司质量好坏的信息。权证融资通过其信号传递机制能缓解融资中的逆向选择，有利于公司融资效率的提高。

2. 权证的“激励机制”对事后信息不对称的抑制

公司融资是资本资源的配置活动，资本资源的配置中存在着委托代理问题，委托代理问题的存在必然影响融资效率，要想提高融资效率，建立一个有效的激励机制，协调好委托代理双方的关系是十分重要和必要的，只有在一个有效的激励机制下才能使委托人与代理人的利益趋同，从而达到融资效率的提高。权证融资能分别就股权融资和债权融资建立起不同的激励机制以达到抑制融资中道德风险行为的目的。

股权融资中激励机制的建立。权证首先赋予投资者一种能约束管理者行为的选择权。该选择权的激励效用在于它增强了投资者与管理者之间的博弈，博弈次数的增加和博弈连续性的增强都能起到抑制经营管理者道德风险行为的效果。另外，权证融资还能使经营管理者与股东之间形成利益趋同的机制：公司业绩影响权证价值，权证价值决定投资者的投资行为，投资者行为决定公司筹资计划的完成与否，筹资计划的完成与否影响着公司投资决策的实施，最终影响到公司业绩。

3. 权证通过降低融资成本、遏制风险投资管理公司风险

（1）权证有利于公司降低融资成本。以权证融资的灵活性吸引投资者和“一次核准、分次融入”等优势实现降低筹措资金成本的目的；通过低成本发行证券、有效安排融入资金的用量和时间，通过免费获取权利金等手段以达到降低资金使用成本的目的。

（2）锁定市场利率风险。权证一方面利用标的物为远期利率协议的权证进行负债管理可以锁定未来的市场利率，避免未来融入负债资金时，可能遭受的风险。另一方面以利率上限、下限为标的物的认购权证可以锁定未来的市场利率，从而避免现在负债融入的资金在未来债务期内，因市场利率的变动而遭受的风险。

（3）降低战略性投资风险。在并购中使用权证融资，一则可以避免短期内公司大量现金的流出而造成的流动资金周转的困

难，二来可以避免举借债务带来的财务风险，第三还可以延迟并购公司股权的稀释，延迟股利的支付，在战略性持股中还可以利用认购权证或认沽权证进行风险防范。

4. 权证能优化公司融资的资本市场环境

权证融资之所以能优化资本市场环境，一是因为权证融资可以增强市场的流动性。海外市场实证研究表明公司利用权证融资时，权证的发行日和到期日，其标的资产市场的交易很活跃。权证作为一种融资工具还具有套利机制，它能激发权证的价格发现功能，当权证与标的资产间出现价格偏离时投资者可进行套利交易，这有利于标的资产价格回归至合理的价位，从而提高市场的定价效率。另外，权证交易的“解捆”特性既可以把风险分散化，也可以把风险有限化，还可以把内部风险外在化，把自己不愿意承担的风险转移出去。由于权证作为一种衍生金融工具，能将资本市场中的单个参与主体无法承担的大风险分散成多个参与主体承担的小风险，从而减少了整个市场的系统风险。

实证检验的结果：规模大的公司更倾向于发行权证。

（二）权证使用对公司财务政策的影响研究

1. 配送权证：有利于缓解再融资行为对股价的冲击

国内外的实证研究发现，增发（配股）在公告日对股价存在着明显的负效应，也就是说增发对市场来说是“利空”消息。该研究认为，就我国公司融资的背景看，再融资中的利益转移和中小股东的行为选择对股价的负效应有着较大影响，如果在再融资中利用权证进行配股，一方面可以在一定程度上防范再融资中利益的转移，另一方面对中小股东的行为有积极的引导作用，在一定程度上可以平抑因再融资而导致的股价异常下滑。

2. 股本权证可以增强股权融资的约束力

实证分析表明，上市公司持有过量的资金会激发管理者选择道德风险行为的动机，减少资金，特别是减少闲置资金可以在一定程度上遏制管理者的道德风险行为。如何既满足公司项目投资所需资金的供应，又不至于让资金大量闲置，最好的办法是采用权证进行融资。在权证融资方式下公司募集的资金具有“一次核准，分步实施”的优势，它能使上市公司募集到的资金可以根据公司发展的需要分步到位，从而有效地防止资金的闲置浪费。另外，通过权证融资还可以加强融入资金的事后约束力，在权证融资条件下，公司及其大股东的利益和投资者是否在到期之前执行权证密切相关，在权证有效期间，上市公司管理层及其大股东的任何有损公司价值的行为，都可能降低上市公司的股价，从而降低投资者执行权证的可能性，这将损害上市公司管理层及其大股东的利益，因此，权证将有效约束上市公司事后的败德行为，并激励他们更加努力地提升上市公司的市场价值。

3. 附认股权证公司债券：优化资本结构

融资优序理论认为企业资本结构选择的顺序应为：先内部融资，然后发行债券，最后才是发行股票。西方国家公司融资行为的实证研究也符合优序理论。同西方上市公司相比，我国上市公司的融资行为存在着明显的股权融资倾向，而相对忽视了债务融资。我国公司融资的顺序一般表现为：股权融资、短期债务融资、长期债务融资。这一融资顺序与现代资本结构理论所揭示的融资优序理论存在理论上的不符合事实上的背离，我国公司现有的资本结构需要改进和优化。权证融资能优化资本结构主要在于权证融资有利于国内债券市场的发展，公司债务比例的提高，延迟因股权融资而导致的股权稀释，增加公司融资理性。

（三）权证的公司治理绩效研究

该研究首先通过分析融资结构的公司治理效应以及权证产品对于融资结构的优化，得出理论假设：假定其他条件不变的情况下，因权证的应用可以引起的融资结构的变化，从而导致不同的融资结构所发挥的公司治理效应，提高公司治理绩效。然后，利用中国 A 股发行的数据来检验权证的公司治理效应，采用非参数检验法中经常被采用的 Wilcoxon 符号秩检验法进行纵向比较，结果表明，发行权证后，公司各层面的治理绩效指标均呈现上升趋势，其中，每股收益 EPS 和现金流动负债比例 RCOA 的上升程度最为明显，因此，可以得出结论：权证的应用可以提高公司治理绩效。

（四）实践中上市公司对权证的应用

1. 前股权分置改革时代，权证融资的目的在于配股

这一时期权证产品复杂混乱，权证融资异化现象严重。这一时期权证融资呈现如此特点的原因，一是股权分置下的同股不同价，国有股不能流通；二是权证设计不合理，缺乏必要的风险防范与控制机制；三是权证融资的市场条件不成熟。

2. 股权分置改革时代，权证融资的目的在于解决两类股东间的“对价”问题

股权分置改革时代，权证融资的效益体现在流通股股东能够从权证方案中获益，但获益的多少取决于权证上市后的市场价格和权证的行权价格以及标的股票的市场价格，非流通股股东除了在权证发行、存续过程中自身的信用担保外，作为权证发行方的大股东并不需要付出资金代价。

3. 股权分置改革结束后，公司采用权证促进证券融资顺利进行

通过权证配送减少资本市场即期扩容压力，开辟远期再融资渠道，促进公司股权融资或债权融资的顺利进行。

（五）上市公司权证应用的市场环境分析

上市公司利用权证融资是时代发展的必然，权证融资的参与主体即市场各方已为权证融资的进一步发展作了相应的准备，但还不够，权证融资要想得到进一步良性发展的话，还必须选择适宜的发展路径。通过适宜的发展路径进行权证融资的外部及内部制度建设，从而优化权证融资的市场环境，改善公司内部的制约机制及激励机制。

（1）根据权证融资主体的需求意愿，权证融资应该得到进一步发展。市场各方已为权证融资的进一步发展提供了可能，上市公司有发行权证进行融资的动力和技术支撑，市场需求也在日益增大，国内基础市场的发展为权证融资进一步发展奠定了基础，海外权证市场的发展为国内权证市场发展提供了借鉴。

（2）从权证市场最近的交易数据以及对比香港权证市场来看，内地权证市场已经累积了太多的风险，具体表现为权证的过高溢价水平、交易价格与理论价格偏离较大、理应衰减的时间价值不衰减，以及权证与正股关联性弱的特征。权证市场的高风险性既影响权证市场的健康发展，更影响公司权证融资的发展。

（3）上市公司完全自主决策完成权证融资，必须是一个渐进的过程。在这个过程中，关键是要加强制度与市场建设，为上市公司营造一个适宜的制度和市场环境。这个环境应为公司融资提供充分的自由活动空间，同时又能够对公司融资行为产生必要的约束，使企业在规范运作中自主决定权证融资，因此发展权证融资仍然需要政府的参与，但政府的参与不是直接去决定企业究竟采用什么样的融资安排，而是消除和改革那些不合适的制度障碍以及建立起符合市场经济原则的新规则。

（4）权证融资发展的制度完善和环境优化是一项综合性的系统工程，大致可分为企业外部制度与市场环境建设以及企业内部制度建设两大部分。前者包括的主要内容有：政府放松管制，刺激权证融资需求；进行制度创新，建立做市商制度；充分认识权证市场的风险，建立健全权证市场风险的有效控制机制；发展中介机构尤其是投资银行等方面。而后者则主要是指继续推进公司治理结构的改革，例如建立对大股东有效的制约机制，保障企业与中小股东利益不受侵害；建立起针对管理层的有效激励约束机制，以充分调动管理层的积极性，使管理层的投融资决策行为符合公司价值最大化的要求。内外环境建设相辅相成，缺一不可。

（六）权证对云南省投融资体制的影响和政策建议

该研究以案例分析方法分析了权证在云天化的应用及其影响：2007 年 3 月 8 日云天化发行分离交易可转债附认股权证。发行数量：5 400 万份；证券代码：580012；证券简称：云天化 CWB1；申请上市交易所：上海证券交易所上市；权证为欧式认购股本权证；权证到期日为2009 年3 月7 日；行权比例为1，即每1 份认股权证代表1 股发行人发行的 A 股股票的认购权利；行权价：18.23 元/股（不低于本次公告《募集说明书》日前 20 个交易日公司 A 股股票均价和前一日均价的 106%）；行权日期：认股权证持有人可以在 2009 年 2 月 23 至 2009 年 2 月 27 日、2009 年3 月 2 日至2009 年 3 月 6 日行权，行权期间停止交易。此次权证的发行主要是对可转债认购者附送的，对于可转债的顺利发行起到了一定的促销作用。其次，云天化 CWB1 本身的融资效果也得到了充分发挥，从权证的行权结果可以得出：云天化 CWB1 的行权率为 99.58%，融资大约为 9.8 亿元。

总之，云天化在发行分离交易转债中，使用权证一方面促进了分离债券的顺利发行，另一方面，通过权证持有人的行权（行权率高达 99.58%）再一次筹集到股权资金 9.8 亿元。截至

2009 年云南省共有 28 家上市公司，对于权证的应用仅有云天化一家。这是一个较低的数字，说明云南省对资本市场开发不够。鉴于上市公司与非上市公司相比有更多的融资渠道，更好的行业整合的机会，有将固定资产变现，将未来的预期提前折现的市场，并且上市公司在公司治理方面尤其具有优势，有制度化的管理体系，不会人亡政息。建议：

（1）借鉴西部其他省份运用资本市场应用权证的经验，鼓励有条件的公司发行上市。

（2）鼓励上市公司利用权证等衍生金融产品进行投融资管理。

（3）大力培育有关权证等衍生金融产品实务性人才。

三、研究成果的学术价值、应用价值及社会影响和效益

1. 学术价值——从研究范式、研究视角、研究工具上都体现了创新

从国内外理论研究现状看，现有的研究主要是从金融市场和投资者的角度，研究权证产品开发（种类与定价）、监管、投资者的运用以及权证市场的发展，研究的方法以规范研究和实证研究相结合。而从上市公司的角度出发，探讨权证这一衍生金融工具对公司财务政策和公司价值的影响的相关研究就显得非常匮乏。而本课题的学术贡献就在于从上市公司的视角出发，研究权证对公司投融资政策有何影响，公司对权证应如何应用，公司应用权证动机的机理，权证对公司融资成本、资本结构、股利政策的影响，权证在公司治理、高管人员激励中的效应，权证应用环境如何以及优化的技术路径。

研究范式上，实行三个结合：一是理论逻辑演绎与实证检验

相结合；二是历史、现状与推论相结合；三是现象、观点归纳与一般的理论抽象相结合，并遵循从问题的提出到揭示隐藏在问题背后的经济学逻辑，再到对策研究的基本范式。

研究视角上选择从融资者的视度：研究权证对公司投融资体制的影响，以及公司对权证的应用。

研究工具上：运用经济学、管理学、系统理论等多学科交叉进行理论推证，并采用广义实证研究方法进行检验与论证。在实证选择上，主要采用试点考察（个案分析）、建立经济计量模型等方式，使我们的研究结论与政策建议更加符合实际。

2. 应用价值——促进上市公司的发展

权证市场的发展，权证产品的不断推陈出新，已经极大地改变了公司的投融资环境，拓展了公司投融资选择空间，课题针对云南省的实际情况，剖析了云天化股份有限公司对权证的应用，从实际应用价值看，本课题的研究成果对政府、权证的各参与主体都有较好的参考价值，有利于促进云南省权证市场的发展，优化公司财务政策，提升公司价值，健全云南的投融资体制。

课题名称：权证对云南省上市公司投融资体制影响研究

课题负责人：刘　静

所在单位：云南财经大学

主要参加人：陈　璇　张丽萍　张永超　李瑞华　李品秀　罗　利

结项时间：2010 年 7 月 26 日

法理视角下我国独立董事制度的缺陷与功能的完善

一、课题研究的目的和意义

1. 研究背景及目的

独立董事制度作为上市公司治理的重要组成部分，在现代企业的发展中发挥着越来越大的作用，这已被西方发达国家公司治理的实践所证明。由于我国处在市场经济制度建设与完善的初期，各种制度设计及其功能的完善还有很长的路要走。就我国上市公司的治理制度而言，针对我国上市公司内部治理结构不健全的问题，中国证监会于2001年8月16日颁布了《关于在上市公司建立独立董事制度的指导意见》，标志着我国上市公司独立董事制度的建立。

中国证监会《关于在上市公司建立独立董事制度的指导意见》对上市公司独立董事的任职条件及应当满足的独立性、提名、选举、更换、职责等作了一般的限定；2002年1月中国证监会又颁布了《上市公司治理准则》，再次强调上市公司应按照有关规定建立独立董事制度。在其后的实践中，我国绝大部分上市公司按照证监会的要求建立了独立董事制度，独立董事制度的引入也确为我国上市公司的规范运作起到了促进作用，但由于我国的公司治理模式采取的是“二元制（双轨制）”模式：即董事会拥有决策权，监事会拥有监督权，照搬英美模式的独立董事制度，从引入伊始就伴随着各种法理层面的问题，学术界对独立董事制度理论与实施效果的争论一直存在。该课题在上述背景下，从法理角度探讨我国现行独立董事制度的缺陷和其功能的完善问题，以期对进一步完善我国独立董事制度设计和完善其功能提供借鉴。

2. 研究意义

该课题在借鉴前人研究成果的基础上，以法理视角，系统深入探讨我国独立董事制度存在的问题和缺陷，并提出改进独立董事制度设计、完善制度功能的具体措施和建议。对进一步完善我国独立董事制度，以及促进上市公司治理水平提升有一定的现实意义。

二、研究成果的主要内容、重要观点或对策建议

1. 主要内容

该课题研究内容主要分为五个部分：

第一章，独立董事制度概述。首先对独立董事制度的起源和发展作了简要回顾；其次，介绍了我国公司治理引入独立董事的背景，如所有者代表缺位、股权结构不合理、“内部人控制”问题、董事会失灵、监事会功能缺陷、国际发展的潮流；再次，对独立董事的含义和分类、独立董事与外部董事的区别与联系、独立董事的法律特征进行了介绍；最后，对独立董事制度在我国上市公司治理结构中发挥的作用作了总结评述。

第二章，从法理视角对发达国家独立董事制度进行了比较研究。首先，探讨分析了独立董事制度在一元制公司治理结构中的应用与实践，并以美英两国为例，详细地从独立董事在董事会中

的实施现状、独立董事的法律定位、独立董事的选任机制、独立董事的责权、独立董事的薪酬、独立董事的后备人选、独立董事与公司业绩的关系等方面对独立董事制度实施效果进行了研究；其次，探讨分析了独立董事制度在二元制公司治理结构中的应用与实践，并以日本为例，详细地从独立董事的法律规定、独立董事的任职资格、独立董事的责任的免除等方面对其实施效果进行了研究；最后，对德国上市公司治理结构中独立董事的实施效果进行了分析。

第三章，从法理视角探讨了我国现行的独立董事制度存在的问题和缺陷。主要包括独立董事人数少，比例低且多为兼职；独立董事选任机制存在缺陷；独立董事功能定位不明确；对独立董事权责的具体规定不够充分；独立董事制度与监事会存在冲突；对独立董事的激励不足；对独立董事缺乏有效的约束等问题。

第四章，提出了完善我国独立董事制度的政策与建议。针对以上研究中发现的问题，本章提出了具体可行的政策建议：完善独立董事制度的立法、完善独立董事的选任机制、对独立董事的功能正确定位、明确独立董事的权利与义务、协调独立董事制度与监事会的关系、完善独立董事的激励机制、加强对独立董事的约束制约等。

第五章，研究结论。任何一种制度的引入都不能简单地移植，必须与本国的具体国情相结合，进行必要的改造。我们应在吸取他人或国外成熟经验的基础上结合本国的实际情况来完善我国独立董事制度，促进其功能的有效发挥。

2. 重要观点

（1）独立董事制度被引入我国以后，其对完善我国的公司治理结构的确发挥了很大的作用。较好地制约了“内部人控制”，加强了内部制衡；很好地发挥了对董事会高层的监督作用，弥补了监事会的不足；对公司的重大战略决策提供了有价值的建议，促进了公司企业的良性发展。

（2）独立董事制度的法律依据要完备。要使独立董事制度更好地发挥作用，清晰严谨的法律法规是关键。通过完善我国独立董事制度法律法规，确定独立董事的法律地位，可以更好地激发独立董事参与企业治理的热情和责任。

（3）独立董事的选任机制要完善。对独立董事任职资格的界定、提名、投票需要改进，只有通过公平、公正的方式选举出来的独立董事才可能体现其应有的“独立性”。

（4）要充分认识独立董事的功能作用。独立董事的主要作用是监督制衡董事会，保护广大中小股东的利益，对公司高层战略决策提供客观、公正、独立的意见，但要避免独立董事沦落为仅向公司高层提供建议的顾问角色。

（5）正确处理独立董事与监事会之间的关系。监事会作为公司的常设机构应发挥事后监督、外部监督、经常监督的作用；而独立董事作为董事会内部的一员，参与了重大决策的全过程，应发挥事前监督、内部监督以及决策过程监督的作用。二者通过有效的分工与合作，可以更好地促进公司治理结构的完善。

（6）独立董事的权责应明确。要使独立董事充分参与公司的监督决策，透明信息的获取是必不可少的；除此之外，还要加强独立董事的监督权限，扩大独立董事的否决权。同时，对独立董事义务的规定也不能忽略，义务意味着责任，享有权利而不履行自己的责任义务就应受到惩罚。

（7）独立董事的激励约束要加强。本研究通过委托—代理模型研究得出如下结论：信息对称条件下的帕累托最优风险分担合同和最优激励可以同时实现；但在信息不对称条件下，股东并不能观测到独立董事的行为，其只能通过公司的产出或业绩来推断独立董事的行为选择，进而对独立董事奖惩。因此，对独立董事进行必要的激励是应该的。但独立董事作为理性的经济人，具有机会主义倾向，因而，强调独立董事激励的同时，还要加强对独立董事的约束。

3. 政策建议

（1）完善独立董事制度的立法。独立董事制度的良好运作离不开法律法规的支持，只有创造一个良好的内外部法制环境，其作用才能得到真正发挥。外部法律环境主要涉及国家的立法、执法、司法及行业自律几个方面；内部法律环境主要包括公司章程等规章制度、内部控制制度建设等方面。

（2）完善独立董事的选任机制。明确规定独立董事的任职资格；设立专门的权威机构对独立董事进行提名；采用累积投票制对独立董事进行选举。

（3）对独立董事功能进行正确定位。突出独立董事的独立性，主要定位于强化对控股股东及其派驻上市公司的董事、经营管理人员以及公司关联交易的监督、制衡、审查和评价。

（4）明确独立董事的权利与义务。扩大独立董事的权利，包括独立董事应享有充分信息获得权、加强独立董事的监督权、扩大独立董事的否决权；明确独立董事的义务，包括自觉履行诚信勤勉义务、对公司履行忠诚义务、自觉履行监督义务、对股东履行受托义务。

（5）协调独立董事制度与监事会的关系。独立董事与监事会在监控职能上各有优劣，功能互补；独立董事与监事会应相互制约、相互监督。

（6）完善独立董事的激励机制。提高独立董事的声誉激励；适当调整独立董事的报酬激励；为独立董事建立责任保险制度。

（7）加强对独立董事的约束制约。增加独立董事个人信息的透明度；强化独立董事职业道德约束；强化独立董事法律法规责任；充分利用独立董事长期激励的“双刃性”；组建独立董事行业组织，对独立董事业绩进行评级。

三、研究成果的价值

该课题从法理视角对我国上市公司独立董事制度的缺陷进行了深入研究，针对研究中发现的问题，提出了具有较强可操作性的对策和建议；同时，研究还梳理归纳了该领域的研究文献，为后续研究提供了较好的文献参考，具有较强的学术和应用价值。研究的阶段性成果，有两篇在省外学术期刊上发表，产生了一定的学术影响。

课题名称：法理视角下我国独立董事制度的缺陷与功能的完善
课题负责人：龙　超
所在单位：云南财经大学
主要参加人：贾中正　张　伟　陈永忠
结项时间：2010 年 7 月 26 日

宗教学

布朗族的宗教信仰与社会和谐研究

——以临沧市布朗族为例

一、课题研究的目的和意义

宗教是一种复杂的社会现象，常常与一定社会的经济、政治、文化、民族等问题交织在一起。宗教问题是当前我们构建社会主义和谐社会中不可回避的问题，尤其是在多民族、多宗教信仰并存的边疆少数民族地区和谐社会构建中显得更加重要。可以说，宗教一方面已成为今天我们构建和谐社会的重要资源，另一方面也成为我们需要认真考虑和对待的问题。

云南是一个多民族、多种宗教信仰并存的边疆省份，云南边疆民族地区的和谐与稳定，是构建社会主义和谐社会的前提和基础。布朗族是云南特有的跨境而居的少数民族之一，也是云南七个人口较少民族中分布地域最广、人口最多的民族，绝大部分都信仰南传上座部佛教及原始宗教，宗教信仰在布朗族的精神生活和社会生活中具有十分重要的作用，其宗教信仰和宗教问题在云南具有典型性和代表性。作为一个地处西南边疆的跨境民族，布朗族宗教和谐不仅关系到本民族自身的发展，而且关系到边疆民族地区的社会稳定与经济发展，关系到国家的边防巩固与长治久安。如果说云南边疆少数民族地区的和谐是社会和谐的重要前提，那么，人口较少民族地区的和谐是云南边疆民族地区社会和谐的重要保障，而宗教是否和睦则是影响社会和谐的一个重要因素。因此，能否正确认识和解决好布朗族的宗教问题，关系到云南和谐社会的建设，而能否正确认识和解决好云南的宗教问题，则关系到社会的稳定与国家的长治久安。

为此，本课题利用民族学、人类学、宗教社会学、历史学等学科理论知识，采取田野调查、个案研究与档案文献相结合的方法，通过对临沧市布朗族宗教信仰的个案研究，探讨多民族、多宗教信仰地区构建和谐社会中面临的难点和突出问题，提出构建和谐社会的对策措施，为云南民族文化强省建设和全面建设小康和谐社会提供典型的案例和理论依据。从这个意义上来讲，本课题具有较强的现实意义和理论价值。

二、研究成果的主要内容、重要观点或对策建议

（一）主要内容

临沧市是一个多民族聚居的边疆地区，有彝族、佤族、傣族、拉祜族、布朗族、德昂族等多个少数民族跨境而居。由于历史等多方面的原因，临沧市各民族之间以及各民族内部的社会经济发展极不平衡，特别是布朗族等跨境民族的经济社会发展相对缓慢，受异质文化的影响较小，因此，文化多样性及文化多元的特点显著。同时，临沧与东南亚多个国家山水相连，边境线较长，除了各民族普遍信奉的原始宗教外，还有佛教、道教、伊斯兰教和基督教等外来宗教，民族间因利益关系、风俗习惯、宗教信仰等因素引发的摩擦仍然存在，境外敌对势力利用民族和宗教问题进行破坏的活动从未间断，边境地区渗透与反渗透、分裂与反分裂的斗争形势十分严峻，是云南省宗教工作的重点地区之一。正是由于临沧特殊的地理环境和异彩纷呈的民族文化，使得

临沧的跨境民族问题在云南乃至全国都具有典型性和代表性，跨境民族在风俗习惯、宗教信仰等方面保持着与其他民族不同的文化特征，呈现出独特的民族文化。

本研究成果主要包括临沧市布朗族的宗教信仰及其变迁；临沧市布朗族的宗教信仰对社会生活的影响；布朗族宗教信仰中的和谐思想与构建和谐社会的关系；通过发挥宗教的积极作用促进社会和谐的途径及对策措施。

（二）重要观点

通过研究，课题组得出了这样的观点：第一，宗教和谐是社会和谐的前提。构建和谐社会是一项系统工程，牵涉到当今社会的方方面面。宗教作为社会的一个子系统，与社会这个大系统和其他子系统之间存在一种互动的关系，宗教和睦与否对社会和谐有着重大的影响。第二，边疆稳定是社会和谐的保障。边疆民族地区的社会稳定，不仅关系到一个地区的经济发展、社会进步和民族团结，也关系到国家的边防巩固、政治稳定，关系到我国构建社会主义和谐社会的大局。第三，经济发展是社会和谐的基础。要促进社会与宗教和谐，就必须坚持以经济建设为中心，加快边疆少数民族地区经济社会的发展，逐步缩小边疆民族地区与其他地区的差距，确保人民群众安居乐业，确保民族团结、边疆稳定与社会和谐。第四，引导布朗族宗教信仰与社会主义社会相适应是构建和谐社会的重要途径。构建社会主义和谐社会，必须要引导宗教与社会主义社会相适应，积极发挥宗教在促进边疆民族地区经济发展和民族团结等方面的作用。第五，防止和抵御境外敌对势力的宗教渗透是一项长期而艰巨的任务。布朗族是一个跨境民族，与东南亚多个国家的布朗族长期保持着友好往来，特殊的地理条件，使得境外敌对势力将这些地区作为对我国进行渗透的重要通道，我们要注意防止和抵御境外敌对势力对我边疆民族地区的宗教渗透。

（三）对策建议

通过研究，课题组提出以下对策建议：全面贯彻宗教信仰自由政策等相关法律法规；积极引导布朗族宗教信仰与社会主义社会相适应；加强政策支持，促进布朗族地区宗教文化的复兴；正确处理好布朗族宗教信仰中的两个关系；积极发挥宗教的积极因素为构建和谐社会服务；加强领导，提高认识，进一步做好抵御境外宗教渗透工作。

三、研究成果的学术价值、应用价值及社会影响和效益

建设和谐社会始终是人类孜孜以求的目标。党的十六届四中全会提出了构建社会主义和谐社会的重大任务，中共十六届六中全会则进一步提出了和谐社会的总目标，即建设一个“民主法治、公平正义、诚信友爱、充满活力、安定有序、人与自然和谐相处”的社会，它既包含社会关系的和谐，也包含人与自然的和谐，是一个经济、政治、文化协调发展的社会。宗教是一种社会文化体系，它受制于社会整体，又反作用于社会。宗教作为社会的一个子系统，与社会这个大系统和其他子系统之间存在一种互动的关系，宗教和睦与否对社会和谐有着重大的影响。作为社会的重要组成部分，宗教自身能否和谐，宗教与社会其他方面能否和谐，不仅仅关系到宗教能否健康发展，而且关系到整个社会能否健康运行。因此，正确认识和处理好宗教问题是构建和谐社会的重要内容。

本课题通过对临沧市布朗族宗教信仰的个案研究，探讨多民族、多宗教信仰地区构建和谐社会中面临的难点和突出问题，提

出构建和谐社会的对策措施，为云南民族文化大省建设和全面建设小康和谐社会提供典型的案例和理论依据。

《临沧市布朗族的宗教信仰与社会和谐研究报告》是课题组成员在多次对云县、双江县、永德县等地布朗族进行实地调查的基础上，经过反复修改之后完成的，是一篇较为系统地反映临沧市布朗族宗教信仰及其与和谐社会构建之间关系的研究报告。该课题研究不仅可以丰富民族学、人类学、宗教社会学等学科内容，开拓布朗族的学术研究领域和研究视野，而且可以为其他人口较少民族地区构建和谐社会提供有益的借鉴和启示。

课题名称：布朗族的宗教信仰与社会和谐研究——以临沧市布朗族为例
课题负责人：黄彩文
所在单位：云南民族大学
主要参加人：李　杰　颜　砾　黄晓赢　高　朋　杨黎雀　代国林
结项时间：2009 年 11 月 4 日

社 会 学

云南少数民族传统社会和谐文化的现代价值研究

中华历史上曾有过多种多样和谐社会的设想，从不同侧面为今天建设社会主义和谐社会留下了可供借鉴的传统文化资源。构建和谐社会理念，是对传统社会和谐思想的继承和发展。近几年来，各界围绕构建社会主义和谐社会的一系列理论和实践问题，从思想理论溯源和借鉴、发展传统社会和谐文化方面开展了广泛的研究和探索，取得了一些初步的成果。

但要借鉴和继承、发展中华历史上有利于社会和谐的传统文化，需要进一步研究解决的问题还很多。如本质上带有旧社会性质的、空想的、非科学的、乌托邦式的传统和谐文化是否能够和怎样能够适应社会主义和谐社会建设需要的问题。类似这样一些问题目前还没有得到足够的关注和深入的研究。而这些问题不解决，就谈不上有效地借鉴、利用，更谈不上科学地继承和发展。

云南是一个多民族的省份，各民族历史上也曾有过多种多样的和谐社会思想和传统文化，在云南尤其是少数民族地区和谐社会的建设中将会产生重大的作用和深远的影响，是建设和谐云南和民族文化强省不可忽视的传统文化因素和重要资源，研究利用好了，可以产生积极的作用，否则可能成为消极因素。而我们对云南各少数民族传统文化中的和谐文化因素及其对云南少数民族建设社会主义和谐社会具有什么可供借鉴的传统文化资源，还缺乏系统、深入的研究和认识。本课题研究的目的和意义即在于通过对云南少数民族传统社会和谐文化的系统研究，全面了解和掌握少数民族传统文化中有利于促进社会和谐的内容，深入挖掘其现代内涵和借鉴价值，汲取其合理的思想内核，从实践上达到促进云南少数民族传统社会和谐思想的继承和发展的目的；从理论上起到系统推进云南少数民族传统社会和谐文化及其现代价值的深入研究和开发的作用。

该课题在广泛收集、总结以往相关调查研究成果的基础上，针对当前理论研究和具体实践中存在的主要问题和不足，从两个大的方面开展了重点调查和深入研究：一是对丰富多彩的云南少数民族传统社会和谐文化的总体研究和把握；二是对云南少数民族传统社会和谐文化的现代价值的总体研究和评价。

该课题在大量少数民族个案比较研究的基础上，把丰富多彩的云南少数民族传统社会和谐文化概括区分为两个大类。一类是反映和解决人与自然的关系问题；一类是反映和解决人与人的关系问题。

关于人与自然的关系，概括区分为三个方面：（1）人类与自然万物相互依存、共同发展；（2）尊重自然、顺应自然、合理利用自然；（3）爱护自然、理性消费、节约资源。

关于人与人的关系，概括区分为四个方面：（1）追求人生和美，家庭和睦，社会安宁；（2）综合运用民族规约、习惯、道德、情感、宗教等柔性治理手段；（3）隐忍退让，寻求与世无争的“世外桃源”；（4）以节日、歌舞、文体、娱乐活动等形式交流思想、化解矛盾、传递友情。

该课题研究在对丰富多彩的云南少数民族传统社会和谐文化进行归纳概括和总体把握的基础上，对云南少数民族传统社会和谐文化的现代价值从四个方面作出了概括的评价：（1）有助于云南少数民族地区民主法治建设的推进；（2）有助于促进云南少数民族地区的公平和正义；（3）有助于建立、发展少数民族地区的诚信友爱关系；（4）有助于建立、发展少数民族地区人与自然和谐相处的关系。

古往今来云南众多少数民族之所以能够长期共存，其思想文化根源就在于各民族传统的和谐共存观念不但源远流长，而且贯穿于各民族文明的历史进程，渗透于各民族思想文化的各个领域和各个层面，成为各民族自古及今不断孜孜以求的社会理想，对各民族世界观、人生观和社会生活产生了极大的作用和深刻的影响。和谐相处是云南各民族互相依存的共同精神基础。

云南各民族传统社会和谐文化不仅是一种理想，不仅只存在于各民族历代圣贤的思想言论里，而且以各种形式和途径，或显或隐、自觉或不自觉地指导和作用于各民族的社会生活实践，对云南地方和各民族的社会历史产生过深刻的影响，积累了丰富的实践经验。对云南少数民族传统社会和谐思想的时代内涵和借鉴价值的发掘，应扩展到各民族社会生活实践的各个层面，如法律制度、乡规民约、风俗习惯、历史事件及其发展变化的历史脉络中去，把少数民族传统社会和谐文化的研究置于各民族社会历史发展之中。

在丰富多彩的少数民族传统社会和谐文化及其实践经验中，不仅有精华，也有糟粕，我们不但要寻找、吸收成功的精华，也要辨析、剔除其糟粕。

云南少数民族的传统社会和谐文化与我们今天要构建的社会主义和谐社会虽然有着割不断的历史联系，但我们要建设的社会主义和谐社会与云南少数民族的传统社会和谐思想及实践却有着本质的区别。各民族历史上的社会和谐思想及实践本质上是非科学的空想，是无法实现的乌托邦。因此，即使是在历史上产生过积极作用和影响的社会和谐思想及实践经验，也不可能照搬照抄到社会主义和谐社会建设中来。我们应当从云南少数民族地区社会主义和谐社会建设的实际出发，通过全面系统的研究，汲取各民族传统文化中的积极因素，深入发掘其现代内涵和价值，赋予其新的生命力，才能古为今用，为建设社会主义和谐社会产生积极的作用。

该研究成果有以下几个方面的学术价值和社会效益：

（1）有助于推进云南少数民族传统社会和谐文化及其现代内涵和借鉴价值问题的系统研究。近几年来有关社会主义和谐社会问题的论著和云南少数民族传统和谐文化个案的零星论述虽多，却还没有对云南少数民族传统社会和谐文化及其现代内涵和借鉴价值问题的系统研究。本成果通过对云南少数民族传统社会和谐文化的系统研究，深入挖掘其现代内涵和借鉴价值，从而能起到系统推进云南少数民族传统社会和谐文化及其现代内涵和借鉴价值研究的作用。

（2）有助于云南少数民族传统社会和谐思想的继承和发展。本成果研究内容包括了云南各少数民族历史有关社会和谐思想与实践的主要内容、来龙去脉、作用影响，通过系统、全面的分析研究，有助于分清其是非得失、精华糟粕和深入挖掘少数民族传统文化中有利于促进社会和谐的内容，汲取其合理的思想内核，因而有利于云南少数民族传统社会和谐思想的继承和发展。

（3）有助于深化对云南少数民族地区社会主义和谐社会建设的理论与实践问题的认识，探索边疆民族地区建设社会主义和谐社会的科学方法、途径，提高各族人民构建社会主义和谐社会的能力。经过千百年发展、积淀，具有深厚传统文化底蕴和丰富思想内涵的云南少数民族传统社会和谐思想及其实践经验中，蕴藏着可供我们开发利用的丰富资源。各民族传统社会和谐文化与我们今天要构建的社会主义和谐社会有着割不断的联系。本成果把云南少数民族传统社会和谐文化作为构建社会主义和谐社会理论研究的一项重要任务，注意研究和借鉴各民族历史上关于社会建设问题的积极成果，深化对民族地区社会主义和谐社会建设的理论与实践问题的认识，因而能为探索云南边疆民族地区建设社会主义和谐社会的科学方法、途径，提高民族地区构建社会主义和谐社会的能力起到积极的促进作用。

（4）有利于弘扬云南各少数民族和中华民族传统文化精神。构成中华民族的56个民族中有25个少数民族世居云南。云南少数民族传统文化历来崇尚和谐，认为千差万别的大千世界是一个和谐共存的统一体。追求人与人、人与自然的和谐统一，成为中华各民族历来孜孜以求的理想。各民族的历代先贤正是在这种不懈的追求中，创造了各自特色鲜明、丰富多彩、博大精深的民族传统文化。社会和谐思想，是中华各民族传统文化精神的精髓。对云南少数民族传统社会和谐文化及其现代内涵的系统研究，有助于弘扬云南各民族和中华民族传统文化精神。

（5）有利于云南民族地方特色学科的丰富和发展。课题通过对云南少数民族传统社会和谐文化及其现代内涵的全面、系统的挖掘和研究，有利于丰富具有云南地方民族特色和区域乡土特色的社会学、民族学、政治学等特色学科的内容，拓展新的研究方向。

课题名称：云南少数民族传统社会和谐文化的现代价值研究

课题负责人：马　经

所在单位：云南民族大学

结项时间：2010年1月21日

金沙江下游三大电站建设对昭通市农村生计模式影响及贫困缓解研究

一、课题研究的目的和意义

作为三峡电站配套工程的金沙江下游向家坝、溪洛渡、白鹤滩三大水电站（以下简称“三大电站”）的建设正在逐步推进，这是国家“西电东送”的骨干工程，建成后发电、防洪、拦沙、航运、灌溉等综合效益巨大，同时，对昭通市农村生计模式影响及贫困缓解具有深远的影响。

随着三大电站建设的推进，昭通市农民对生存资料的获取方式有了很大的转变，他们的风俗习惯、社会关系、文化生活等也会有所改变。在把握相应的自然、经济及文化背景的情况下，通过对昭通市贫困人群生计模式变迁的考察，有助于开发性扶贫及贫困缓解问题的深入研究并形成相应的对策。

通过研究证实，单一性的反贫困对策对处于不同经济发展阶段的农村贫困问题难以产生最优的政策效应。针对在大型水电站建设背景下生计模式变迁的研究，有助于理解农村开发性扶贫的有利及不利影响，有助于获得解决贫困问题的可行方案和有效对策。通过探析生计模式变迁过程中的贫困问题形成机理，有助于形成云南农村开发性扶贫的对策机制，有助于云南农村经济与社会又好又快发展的策略选择。

二、研究成果的主要内容、重要观点或对策建议

课题研究内容共四章。各章主要内容、重要观点或对策建议简介如下：

第一章：金沙江下游三大电站建设初期昭通市农村的状况评析。首先，介绍昭通市自然经济地理和昭通市农村人口及种养殖业地理分布基本情况。其次，重点分析三大电站建设初期昭通市农村基本生计状况及其特点。认为尽管家庭联产承包在初期取得了解决温饱的积极作用，但随着人口增加，人均耕地减少等问题的加剧，贫困作为困扰昭通市农村发展的问题从根本上并没有得到实质意义上的缓解。昭通市农村贫困的五大生计特点：一是农户赖以维持生计的自然资本受到不可抗拒的因素影响较大；二是农户所拥有的物质资本不具有转换性；三是农户没有金融资本积累；四是农户缺乏对人力资本进行投入的能力；五是农村社会资本薄弱。总之，在三大电站建设初期，昭通市农民的生计来源还是以传统农业生产收入为主，农村整个生计系统的脆弱性以及资产配置转换的有限性是其之所以贫困的典型特征。但随着整个社会改革开放的不断深入和社会生活的变迁，尤其是随着 20 世纪 90 年代打工潮的兴起，昭通市农村新的生计模式已在孕育中。最后，通过 2003 年以来政府部门公布数据中一个特困村案例——巧家县威宁村的状况来分析说明三大电站建设初期昭通市农村贫困状况，在此基础上对三大电站建设初期昭通市农村贫困状况展开评析。昭通市农村深度贫困的原因主要是自然生态环境脆弱；基础设施薄弱；生产生活条件恶劣；劳动力文化素质较低；农村一家一户小规模经营生计模式的局限性日益突出；扶贫开发不同程度地存在不到位或错位现象等。对昭通市农村贫困状况的

基本看法是昭通市农村贫困面大，贫困程度深，仍然是云南省缓贫、扶贫工作的主战场。

第二章：金沙江下游三大电站建设过程中昭通市农村生计模式变迁及评析。进入21世纪，随着金沙江下游三大电站获得立项并逐步进入建设过程，加速了昭通市农村生计模式的变迁，同时也加速了昭通贫困片区贫困缓解的进程。首先，分析三大电站建设过程中昭通市农村主要人均指标。其次，对三大电站建设过程中昭通市农村生计状况抽样调查进行深入分析的基础上，重点探讨了三大电站建设过程中昭通市农村生计模式类型。把昭通市农村生计模式具体划分为6种类型，即公干家庭生计模式、农商家庭生计模式、农工家庭生计模式（或叫农民工家庭生计模式）、纯农业种植养殖家庭生计模式、非农业经营户生计模式、综合型生计模式。并对6种生计模式进行了具体阐述。再次，对三大电站建设过程中昭通市农村生计模式变迁趋势进行重点评析。评析具体以三大电站建设初期昭通市农村生计模式6种类型为参照，选取较有代表性的永善县桧溪镇强胜行政村为重点调研对象，以实地调研所得情况为主要依据，结合其他相关材料，对昭通市农村不同生计模式类型生计状况变迁趋势分析：单一生计模式向多元化变迁；农工家庭生计模式逐步成为大多数农村家庭选择的生计模式；靠补偿资金维持生计的农民在不断增多；农民生活方式正向城市靠拢；农户生计来源渠道有所拓宽。最后，在上述分析基础上提出重要观点：选择适宜的生计模式是贫困地区贫困缓解的重要策略之一。对这一观点作了如下概括：一个社会的生产力水平发展到一定阶段，必然带来其生计模式的变迁。生产力水平越是向前发展，人们的生计模式可选择的空间就越大，生计模式的变迁就越快。当然，生计模式的变迁往往慢得多，生计模式的历史性大大超过了其现实性。对于具体的群体、家庭而言，选择什么样的生计模式，对其生计状况具有直接的影响。从

“昭通市永善县桧溪镇强胜村11个社（村民小组）农户生计模式类别及状况统计表”所反映的381户农户的情况来看，选择“纯农业种植养殖家庭生计模式”的农户是最难脱贫的农户，并且，这一类型农户脱贫后也是最容易返贫的农户。相反，选择“农商家庭生计模式”和“农工家庭生计模式”的农户，往往都能稳定脱贫，并且其返贫的风险也较小。因此，生计模式变迁过程中，贫困问题形成与选择生计模式有着直接的关联性，选择适宜的生计模式是贫困地区贫困缓解的重要策略之一。

第三章：金沙江下游三大电站建设对昭通市农村经济拉动及对贫困缓解评析。三大电站建设是昭通市全面实现跨越式发展的千载难逢的机遇，也是昭通市农村经济发展千载难逢的机遇。首先，三大电站建设带来了巨大投资，其对昭通市农村经济发展的拉动及对贫困缓解的主要贡献表现在：地方财政税收大幅增加；地方生产总值大幅增加；改善基础设施；促进农业产业结构调整；有效转移农村剩余劳动力，增加农民收入；推进城乡经济社会一体化进程，带动第三产业的发展等方面。三大电站建设将为昭通市经济和社会发展打下坚实基础。其次，三大电站建设对昭通市农村经济发展及贫困缓解也有其负面影响，主要是移民面临再一次贫困的问题；因移民的可持续生计而引发一系列社会问题；现行的经济补偿机制还有待于完善。最后，三大电站建设对昭通市农村经济的拉动和缓贫的作用是明显的，我们要充分利用三大电站这类重点工程的建设对地方经济建设的发展作出积极贡献，同时，也要尽力克服其负面影响，使其负面影响最小化。昭通市要以三大电站建设为契机，抓住国家将继续加大对中西部投资力度的机遇，加快昭通市缓贫、脱贫进程，促进昭通市经济又好又快发展。重点应抓好以下几个方面的工作：加强基础设施建设；积极调整农业产业结构；加大农村人力资源培训力度，增加农民就业率；吸引更多投资者，推动旅游业的发展和城镇化进程。

第四章：作为研究补充的思考与建议。首先，对昭通市贫困形成机理作思考性分析的基础上，把昭通市贫困形成机理概括为：自然资源匮乏、自然环境恶化；人口过度膨胀、人口素质低、老弱病残问题突出；基础设施薄弱、生产手段落后；生计模式传统、生计来源单一等。其次，从对策建议的角度提出要引导农户选择最适合自己家庭发展的生计模式；对扶贫成功经验要反思；要重视缓贫、扶贫行为中存在的问题；缓贫、扶贫对策的针对性要强等观点，并对几个观点作了具体解说。比如，在对“缓贫、扶贫对策的针对性要强”观点的具体解说中尤其强调：转变农业生产方式是农村未来真正脱贫的唯一出路，是农村未来可持续发展走向农业现代化的根本途径。转变农业发展方式事关农业发展的质量和效益，事关贫困农村的发展前途，事关贫困农民的脱贫致富。对昭通市农村来说，转变农业发展方式就是要使农业生产实现三化，即产业化、标准化、市场化。

三、研究成果的学术价值和应用价值

（1）课题较为全面地从社会学角度分析昭通市农村生计问题，在昭通市哲学社会科学界尚属首次，为昭通市社会学研究开辟了新的研究领域。

（2）本着求真务实的科学精神，以大量田野材料为基础，创新地提出当前昭通市农村普遍存在的 6 种生计模式类型，6 种生计模式类型在云南省及整个西部地区具有普遍性，可以在实践中得到验证。其提出有助于为研究西部农村问题提供模式类型设计的参考。

（3）通过实证分析，发现了一个基本事实：生计模式变迁过程中，贫困问题形成与选择生计模式有着直接的关联性，选择适宜的生计模式是贫困地区贫困缓解的重要策略之一。这一基本事实的发现，不仅为贫困地区贫困缓解工作提供了一种新思路，也对研究农村贫困问题有借鉴和参考价值。

（4）针对在大型水电站建设背景下生计模式变迁的研究，有助于理解农村开发性扶贫的有利和不利影响，有利于获得解决贫困问题的可行方案及有效对策。通过探析生计模式变迁过程中的贫困问题形成机理，有助于形成云南农村开发性扶贫问题的对策机制，有助于云南农村经济与社会又好又快发展的策略选择。

（5）“作为研究补充的思考与建议”，对相关部门的决策与研究工作有一定的参考价值。

课题名称：金沙江下游三大电站建设对昭通市农村生计模式影响及贫困缓解研究

课题负责人：曹先林

所在单位：中共昭通市委党校

结项时间：2010 年 5 月 10 日

云南农村困难群众住房保障制度研究

一、课题研究的目的和意义

（一）研究目的

住房保障制度是世界各国普遍采用的一项社会政策，主要针对社会上买不起又租不起房子的社会弱势群体而建立的保障性住房制度。我国的住房保障虽作为整个社会保障体系的重要组成部分，却滞后于其他社会保障（如医疗、养老）的发展，已成为整个社会保障体系的薄弱环节。

目前有关住房保障制度的研究，学术界主要关注的是针对城镇贫困家庭和低收入家庭的经济适用房和廉租住房的研究。在农村贫困家庭住房保障上，目前政府只有一些零星的救助措施，尚没有形成制度性的保障，且学术界关于农村贫困家庭住房保障制度的研究寥寥无几。

所以，课题组选取《云南农村困难群众住房保障制度研究》作为研究视点。目的在于通过调查，研究农村贫困家庭住房需求及提出农村住房保障的框架，丰富农村住房保障问题的研究，尽可能为制定农村贫困家庭住房保障政策提供一定的依据和建议。

（二）研究意义

住房问题是最基本的民生问题，居住权利是公民基本人权的重要组成部分。党的十七大报告明确提出，我国社会建设的重要目标之一是实现“住有所居”，保障人民的居住权。根据“弱者优先”的社会公平原则，在解决住房问题的过程中，应该优先改善贫困家庭的住房状况。目前，我国城镇贫困家庭住房保障已有规范的制度安排，但农村的贫困家庭却缺乏制度化的住房保障。因此，探索和研究农村贫困家庭的住房保障问题，是全面建设小康社会和完善农村社会保障体系不可回避的重要课题。

选题《云南农村困难群众住房保障制度研究》体现了党的十七大报告中“住有所居”这一以改善民生为重点的精神，并结合云南民族大省的实际情况，通过对云南农村困难群众住房保障制度的研究，充分贯彻党的十七大精神，使该精神真正落到实处，弥补当前住房保障制度研究在农村的空白，对促进云南住房保障政策的发展起到一定作用，推进云南的稳定和发展，建设和谐云南。

云南由于其自然生态环境和社会人文环境的特殊性，决定了其社会保障的城乡差异性。所以研究云南农村困难群众住房保障制度，具有以下理论意义和实践意义。

1. 理论意义

（1）关注云南农村困难群众的住房保障，缩小城乡社会保障的差距，体现社会公平，构建云南农村困难群众住房保障制度框架。

（2）丰富和完善农村社会保障体系的研究内容和领域。

2. 实践意义

（1）为政府制定农村困难群众的住房保障政策提供实证依据。

（2）为政府制定农村困难群众的住房保障政策体系提供合理建议。

二、研究成果的主要内容、重要观点或对策建议

（一）研究成果的主要内容

本课题研究的是农村贫困家庭的住房保障问题，研究成果的主要内容为：

（1）对学术界有关我国住房保障问题的研究成果进行系统梳理，为接下来农村住房问题的研究提供一定的学术依据和参考，同时发现学术界对农村住房保障研究的不足，强化了本课题研究的意义所在。

（2）云南农村贫困家庭住房政策概述，包含我国农村住房政策概况、我国农村贫困家庭的住房政策概况、云南农村贫困家庭住房政策概况三部分内容。通过现有政策的罗列，简要分析其存在的利弊，得出住房保障是利国利民的民生工程，而住房保障工作在城镇轰轰烈烈开展的同时，农村住房保障却只有一些零星的补助性措施，缺乏制度性保障的论断。

（3）对云南农村贫困家庭住房现状进行调查，以民族自治县为例，通过调查问卷的前期试调查和最终入户调查（选取元江哈尼族彝族傣族自治县作为问卷调查点）之后，利用 SPSS 统计软件进行分析，得出调查统计数据，归纳出目前农村贫困家庭住房现状及存在的问题，最终得出元江县农村贫困家庭个案的住房保障需求情况。

（4）元江县解决农村贫困家庭住房问题的政策分析。含元江县解决农村贫困家庭住房的政策、元江县农村贫困家庭住房政策的效果、元江县农村贫困家庭住房政策的局限性分析三部分内容。

（5）在文献资料、数据统计资料等充实的前提下，通过研

究，得出农村贫困家庭住房保障得以构建的理论依据及意义所在，并最终得出本课题的重点，也是难点研究内容：农村贫困家庭住房保障制度的框架，含住房保障对象（保障主体）、住房保障原则、住房保障标准、住房保障方式、住房保障资金、住房保障的管理、住房保障的监督、住房保障的立法等具体内容。

（二）研究成果的重要观点

课题最突出的是针对目前尚缺失的农村贫困家庭住房保障进行系统研究，并在研究后提出了系统的农村贫困家庭住房保障框架及具体内容。从住房保障对象（保障主体）到住房保障立法的整个农村贫困家庭住房保障框架的分析，课题组都针对性地提出了研究的观点及建议。

该课题研究内容体系完整，有一定的逻辑性，且农村贫困家庭住房保障框架的构建，涵盖内容全面，能涉及住房保障的方方面面，并能在整个住房保障立法缺失的前提下，提出农村住房保障立法的完善这一建议。

三、研究成果的学术价值、应用价值及社会影响和效益

目前学术界针对农村贫困家庭住房保障的研究只有零星的几篇文章，尚没有形成对农村贫困家庭住房保障的系统研究。

课题组则立足于农村贫困家庭的住房现状，解读现有农村住房政策的不足，在分析了构建农村贫困家庭住房保障的理论依据后，阐明构建农村贫困家庭住房保障的意义所在，并最终提出农村贫困家庭住房保障的框架。

所以，课题的研究可以弥补住房保障在农村的研究不足，丰富和完善农村社会保障体系的研究内容和领域，最终的研究成果：农村贫困家庭住房保障制度的基本框架，能为政府制定农村

贫困家庭住房保障制度提供一定的理论依据和合理性建议，具有一定的学术价值。

同时，农村贫困家庭住房保障制度最终的构建，将体现政府的民生工程，体现政府对农村贫困家庭的关注及我国社会主义新农村建设的重视，同时又具有一定的应用价值，它的实施将带来很好的社会影响力和效益。

课题名称：云南农村困难群众住房保障制度研究
课题负责人：师元梅
所在单位：云南师范大学
主要参加人：王妮丽　王茂美　邓成梅　韩佳宏　孙光玲
王阳娟　吴晓芸
结项时间：2010 年 5 月 19 日

法　学

印度市场准入政策研究

一、课题研究的目的和意义

印度是南亚地区的主要国家，20 世纪 90 年代之前，忙于战争和发展军事力量，90 年代之后，才开始注重经济发展。目前印度正在大力吸引外资，大量的中国企业开始将目光投向这块古老而充满商机的大陆。但是，印度在吸引外资过程中过分强调国家安全及民族工业的保护，对外资的进入有诸多的限制，因此，投资印度首先是要对其市场准入法律制度有所了解。不少投资印度的中国企业经历了不少失败和挫折，这主要是因为对印度市场准入政策及其与之相关的法律制度了解不足。云南位于东亚与东南亚、南亚次大陆的结合部，欲建成“东连黔贵通沿海，北经川渝进中原，南下越老达泰柬，西接缅甸连印巴”的快捷、便利的国际大通道及连接东南亚和南亚国家的桥头堡。要实现这样的宏伟蓝图，云南在研究印度的相关投资法律制度和收集法律资讯方面，也应该走在全国前列。该课题立足于云南的区位优势，着眼于现实的需求，运用国际经济法的理论原理，依据 WTO 的基本原则来整理、分析和评价印度市场准入政策，其研究工作具有一定的理论价值和现实意义。

二、研究成果的主要内容、重要观点或对策建议

（一）研究的对象与视角

1. 研究对象

从东道国角度看，外国投资的市场准入，即外资准入，是指一国允许外国投资者进入的自由范围和程度；从投资者角度讲，外资准入就是指国际直接投资进入东道国管辖领域的权利和机会。其实质是东道国有权从本国利益出发，自行决定是否允许外国投资进入的领域和条件。其内容主要包括投资领域，对外国投资项目的审批和企业设立等。

对东道国来说也可以通过对这些方面的控制使外资的利用最有利于国内经济的发展。出于维护国家经济主权的考虑，世界上各个国家无论开放程度大小，几乎都对外资在市场准入上有所管理和规制，只是程度不同而已。

2. 研究视角

首先，如上所述，外国资本的准入与外国资本的待遇是国际投资法领域中的两个既相互区别又相互联系的基本问题，它们相互交叉地体现在东道国的外资政策或外资法中的有关投资领域、股份比例、外汇管制与税收待遇等政策与法规之中，所以，要想准确地把握一国的外资准入政策，就必须对该国的整个外资政策与外资法律制度作出全面的分析与论证。为此，课题“以外资法为中心”的视角来讨论印度的市场准入政策。

其次，纵观国际投资与国际贸易发展的历史，无论是发达的市场经济国家，还是改革中的市场经济国家，开放与管制是各国对外国资本与国外商品的基本态度，并且总是根据本国的经济现状与发展的需要灵活地在开放与管制之间作出选择，而且在多数

情况下，开放与管制的政策规定或法律规定混合使用，从而使外资政策与外资法具有同样的地位与作用，这可以说是国际经济法的一大特点。为此，课题在讨论印度的外资政策与外资法时，对政策与法不作严格的区别，仅采用它们的外延概念加以论证。

（二）主要内容与评价

1. 印度外资法的沿革

印度从1991年开始实行“新经济政策”，放宽限制和引进外资政策，这是印度直接投资大飞跃的开端。印度政府自独立后就着手制定利用外国直接投资（FDI）的政策，并根据不同需要、结合社会政治经济状况采取相应的外资政策。根据外资政策的差异，可将印度的外资政策以1991年为界分为前后两个阶段，而1991年改革之前又可以分成四个阶段：第一阶段，经济恢复时期的外资法律制度（1947—1956）；第二阶段，半管制经济下的外资法律制度（上）（1956—1967）；第三阶段，半管制经济下的外资法律制度（下）（1967—1980）；第四阶段，经济调整时期的外资法律制度（1980—1990）

在1991年经济改革的过程中，印度的对外开放程度大大提高，外资法律制度也得到前所未有的改革。外资政策和法律改革的主要内容体现在以1991年发布的《1991年国内工业政策》中，包括了扩大外国直接投资的领域、放松外资持股比例限制及简化外商在印投资手续这三个方面。

2. 印度的外资法律框架与现状

印度的外资立法体系属于典型的发展中国家类型的内外分立的立法模式，有专门的一系列对于外资的立法。投资印度的主要实体法有四个：《1999年外汇管理法》、《1991年工业政策》、《1961年印度所得税法》和《1956年印度公司法》。《1999年外汇管理法》（FEMA）是印度外国投资指导性法规。日后的《外汇管理（外国人转让或发行股票）规定》就是依此为依据而制定的。

总之，有关的外汇管理法与工业政策共同搭建了印度外国投资法的框架。值得注意的是，印度的《外汇管理法》只是提及外汇管理，未对税收、合资企业管理等作出规定。

进入21世纪后，印度政府制定了进一步推动对外开放的政策，如2005年颁布了《外国直接投资政策》，而2006年4月出台的《2006年外国直接投资政策》及《外国直接投资政策及程序》则是外资企业投资的最新的指导性文件。除以上主要法律和政策外，印度政府在外资方面还出台了一些更为具体的法规，如印度政府于2005年颁布了“Press Note 1”条款，根据这一条款，外国公司必须在得到其合伙方许可的前提下，才能在同一领域开展独立经营，又如印度政府目前正在制定新的外国直接投资政策，中国将首次被列入“外国直接投资存在安全风险的国家”名单。

3. 印度的外资企业形式

印度的企业形式有三种：公司、合伙、个人独资企业。

印度法律对于个人独资企业的成立没有正式的规定，要成立个人独资企业，无须任何法律的文件和程序，唯一需要的是获得所在行业的许可证，并遵守所在行业的法律法规；投资人享有企业所有的利润，承担企业所有的债务，投资人对企业的债务承担无限责任。合伙企业的成立要符合《1932年合伙企业法》的规定。成立合伙企业，法律并没有强制要求进行登记，但实践中，多数合伙企业都会向合伙企业登记处（Registrar of Firms）进行登记，因为虽然法律并没有要求强制登记，但不登记的企业得不到法律的保护；印度公司法大部分是根据英国公司法而制定，此法主要规范公共有限公司及私人有限公司的设立及经营、公司担保或股份限制等。

如前所述，所有关于外商在印度开办公司的法律均出自1973年的外汇管理法。其主要规定是：外商投资需先立项，项目首先由政府批准，继而由印度储备银行批准设立企业的具体事宜。外汇管理法一般还要求已在印度经营的外国公司的分支机构在印度注册。印度政府允许外资在印度设立公司实体及非公司实体。公司实体包括合资公司、独资公司，作为印度公司经营业务。非公司实体有联络办事处（代表处）、分公司及项目办事处，作为外国公司在印度经营业务。

具体而言，印度储备银行（RBI）负责外国公司代表处、子公司及项目办事处的批准。设立外国公司还需要得到印度储备银行的批准，即必须首先向印度储备银行及授权机构申请，在30天内向当地公司登记处（ROC）完成这些分支机构的登记手续，之后方可开展业务。

4. 投资印度的审批制度

（1）“自动生效制度”：只要符合“自动生效制度”审批的外资项目，申请人只需向设在印度孟买的印度“储备银行”（RBI）外汇控制部总经理填报No. FNC1表格，一式七份，即可自动获得项目批准。

（2）政府审批项目：凡是不符合“自动生效制度”的外资项目，申请人需向设在马德里的印度财政部“外国直接投资促进委员会”（FIPB）提交申请材料。“外国直接投资促进委员会”将在30天内作出批准与否的决定。

（3）需要特别审批的行业：在印度有些行业外资项目如何审批与外资股权的比例没有关系，都要经过印度政府相关部门的批准，如银行、航空、房地产开发、国防工业、农业、广播、邮政等行业。

5. 印度的直接投资管理机构

印度工业政策促进局（DIPP）负责制定外国直接投资政策。

印度外国投资促进局（FIPB）负责投资项目审批；印度储备银行（RBI）负责外国公司代表处、子公司及项目办事处的批准；属“自动核准”的外国投资，向印度储备银行（RBI）申请；属“非自动核准案”的外国投资，向外资促进署（FIPB）提出申请。

印度储备银行称，自动核准案件仅需费时两周。政府批准由外国投资促进署办理，项目审核一般需费时3~6周。

外国投资促进署（Foreign Investment Promotion Board）是非自动进入的外国直接投资审批机构。该署原设在商工部，2002年后并入财政部。由财政部经济秘书为署长，商工部工业政策及促进秘书、贸易秘书及外交部经济关系秘书为成员。有关外国直接投资，如必要该署可与印度政府部长、秘书和其他财政机构、银行高级官员及工业和商务专家协调。

（三）主要观点——兼与我国外资法的比较

1. 印度有着较为统一的外资法律制度体系

印度有一套比较统一的外资法，这与受英国的影响分不开。殖民统治时期，英国政府为了便于掠夺印度的资源，将“掠夺政策”法制化，建立起了一套行之有效的外资体系。总体上讲，印度的外资法律制度设置较合理，从某种程度上讲已经形成了比较统一的引进外资的法律制度，从而避免了各种外资法律规定之间的冲突。当然，印度有必要进一步出台较明确的外资法律汇编，但是这只是形式上的问题了，实际上印度现在实施的外资法规已经是在上述两部法律统领下的法律法规，产生冲突的可能性很小。

与此相比，我国的外资法律制度体系就比较分散。我国关于外国直接投资的基本法律是由《中华人民共和国中外合资经营企业法》、《中华人民共和国中外合作经营企业法》、《中华人民共和国外资企业法》等构成。虽然根据企业形式分别立法有助于外国投资者查阅，明晰各种投资形式的具体规定，但是弊端也有很多。这种立法方式使各个法规之间的内容大量重复，三部法律之间缺乏协调，从而在不同的外商投资企业间形成不平等待遇。

2. 平等对待、与WTO的衔接、不断开放（或大跨步的开放）

比较分析证明：印度这方面做得比较好，在印度设立的外资企业统一由外资促进委员会审批，审批期限最多30天，如果有特殊行业需要缩短审批期限，根据特殊规定进行。根据外资所占股权限额的不同可以将外资项目分为四类：外资股权不超过50%；不超过51%；不超过74%；达到100%。根据这四种分类具体规定外资进入的领域以及形式等等。

3. 对外资有较多的限制

印度对外资的限制主要表现在准入环节，又具体分为准入行业上的限制和审批程序上的限制。准入行业的限制是指印度还存在较多的未对外资完全开放的行业，包括专门由国有企业经营的行业及专门为小规模企业保留的行业；审批程序的限制更多是实践中存在的限制，虽然印度外资准入的一些政策已经有较为复杂的准入审批程序，但实践中各级政府的审批要求要比写在纸上的政策和法律更为复杂，这成为较为严重的对外资的限制。

三、研究成果的学术价值、应用价值及社会影响和效益

该课题立足于云南的区位优势，着眼于现实的需求，运用国际经济法的理论原理，依据WTO的基本原则来整理、分析和评价印度市场准入政策，其研究工作对我国企业投资印度，以及对

实现云南省构筑连接南亚国家桥头堡的设想将具有重大的现实意义，并将产生相当的社会影响与经济效益。与此同时，该课题的研究工作还将填补国别学术研究，填补对印度投资政策研究方面的空缺，这对我国的经济学、经济法学和国际经济法学中的国际投资经济和法律理论都将具有一定的理论价值。

课题名称：印度市场准入政策研究

课题负责人：齐虹丽

所在单位：云南财经大学

主要参加人：王宏军　佴　澎　周　钰　于定明　许　敏　钱　凤

结项时间：2009年7月1日

新形势下证券犯罪防控对策初探

一、课题研究的目的和意义

近年来，中国经济发展持续保持10%以上增长率，继续成为引领世界经济发展的发动机。作为反映一国经济“晴雨表”的股市，近几年也呈现大牛格局，上证指数从2005年1月1 200点一路上涨到2007年10月最高6 124点，连同港股在内的中国股市总市值高达6.73万亿美元，已超越EURONEXT、纳斯达克、东京及伦敦交易所，排行全球第二位。截至2007年底，我国A股市场总开户数已达1.4亿户，证券市场人气空前高涨。

证券市场的运行受到来自经济周期、国家财政、金融环境、国际收支、汇率等经济因素及政治因素的影响。当前，中国证券市场面对全球经济的一体化和复杂多变的国际环境，既有历史的机遇，而更多的则是严峻的考验。宏观方面主要有美国次贷危机的全面爆发，我国资本流动性过剩、人民币升值强烈、宏观经济过热，等等；微观方面主要有非法资金、违规资金大规模流入股市，证券行业管理混乱，上市公司违规信息披露制度，内幕交易，暗箱操作，以及大量私募操纵价格，恶炒证券，等等。

证券违法犯罪的频发，使证券市场正常秩序遭受严重破坏。面对当前严峻的证券违法犯罪形势，打击和防控证券违法犯罪成为当前一个刻不容缓的问题。该课题对当前中国证券市场在复杂环境条件下出现的种种违法犯罪现象进行研究，剖析新形势下证券犯罪现象，从刑法学和犯罪学角度探讨证券犯罪的新含义，并对各类证券犯罪进行深入调研，分析其内在原因、表现和特点，最后从经济学、社会学和法学角度探讨证券犯罪的防控对策。

该课题建立在大量基础性调研工作的基础上，结合我国证券市场的实际情况，摸索构建在新形势下证券犯罪的防控体系，为政府部门、证券行政管理部门及司法部门在工作中提供参考意见。

二、研究成果的主要内容、重要观点或对策建议

该课题主要包括三部分内容：第一，我国证券市场面对的新形势。第二，新形势下我国证券犯罪基本状况。第三，新形势下我国证券犯罪防控机制构建。

第一部分内容：我国经济持续保持较快增长，加之股权分置改革解决了同股不同权的历史遗留问题，证券市场在改革中前行，证券市场（股市）近几年也呈现大牛格局，股市人气空前高涨。而随着全球金融危机的全面爆发，世界范围内掀起了经济刺激行动，我国政府启动了4万亿元的经济刺激方案。经济运行的不确定性，加之我国证券市场处在股权分置改革转型的重要时间窗口，股指期货、融资融债等新型金融衍生品的预期推出，随着证券市场的深化改革和创新，我国证券市场投资既面临着巨大的历史性机遇，同时也面临着巨大风险和挑战。在赚钱效应的导引下，证券市场投资急速升温，出现全民炒股的火热场景，而当出现暴跌时，证券市场一度丧失基本的融资功能，虚拟经济的负面影响向实体经济传导，严重影响我国经济建设。保持证券市场的平稳和健康发展是经济建设的基本保障，为此，当前必须加强证券市场的规范和监管，控制市场风险。

第二部分内容：结合当前我国证券市场面对的新形势，对证

券市场中的证券犯罪行为进行深入剖析。分析中注重理论结合实践，从新形势下证券犯罪的界定入手，探析我国证券市场中出现的形形色色的证券违法犯罪行为，剖析其表现形式、犯罪特点及成因、危害，并对下一阶段我国证券犯罪的发展趋势作出预测。

证券犯罪的界定可以从刑法学和犯罪学两个角度进行，在实证分析中应当重点分析证券犯罪的犯罪学概念。课题认为证券犯罪是指在股票、债券的发行、交易的运作过程中，严重扰乱证券市场正常秩序的侵害行为，以及其他与证券业务活动直接相关的违法犯罪活动。具体包括了刑法中规定的“欺诈发行股票罪”、“违规披露、不披露重要信息罪”、“背信损害上市公司利益罪”、“内幕交易罪”、“编造并且传播影响证券交易的虚假信息罪”、“操纵证券、期货市场罪”、“背信运用受托资产罪”、“非法经营罪”，还包括实践中严重破坏证券市场秩序的“非法证券活动”、“老鼠仓”、“违规使用资金”和个别“私募基金”行为等。

新形势下证券犯罪表现出一些新的特点和规律，涉案金额巨大，犯罪危害后果极其严重；作案手段多样化、智能化、隐蔽性强，隐形案件数量大；犯罪活动往往利用信息与资金这两大优势资源；窝案现象突出，往往牵涉腐败等多种犯罪，共同犯罪和单位犯罪明显；受害人范围广，受害人不明确，涉众现象突出。而新形势下证券犯罪的原因是多方面的，低成本高收益是实施犯罪的强大推动力；政府对证券市场的过多行政干预是体制原因；证券市场运行机制的不完善是管理体制的原因；违法犯罪惩戒机制不力是司法的原因；我国社会诚信制度缺失是社会原因。这些因素共同作用下，我国证券市场混乱不堪，各种违法犯罪现象层出不穷，被一些专家诟病，称中国证券市场连赌场都不如。证券犯罪严重扰乱证券市场秩序，影响我国证券市场的健康发展；损害广大中小投资者的合法权益，造成了巨大的经济损失；引发群体性事件，对社会稳定构成严重威胁。

证券犯罪在国际、国内诸多因素的共同作用下，将会有一些新的发展和变化趋势。表现出来就是：案件数量将越来越多；某些新类型证券犯罪将凸现，犯罪手段也将更加隐蔽；国际游资流动性进一步加强，资金成为证券违法犯罪有力的后盾，操纵类证券违法犯罪将凸显。

第三部分内容：在对我国证券市场犯罪基本状况进行深入调研和分析的基础之上，探讨构建我国证券犯罪防控机制，为证券犯罪构建一张天罗地网，全方位监控、堵漏，做到未雨绸缪，防患于未然。

防控体制的构建是一项系统工程，课题组结合我国具体情况作了一系列探索。主要包括以下几个方面：

第一，建立入市资金监管机制。入市违规资金在我国主要包括银行信贷资金、国际游资、公共资金、同行拆借资金等。违规资金入市移花接木，暗度陈仓，违规资金的界定却缺乏依据，加之我国金融体系不完善，违规资金的监管陷入困境之中。课题建议：首先要明确违规资金的界定；然后，通过建立外汇监管的信息共享系统，健全公共资金使用的审批手续和监控措施，加强对商业银行信贷资金的监管。建立入市资金监管机制，从源头上控制非法资金流入股市，保证证券市场资金的合法性，防范投机性风险。

第二，健全立法防控机制。立法的不完善导致证券市场中一些破坏证券正常秩序的行为难以界定，罪与非罪都不能确定，惩处更是无从谈起。为此，防控证券违法犯罪必须解决立法上的问题，使证券领域的行政执法和刑事执法有法可依。健全立法防控机制要从以下几个方面入手：明确证券犯罪类型界定，科学设定犯罪罪名；加大证券犯罪刑事处罚力度，做到“罪刑相适应”；完善证券违法犯罪诉讼制度；处理好证券违法犯罪的刑事立法、行政立法及民事立法的衔接。

第三，完善我国证券市场运行机制。证券市场的良性运行和发展离不开完备的运行机制。然而，由于我国证券市场的起步较晚，由计划经济体制转型而来，市场机制不健全、不成熟。进一步加强我国证券市场运行机制改革，构建适合我国国情的证券市场监管模式，加强对上市公司及其控股股东、中介机构的监管制度建设是我国证券市场良性运行的保障。

完善证券市场运行机制首先要建立适合我国国情的证券市场监管模式；其次，要完善对上市公司和证券中介组织的监管机制；最后，要建立和完善证券市场异动监控和处置机制。

第四，建立健全我国信用制度。当前市场经济中的大部分交易都是以信用为中介的交易，可以说信用是成熟市场经济体系里一个必备的要素。然而，我国的信用制度构建还处在初级阶段，信用管理基础设施建设不足，信用管理仅在银行对贷款人不良贷款信用记录监管等狭窄的领域范围内，信用管理不成体系。国家信用管理体系的缺失使得我国市场经济建设和发展面临前所未有的困难。证券市场中信用制度的建设举足轻重，诚实信用原则被认为是证券市场的基石，决定着证券市场的发展。但在我国证券市场，政府、上市公司、中介机构、机构投资者等主体均不同程度暴露出不诚信的问题。证券市场的健康良好发展和规范有序运行，需要各参与主体诚实守信，这就需要建立健全我国信用管理基础设施，并逐步探索构建一整套国民信用管理体系。构建信用制度，必须树立市场经济体制下诚信是根本的理念；建立个人、企业信息平台；建立现代市场经济社会信用的硬件和软件环境；落实不诚信行为的不利后果。

第五，构建证券违法犯罪打防一体化机制。当前，我国证券违法犯罪的打击处理和防范工作是“二元结构”模式，分别由证监会和公安机关负责，证监会负责证券市场违法案件的调查和处罚，公安机关负责证券犯罪案件的侦查。证监会和公安机关各司其职，各自在打击证券违法和证券犯罪中形成自己的一套工作体系。但是现有工作模式暴露出诸多的弊端与不足，如证监部门行政执法力度不够，公安机关证券犯罪刑事打击被动，证券犯罪行政执法与刑事司法衔接不到位等。课题中提出重新打造证券违法犯罪打防工作模式，建立以公安机关为主导的多部门协作的证券犯罪打防一体化机制；打造证券犯罪预警机制平台；强化证券犯罪案件侦办工作；调动社会力量共同防范证券犯罪。通过打防一体化机制的构建，调动各有关方面的资源和力量，对证券违法犯罪的打击和防控形成合力。

三、研究成果的学术价值、应用价值及社会影响和效益

课题研究内容从基础的实证调查和分析入手，注重理论和实践相结合，从现象到本质，先找问题，而后分析问题，再探索解决问题的方法，层层推进。可以说对新形势下我国证券犯罪问题作了全面而又翔实的研究，最终的落脚点就是建立全方位的防控体系，防范证券违法犯罪的发生。课题的研究成果为相关政府职能部门认识新形势下的证券犯罪提供了翔实的资料，对在将来构建证券违法犯罪防控体系作了富有前瞻性的探索，以供决策者参考。课题成果有现实的指导意义和运用价值。

课题名称：新形势下证券犯罪防控对策初探

课题负责人：刘敬平

所在单位：云南警官学院

主要参加人：刘敬平　李　春　涂庆梅　王增基　周四川
吴　讯　赵　奇　宁　玲　文　建

结项时间：2009 年 11 月 5 日

云南建设国际国内河流上游生态屏障和生态补偿机制法律问题研究

一、课题研究的意义和价值

近年来，由于水灾害、水污染、水资源短缺日益严重以及水生态问题日益突出，水资源的环境问题正成为影响我国经济发展的制约因素，也成为国际国内用水纠纷的源头。

云南省的水资源丰富，省内有六大河流流域，但是由于其特殊的地理位置，这些河流中大都是国际和国内河流的上游。因此，建设云南国际国内河流上游生态屏障和生态补偿法律制度具有十分迫切的现实意义和极为深远的战略意义。云南地处我国西南边陲，经济水平比较落后，为了建设小康社会，水资源的开发利用是推动云南经济发展的一条途径。因此，如何合理利用和保护河流成为一个现实而重大的问题。河流上游地区摆脱贫困、经济社会走上可持续发展道路的根本和基础是搞好生态环境建设，生态屏障是西部大开发中的一个关键和切入点，是我国河流中下游地区和整个流域经济社会可持续发展的基本保证，关系到我们整个国家和民族的生态安全和可持续发展。同时，云南省河流上游搞好生态建设，维护良好的生态环境，也是营造良好国际环境的必然要求。

二、研究成果的主要内容、重要观点或对策建议

（一）研究成果的主要内容

该课题回顾了云南省河流生态自然环境状况以及存在的主要问题，对珠江流域上游生态屏障和生态补偿案例进行分析和考察；阐释了流域上游生态屏障和生态补偿制度的理论基础、生态屏障与生态补偿的关系，建设云南省河流上游生态屏障中生态补偿制度的分析框架、国内外流域综合管理中的生态补偿制度、我国现行生态补偿的法律制度安排与存在的问题，并提出了建立云南省河流上游生态屏障和生态补偿制度相应的法律制度构想和政策建议。主要包括以下六个方面的内容：

（1）云南省河流资源及其主要问题。

（2）建立云南省河流上游生态屏障和生态补偿制度的意义、目标和原则。

（3）建立河流上游生态屏障和生态补偿的理论基础。

（4）国外流域生态系统综合管理中生态补偿法律制度。

（5）珠江流域上游（云南段）生态屏障补偿案例分析。

（6）建立生态补偿机制的法律制度构想。

（二）研究成果的重要观点或对策建议

（1）生态屏障和生态补偿之间存在直接关系。生态补偿为生态屏障建立提供有效的资源配置机制，是基于流域生态系统服务功能所提供的生态产品、调节功能以及生物多样性的保护。建设生态屏障的目的是为了维护生态系统的良好状态，这说明生态屏障的建立是需要一种科学可行的经济途径作为后盾或者支持的，由于生态系统的公共物品属性要求经济的可行性，而生态补

偿制度建立是保障生态屏障建立的经济可行性的科学途径之一，是一种资源配置方面的制度供给和运行机制，有效的生态补偿机制将为生态屏障的建设提供经济支持。

（2）流域上游生态补偿的提出是社会经济发展与生态环境保护矛盾相互作用的必然结果，在我国已经具备政治、经济、社会和法律基础。虽然，我国目前关于生态补偿的法律制度还有待完善，但在实践中，已经探索出国级、省级、流域（区域）的不同补偿形式。通过政府、市场以及社会的不同调节机制进行生态补偿，并构成了以国家、政府补偿为主，流域（地区）以及社会补偿为辅的生态补偿体系。

（3）建立生态屏障是基于生态服务系统理论和生态系统恢复理论；公共物品论、外部性理论、生态服务功能价值理论与生态资本理论共同构成了生态补偿的理论基础。

（4）由于流域综合管理是将河流自然属性和经济社会属性融为一体的系统工程，是社会经济发展到一定阶段的必然产物，因此已被越来越多的国家和地区所接受，并体现在水资源管理的立法和实践中。流域是一个特殊的区域，建立河流上游的生态屏障和生态补偿制度必然与流域综合管理有着密切的联系。课题认为，生态屏障和生态补偿制度是流域综合管理的重要组成部分，其最终目标是一致的。

（5）课题提出，流域综合管理的前提条件是流域立法与流域管理机制的设立。从世界流域管理的立法模式与管理机制来看，虽然具体的形式必然受到一个国家政治制度、民族状况、历史、文化传统等客观因素的决定和影响，但是其目标是一致的，就是要实现生态效益、经济效益与社会效益的协调，即保护流域水资源生态系统的良好状态，促进水资源合理与可持续利用，实行水资源权益分配的公平。

（6）通过对珠江流域上游生态屏障建设和生态补偿分析，

得到的结论和建议：一是应建立珠江上游生态屏障。首先要合理划分流域生态环境功能区，并设立合理的分区保护目标；其次是实施生态恢复和保护工程以改善区域生态环境。二是应建立珠江上游生态补偿法律制度。主要有：确立流域生态补偿的利益相关者是建立相关法律制度的基础，由于流域水资源涉及的受益者和保护者范围难以精确确定，因此将相关利益者分为政府、经济部门和社会三个部分；确立生态补偿的依据和标准要考虑四个方面的因素：机会成本、生态服务价值的增加量、最大支付意愿和水资源价值；确立生态补偿的途径，构建多渠道、多模式的补偿体系。

（7）云南省河流上游生态补偿制度建立的分析框架包括生态补偿的基本原则、补偿范围的确定、补偿主体和责任的确定、补偿方式、补偿标准和依据以及补偿机制的建立等六个方面。

（8）提出建立云南省生态屏障和生态补偿的法律制度和政策建议。

法律制度构想有：明确生态补偿的性质是保护自然资源和生态系统，实现社会、经济和生态价值的利益公平和可持续发展；生态补偿的原则应包括可持续发展原则、公平原则和区域间利益协调原则；构建生态补偿税收、财政、价格的价值体系，体现生态系统的功能价值；规定生态补偿法律关系的主体、客体和内容，明确法律实体制度；规定具有经济、社会以及技术上可行的程序制度，以保障生态补偿制度的贯彻实施。

政策建议：生态补偿机制的建立应从实际出发，因地制宜，逐渐推进；实行流域综合管理，通过政府政策的积极调控和市场需求的调节机制，构建保护上中下游相关利益者合法权益的激励机制和信息反馈平台，促进公众参与，建立流域生态屏障和生态补偿利益互动与共享机制；加大政府政策支持力度，改革现行财政税收制度，建立明确的水权体系，加强流域的协作，完善生态补偿的途径，推进流域补偿市场化和社会化的进程。

三、研究成果的学术价值、应用价值及社会影响和效益

随着经济社会发展，生态屏障和生态补偿是人们对于环境保护、经济社会发展以及实现社会公平的重新思考后的必然结果。由于云南省内河流兼具特殊的地理位置和流域共有的特性，因此该研究成果将生态屏障与生态补偿置于云南境内国际国内河流上游的条件下进行研究，其具有典型性。对于我国流域上游生态环境保护和生态补偿制度进一步研究提供一个有益的参考，对于研究流域多元利益平衡以及跨国流域的地区国之间的关系和政策具有重要的学术价值。对于云南省实现国际国内河流上游地区生态安全和社会发展有着不可忽视的应用价值。同时，研究云南省生态屏障和生态补偿法律制度建立对于保护流域上游直接利益关系者合法权益，促进生态恢复和保护工程实施，实现环境、经济和社会效益的协调统一有着现实的社会影响和效益。

课题名称：云南建设国际国内河流上游生态屏障和生态补偿机制法律问题研究

课题负责人：宋 蕾

所在单位：昆明理工大学

主要参加人：张淑兰 杜 琪 潘 明 苏 倪 刘翰聪 黄 莎

结项时间：2009 年 10 月 30 日

民间法在珠江上游地区建设社会主义和谐社会中的当代价值研究

——基于法社会学的思考

一、课题研究的目的和意义

（一）课题研究的目的

该课题研究的是珠江上游地区建设社会主义和谐社会中的一个重要基石——法治的建设与发展。目的是通过研究，对该地区客观存在并有效运行的民间法进行梳理，对其基本特征进行分析，进而对民间法在建设和谐社会中的功能和价值进行评估和判断，提出发挥民间法在建设珠江上游地区社会法治秩序方面作用的策略。

（二）课题研究的意义

课题研究对于珠江上游地区和谐社会建设及法治建设具有一定的现实意义；同时，对于云南省边疆少数民族地区法制建设过程中处理国家法与少数民族民间法的关系，提供了借鉴和启示。

二、研究成果的主要内容、重要观点或对策建议

最终成果主要包括：（1）研究报告：《民间法在珠江上游地区建设社会主义和谐社会中的当代价值研究》；（2）研究论文《实然与应然：法治回归生活世界的两个向度——基于对民间法的认识及其与国家法整合的方法论思考》。

研究报告《民间法在珠江上游地区建设社会主义和谐社会中的当代价值研究》，运用了法社会学、人类学的研究方法和观点，在大量田野调查的基础上，以珠江上游地区生活实践中发生的案例为素材，进行理论与实践相融合的学理分析。

（1）成果描述了珠江上游地区客观存在的民间法的特征和基本情况，向人们展开了一幅民间法在现实生活中的多彩画卷：

其一，珠江上游地区的民间法与现实生活世界紧密相连，它们并不需要专门的学习，而是日常生活中“习”出来的礼俗，是通过经验自然内化为人们的行为习惯的，只要是生活于某一特定场域中的个体，都可以通过长期的日常生活经验知道并按习惯的规矩生活，并处理生活中的矛盾和纠纷。

其二，民间法是民间社会的生活策略，赋予日常生活以规律。在珠江上游地区，民间法表现为过去的或长者的经验的结晶，民间法的形成和教育普及都是在不知不觉中进行的，是潜移默化的，当它们已经与这一地区人们的生活浑然一体的时候，人们通常是不会怀疑它们的正确性的，在珠江上游地区民众的日常生活中，民间法呈现为正确的生活方式或策略。

其三，珠江上游地区的民间法为人们提供了辨别是非、判断善恶的标准和立场，是一种地方性的共识。在大部分时候，在这一地区的人们是按照这种地方性共识来评判是非对错的。人们之

所以能够在日常的纠纷和矛盾中活得自在坦然，只是因为地方性共识把矛盾的彼此隔离开来，使它们不致无条理、无头绪地搅在一起，引发痛苦的纷争。

其四，珠江上游地区的民间法是一种保障群体利益的社会力量，它使人们得以生活在一个有序的、对自己的行为有预期的环境之中。民间法为人们提供了活动的渠道，民间法所具有的力量是由集体的利益和目标注入的，换句话说，民间法使人们或自然而然或不得不然地把集体利益置于个人利益之上。

（2）研究成果论述了民间法在珠江上游地区建设社会主义和谐社会中的当代价值，这些价值主要表现为：

其一，民间法对于珠江上游地区社会民主法治的形成有重要作用。在珠江上游地区，短时间内政府推进型法制的苦心经营和依法治国的全民共识，似乎并没有完全改变人们的价值偏好。在现实生活中，许多人依然偏好由习惯、民俗、土政策、土办法等所谓的“习惯法”或“民间法”来解决村民间的矛盾冲突和纠纷，加之国家法在现实中的供给不足、路径不畅、成本太高等客观因素的影响，国家法还远没有亲近民众，走入民心。为此，在国家推进现代法治的过程中发挥该地区民间法在法治建设中的作用，这是珠江上游地区建设和谐法治从而达成建设和谐社会目标的必要选择。

其二，民间法对于珠江上游地区社会公平正义氛围的形成有重要作用。在珠江上游地区的许多地方，一切纠纷都可以在生活中找到解决的依据，且这种解决的依据相对固定化，是一种生活的传统规则，是一种“人情正义”。同一社区里的人与人之间的关系非常重要，谁破坏了这种关系，谁就有可能失去生存的外在环境和条件，谁就可能被动。另外，珠江上游地区的社会仍然是一个传统的农业、农村社会，同一村落的生产方式、生活方式、行为模式、风俗习惯相同，同村人之间交往频繁，联系密切，势必产生某种团体意识，即所谓社区认同感，形成特定的内聚力和向心力，或者说形成某种严密的“互助的圈子”。乡民之间这种以“互惠”为基础的“正义”观念由此而生，它是一套“心照不宣”的规矩，这套规矩是活生生的“活法”，有助于正义观念的形成。

其三，民间法对于珠江上游地区社会安定有序的建立有重要作用。珠江上游地区虽然是云南省政治、经济、文化相对发达的地区，但从实际的经验生活层面分析，由于历史、自然、文化等因素的制约，人们的乡土意识、传统的民间规范在人们的现实生活中大量存在并发挥着重要作用。在珠江上游地区，国家法宣传和普及有一定局限，村民对习惯、民间法、村规民约等却“家喻户晓，老幼皆知”，“人人信守，户户遵从”，一旦村民发生冲突与纠纷，并不是立即想到国家法律，而是本着以家族、邻里、同学、老乡、同事等关系为基础的人情、礼俗和习惯规矩的某种民间法来进行调解和缓和。可见，民间法的存在对于该地区和谐社会的安定有序是必不可少的。

研究论文《实然与应然：法治回归生活世界的两个向度——基于对民间法的认识及其与国家法整合的方法论思考》，在上一项研究成果的基础上，从法理的角度对珠江上游地区民间法进行了探讨和研究，分析了其与国家法的关系。成果认为，民间法与国家法是珠江上游地区法治建设过程中两个相互联系，不可偏废的重要方面。从法理的角度来界定民间法，民间法是相对于政治国家制定法而言的，一种具有法的规范性质的民间规范，它与国家法并行共存，是由民众在社会发展过程中沿袭生成的现实生活世界中的社会规范；国家法作为国家主导的法治力量，在维护珠江上游地区社会稳定和谐、推进法治建设过程中发挥着主导性的作用，其所指向的是应然的生活，代表着国家和人类对和谐、稳定社会生活的理想和价值追求。尽管国家法在法治建设中的主导作用不容否认，但是，报告通过列举的多个案例说明，在珠江上游地区社会法治中，国家法律却又在一些特定的场域失去了或者说没有完全发挥出法的效用，反而是这一区域的民间法在发挥着维护社会和谐稳定的功能。

该研究成果指出，在建设社会主义和谐社会的进程中，法治在人们的生活中有着无可替代的作用，但民间社会和谐法治秩序的形成并非只是政治国家的制定法推动的作用，具有地方性知识特征的民间法与和谐社会建设有着紧密的关联性。在现代法治建设过程中，国家在依靠权威推进完成初步的制度建设和法治理念的启蒙后，正在进入一个社会自治性的建设阶段，进一步实现从形式法治到实质法治需要由社会主体对法治深刻的内在需求作为基本推动力，社会法治秩序的主体力量理应由政治国家转为民间社会。

在建设社会主义和谐社会的进程中，如何处理国家法与民间法二者的关系呢？该研究成果提出：

第一，法律的制定、执行、实施，以及司法、法治教育等，要从现实生活的角度出发，确保法律与生活的真正的内在关联，即法律要体现民族的精神及其背后的文化空间和地方性知识。毕竟，现代人是否能追求幸福，关键就在于是否能建立与现实生活世界的和谐关系。

第二，奠基于现实生活世界的法律要能够引导、建构法治生活和法治秩序，即法治的生活实践取向。民间法更多的是从生活的现实层面对法治的规定，而国家法更多的则是依据人们对生活的美的取向赋予法治创设美好生活、追求人性卓越的价值追求。前者是后者实现的前提性条件，而后者则是前者在实践中的价值指向。

第三，对于国家法与民间法在建设社会主义和谐社会的关系，报告认为，当前的法治实践在国家的层面已经取得了长足的进步，而对于民间社会的规则的认识或承认则刚刚起步，需要给予更多的重视和研究，这也是目前民间法研究在理论界升温的原因之所在。这充分说明，与民间的现实生活紧密关联的民间法律秩序是健全的社会秩序中不可或缺的组成部分。因而，在建设和谐社会的过程中，只有政治国家制定法的法律秩序，法治就显得单色调；只有民间法，法治可能只是局部之治、基层之治，对于全局来说也许会形成无政府的脱序和混乱。

三、研究成果的学术价值、应用价值及社会影响和效益

（一）成果的学术价值

该课题研究了在社会主义和谐社会建设中民间社会力量和政治国家的不同作用，对丰富目前我国学术界在这一研究领域的研究成果，具有一定的理论价值和学术价值。

（二）成果的应用价值、社会影响和效益

课题研究成果对珠江上游地区建设社会主义和谐社会中发挥民间法的价值及其与国家法整合方法的思考，给该地区社会主义和谐社会建设提供了可资借鉴的启示；同时，对于云南省边疆少数民族地区这一领域的相关研究将会起到示范和辐射作用。课题阶段性成果《地方性知识语境下的社会主义法治建设》获曲靖市哲学社会科学三等奖。

课题名称：民间法在珠江上游地区建设社会主义和谐社会中的当代价值研究——基于法社会学的思考

课题负责人：魏建功

所在单位：曲靖师范学院

主要参加人：高满良

结项时间：2010 年 3 月 2 日

云南东盟经贸往来企业知识产权战略研究

一、课题研究的目的和意义

在科学技术迅猛发展、知识产权制度不断建立和完善的今天，知识产权已经越来越普遍地成为企业参与竞争、占领市场和谋取利益的制胜武器。国内外许多成功企业的实践表明，企业的成功是以富有成效的企业知识产权战略为后盾和基础的。随着中国—东盟自由贸易区建设的不断深化，中国与东盟十国的众多企业置身于这个充满了竞争与变化的大市场中，谁能成功运用知识产权战略手段进行市场决策与经营，积极主动地参与市场角逐，谁就能够占领市场并取得竞争优势。目前我省众多企业普遍存在着缺乏知识资产，国际竞争力不强的问题，在与国内兄弟省区及其他国家的竞争中面临着诸多困难，与东盟的经贸合作面临着被边缘化的可能。随着自由贸易区减免税措施的实行特别是工业品贸易障碍的逐步消除，竞争将会更加激烈。本课题研究的目的在于积极推进知识产权战略的实施，立足于我省省情提出重点产业企业在对东盟经贸往来中应当采取的知识产权战略，增强企业的核心竞争力。同时，本课题的研究，还是对企业知识产权战略理论的实践与印证，是探索加强云南与东盟国家经贸往来的重要切入点，具有重要的现实意义。

课题报告从云南省重点产业企业知识产权保护状况出发，探讨我省企业面临的知识产权问题，全面分析了东盟建立有比较完备的专利数据库的五个国家相关产业的专利技术竞争态势，进而提出我省重点产业相关企业在自由贸易区市场竞争中应当采取的专利及商标战略。

二、课题研究的主要内容

1. 云南省重点产业企业知识产权保护情况调查

课题组走访调查了部分云南省重点产业中的代表性企业，包括红云红河烟草集团公司、云南电网公司、武钢集团昆明钢铁股份有限公司、云南锡业集团有限责任公司、云南白药集团股份有限公司、昆明制药集团股份有限公司等企业及文山三七特产局，获取其知识产权保护的一手资料。通过调查发现，近年来我省重点行业多数企业已经认识到知识产权保护对于企业生存发展的重要意义，积极开展知识产权的创造、管理和保护工作，部分企业的知识产权相关工作开展得有声有色，卓有成效，表现为：（1）企业知识产权产出能力普遍有所提高，专利申请、授权实现持续增长，商标注册力度明显加大。以云南白药集团股份有限公司和云南锡业集团有限责任公司为代表的企业知识产权产出量大幅增加，企业的核心竞争力得到很大提高。（2）企业知识产权实施能力显著增强。通过开展知识产权工作，加快专利技术产业化步伐，企业实现了专利技术的转化和实施，带来极大的经济效益，培育了新的经济增长点。（3）企业的知识产权管理工作再上新台阶。近年来上述代表性企业的知识产权工作从无到有，从薄弱到强化，从机构、制度、人员和经费的相继落实到日臻完善，企业创新机制逐步成熟，形成了适合自身发展需要的相关管理制度和机制，建立起符合企业实际情况的，能够覆盖研究、生产、经营等环节的具有一定激励机制的知识产权管理网络，使得企业的知识产权管理工作上了一个新台阶。但是，上述企业的知识产权保护工作还存在着以下问题：首先，企业知识产权战略意识薄弱，从领导层到科研技术人员，对知识产权战略作用的理解不透彻，仅认识到知识产权对企业科技创新的保护作用，没有充分意识到知识产权也可以作为战略武器成为企业经营战略的重要组成部分。面临着中国—东盟自由贸易区建设不断深化的机遇和挑战，绝大部分企业并没有制定出系统的知识产权战略，没有全面具体的知识产权发展规划，知识产权工作缺乏战略指导。其次，企业的自主创新能力还需提高，表现为专利申请的数量和质量与跨国公司相比还存在较大差距，在国内及东盟市场还无法形成非常明显的技术优势。最后，企业在对东盟贸易中的知识产权工作准备不足。调查发现，近年来我省与东盟国家的经贸往来日益密切，贸易额连年大幅上升，但在笔者访问的上述企业中没有一家在东盟国家申请过专利，商标注册也非常少，与企业在国内申请专利、注册商标的积极性相比，企业在东盟国家获取知识产权保护的意识还有待提高。

2. 东盟国家相关产业专利竞争态势分析

课题组通过访问东盟国家中建有较完备专利数据库的新加坡、泰国、菲律宾、印度尼西亚、越南等五国相关网站，获取了各国烟草、有色金属、中药、农特产品加工等产业的具体数据，经过大量的检索、翻译、归类和统计整理工作后，对各国相关产业专利竞争态势进行研究分析。具体内容包括各国相关技术领域专利申请总量统计，专利申请构成分析，主要发达国家、中国及世界知名跨国公司在各国的专利申请统计，各国相关产业专利申请年度趋势和专利竞争态势分析，从而深入到产业层面对上述五个国家的专利具体情况给出了分析报告。此外，课题组还调查了东盟国家国内专利申请总量、国内外专利申请构成及各国在中国申请专利的总数及 IPC 分类情况，有利于从宏观上把握东盟国家在我国专利申请的动态。

3. 云南东盟经贸往来企业知识产权战略建议

企业知识产权战略是指企业运用知识产权保护制度，为充分维护自身合法权益、获得与保持竞争优势并遏制竞争对手、谋求最佳经济效益而进行的整体性筹划和采取的一系列的策略与手段。在企业知识产权战略的运用中，最重要的是专利战略和商标战略的运用。首先，课题报告在调查分析云南省重点产业企业知识产权保护现状及东盟国家相关产业专利竞争态势的基础上，根据每一产业的具体情况，提出了云南省重点产业，包括烟草、电力、医药、冶金、农特产品加工产业企业对东盟经贸往来中的专利战略，包括基本专利战略，专利与技术标准相结合战略，失效专利利用战略，改进型专利战略，产品出口专利先行战略等。其次，课题报告从商标设计、增强商标战略意识、商标宣传和保护、争创驰名商标以及名牌商标的管理等方面提出了企业在国内市场实现可持续发展的商标战略，从商标选择设计、商标使用、商标保护及商标被抢注后的应对等方面提出了我省企业开拓东盟市场的商标战略。

三、课题研究的方法、特色和对策建议

总体来看，课题报告在研究视角、研究内容和研究方法等方面都有一定的创新和特色，相关对策建议具体详细，针对性强，可操作性强。（1）在研究思路和视角方面，课题报告密切结合云南省实施国家知识产权战略、扩大对外贸易、促进经济发展的需要，突破了同类课题未能深入到相关产业层面分析专利竞争态势进而给出具体措施的局限性，深入调查分析云南省代表性企业知识产权保护状况及东盟国家相关产业专利竞争态势，在此基础上提出了云南省企业在对东盟贸易中的专利战略和商标战略。

(2) 在研究内容方面，课题报告资料翔实，与同类成果相比有较大的创新：既有对云南省重点产业代表性企业知识产权保护情况的调查和总结，又有对东盟国家相关产业专利竞争态势的梳理和分析（此部分内容弥补了国内研究的空白）；既有东盟国家国内专利申请的研究和阐述，又有东盟十国在中国专利申请的调查和剖析；既有企业实现在国内市场可持续发展的知识产权战略的系统阐述，又有企业进军开拓东盟市场知识产权战略的具体建议。(3) 在研究方法方面，课题报告采用国内研究与国外考察相结合、定性与定量分析相结合的方法，整合多方资源，增强了研究的科学性和指导性。(4) 在对策建议方面，课题报告针对我省企业提升知识产权产出能力的急切心理，把握东盟国家相关产业专利竞争态势的迫切需要，面对东盟市场担心品牌流失的心存疑虑，提出了相应的专利战略和商标战略，对于企业实施知识产权战略，防范知识产权风险，创知名品牌，谋求在中国—东盟自由贸易区市场上的有利地位有很强的现实意义，并且具体可行。

课题报告为云南省企业实施对东盟贸易中的知识产权战略提供的决策咨询和对策建议，不仅对于企业切实加强在对东盟国家贸易中的知识产权保护，贯彻实施企业知识产权战略，稳定发展国内市场，扩大出口市场，防范知识产权风险具有较强的现实意义和指导作用，而且在推动云南与东盟国家经济贸易关系的深入发展及中国—东盟自由贸易区建设等方面，也有着重要的参考应用价值。

课题名称：云南东盟经贸往来企业知识产权战略研究

课题负责人：杨　静

所在单位：云南财经大学

主要参加人：李丹萍　甘开鹏

结项时间：2010 年 3 月 28 日

云南省艾滋病预防与控制在社会管理中存在的矛盾及对策研究

一、课题研究的目的和意义

目前，美国、英国、香港等发达国家和地区已对艾滋病预防与控制在社会管理中的矛盾开展了研究，先后提出了解决此矛盾的初步方案，并取得了一定的效果。但是，由于受社会经济发展、民族习惯、文化发展、认知观念、社会阶层、法律政策等因素的制约，世界各国未能在解决此类问题上达成一致的共识。而我国对艾滋病预防与控制在社会管理中存在的矛盾的研究尚处于起步阶段，急需进行深入、细致、广泛和系统的研究，以适应我国在艾滋病预防与控制方面的工作需要。

中国于1985年发现第一例艾滋病感染者，但仅在12年后的1997年就宣布进入了艾滋病的“快速增长期”。至1998年6月，中国31个省、市、自治区均发现有艾滋病病毒感染者，且性传播、血液传播、母婴传播三种传播途径均出现。截止到2009年10月底，中国累计报告艾滋病病毒感染者和艾滋病病人319 877例，其中艾滋病病人102 323例，报告死亡49 845例。中国卫生部、联合国艾滋病规划署和世界卫生组织联合对2009年中国艾滋病疫情进行了估计，结果显示：截止到2009年底，估计中国目前存活艾滋病病毒感染者和艾滋病病人（HIV/AIDS）约74万人，其中，艾滋病病人为10.5万人；估计2009年当年新发艾滋病病毒感染者4.8万人。

随着HIV/AIDS在全球乃至中国的流行与蔓延，人类社会的发展面临着巨大的挑战。艾滋病预防与控制中出现的一系列政治、经济、文化等问题已引起全社会的高度关注。如何应对艾滋病，是作为一种疾病、一个社会问题，还是社会发展中的重大问题是有区别的，它关系着社会结构、制度、文化和伦理等诸多问题。

云南作为艾滋病的重灾区，一直是中国艾滋病防治工作的主战场。云南省于1989年在边境地区静脉注射吸毒人群中首次报告发现146例艾滋病病毒感染者以来，截止到2009年10月底，已累计报告艾滋病病毒感染者和艾滋病病人达72 939例，占到全国的22.8%。就总体情况而言，目前云南省艾滋病已由单一的静脉吸毒传播发展到静脉注射吸毒、性和母婴三种途径传播并存的局面，高危人群流行率迅速上升，一般人群感染面迅速扩大，形势十分严峻。云南省的艾滋病问题已经给云南省社会、政治、经济带来了灾难性的后果，已威胁到了云南省的发展和稳定。因此，必须迅速采取一系列行之有效的措施加以预防和控制，做好防治艾滋病的工作，努力构建社会的和谐。

二、研究成果的主要内容、重要观点或对策建议

项目《云南省艾滋病预防与控制在社会管理中存在的矛盾及对策研究》的最终研究成果为研究报告。成果主要研究内容分为四个部分：第一部分是云南省艾滋病流行形势，其中介绍了云南省艾滋病的疫情、流行特点及影响；第二部分是云南省艾滋病预防与控制在社会管理中的现状调查，分八个方面介绍了云南

省艾滋病在社会管理中的现状问题；第三部分是云南省艾滋病预防与控制在社会管理中存在的矛盾，分八个方面阐述了目前云南省艾滋病预防与控制存在的矛盾；第四部分是云南省艾滋病预防与控制在社会管理中的对策研究，针对云南省艾滋病预防与控制的现状和矛盾提出了十个方面的研究对策。

第一部分的研究主要强调系统性和全面性，力求对云南省整个艾滋病流行形势有一个客观、全面的了解；第二部分分析研究了云南省艾滋病预防与控制在社会管理中的现状，主要就几个具有代表性的问题进行了相关阐述；第三部分主要分析研究了云南省艾滋病预防与控制在社会管理中的矛盾，归纳总结了各地存在的较为突出的矛盾，在肯定当前工作的基础上，明确指出了目前艾滋病预防与控制中存在的各种突出的矛盾以及矛盾的严重性，力求深层次分析问题形成的原因，尽量避免肤浅地谈问题，希望能对整个云南省艾滋病预防与控制中存在的一些问题进行深入的剖析；第四部分针对云南省目前艾滋病预防与控制中存在的突出问题提出解决问题的对策和建议，力求能为云南省解决艾滋病问题有所帮助，并力求对防治艾滋病工作的决策人员、基层工作人员在改变观念、拓展视野、更新工作方法上能够有一些启示和帮助。

在项目第三部分“云南省艾滋病预防与控制在社会管理中存在的矛盾”中，主要探讨了以下8个问题：(1) 艾滋病患者社会支持总量不足；(2) 艾滋病患者社会支持资源分配不均衡；(3) 艾滋病患者社会支持的结构不合理；(4) 艾滋病相关法律法规操作性不强；(5) 艾滋病政策落实不到位；(6) 对艾滋病患者隐私权与知情权的立法不足；(7) 国家救助艾滋病患者的范围有限、途径单一；(8) 监管场所内的艾滋病隔离区形同虚设。

在项目第四部分“在云南省艾滋病预防与控制在社会管理

中的对策研究”中，主要探讨了以下10个问题：（1）加强对农村地区、交通干线的艾滋病预防与控制；（2）为NGO提供更多发展空间，使其为云南防艾工作发挥应有作用；（3）完善救济制度，扩大救济范围；（4）完善对艾滋病患者隐私权与知情权的立法；（5）公安机关应健全完善防治艾滋病的工作机制；（6）公安机关应加强流动人口管理和社区服务工作；（7）完善公安民警职业暴露的社会保障制度；（8）宣扬男女平等，强化妇女自我保护意识；（9）推进云南省的干预策略；（10）降低云南省艾滋病传播中“桥梁人群”的危害。

需要特别指出的是，预防与控制艾滋病的蔓延，必须发挥社会支持的作用。通过分析艾滋病患者的需求和困境以及社会支持的来源、类型，探讨艾滋病患者社会支持中存在的问题，课题提出了构建艾滋病患者社会支持系统的对策。

三、研究成果的学术价值、应用价值及社会影响和效益

对云南省艾滋病问题进行研究，这已经不是什么新课题。在现实工作中，对某一个时期云南省艾滋病的流行形势、特点、影响、工作中存在的问题、对策进行归纳总结和分析研究的做法已经很多。本课题的研究，希望能够在原有的各种研究的基础上，从一个比较新的角度，对云南省艾滋病问题的现状、特点、危害、预防与控制中存在的问题和矛盾、对策等问题进行全面、细致、深入的剖析，而不是局限于某一个时期云南省艾滋病问题的一般性归纳总结。

本项目在理论价值上，可促进对云南艾滋病问题的研究向多角度、全方位纵深拓展，从而为云南预防与控制艾滋病提供相应的理论基础。

本项目的研究价值主要体现在对云南省艾滋病预防与控制进行系统的研究，目的是为整个云南省的艾滋病防治工作提供宏观决策的依据。项目主要围绕云南省艾滋病预防与控制存在的矛盾及对策进行研究，以中国禁毒斗争前沿主阵地和艾滋病重灾区的云南为例，运用社会学的相关理论与方法，展开全面、系统的调查和研究，重点是针对当前云南省艾滋病预防与控制存在的相关问题加以客观的分析评价，提出切实行之有效的对策和措施。

本项目的成果已发表于省级以上刊物，并全部被人大复印报刊资料转载，其中多项对策已被云南省公安厅禁毒局采纳。

课题名称：云南省艾滋病预防与控制在社会管理中存在的矛盾及对策研究

课题负责人：李云鹏

所在单位：云南警官学院

主要参加人：张　洁　王建伟　阮惠风　张　涛　昂　钰　蒋凌月

结项时间：2010 年 5 月 27 日

云南民族自治地方新型农村合作医疗可持续发展的法制保障研究

一、课题研究的目的和意义

该课题的研究具有重要意义，主要表现在：第一，云南有8个自治州、29个自治县，是国内少数民族数量最多的省份之一；云南民族自治地方农村合作医疗的可持续发展，是云南民族自治地方乃至全国其他民族地区农村合作医疗可持续发展的重要组成部分。深入研究云南民族自治地方农村合作医疗可持续发展，可以为云南本省其他民族地区乃至全国农村合作医疗实践提供有益经验。第二，没有法制保障，云南民族自治地方乃至全国的农村合作医疗的可持续发展是不可能实现的，如何规范政府行为，规范定点医疗机构和卫生人员的执业行为，维护合作医疗资金安全，明确参合农民权利义务，确保新型农村合作医疗走上常规性轨道，均离不开法律的规范。第三，在全国性的法律法规没有制定之前，云南民族自治地方可以通过自治法规（特别是单行条例）的形式，尝试对合作医疗进行规范，以保障新农合可持续发展。

二、研究成果的主要内容、重要观点或对策建议

（一）揭示了云南民族区域自治地方乃至全国新型农村合作医疗制度化、法制化建设中暴露的问题

1. 新型农村合作医疗管理机构的设置不科学，在职权上重实体、轻程序

一方面，从机构和职权的设置上看，最为典型的是新型农村合作医疗管理机构的组成人员中有被管理的行政相对人定点医疗机构的工作人员（其中乡卫生院院长往往同时还是管理机构的主要领导，定点医务室村医生往往也是管理机构的组成人员）。这种现象存在的明显弊病之一，就是“被管理者自己管理自己”，容易使管理流于形式。

2. 新型农村合作医疗管理相对人（定点医疗机构与参合农民）之间地位不平等

从新型农村合作医疗制度的运作机制上看，政府通过组织农民参加新型农村合作医疗，确定定点医疗机构，让农民到定点医疗机构就诊，由定点医疗机构根据新农合政策提供合格的医疗服务，农民根据新农合政策减免就诊住院费用，政府根据新农合政策将减免部分费用拨付给定点医疗机构。在这一机制中，政府处于新型农村合作医疗管理者（行政主体）的地位，而定点医疗机构与参合农民处于被管理的行政相对人地位。从作为行政相对人的定点医疗机构与参合农民之间的关系看，二者在新农合制度设计上应当处于平等的地位，如果一方地位高于另一方，新农合的运作便可能面临危险，作为管理主体（行政主体）的政府为了维持新农合的发展，势必增加制度运作成本。

3. 新型农村合作医疗监督制度不健全，监督力度不足

新型农村合作医疗监督制度的建立和健全涉及资金的安全、定点医疗机构是否依法提供相应医疗服务、政府是否依法律规章政策实施新型农村合作医疗、农民的权利是否真正得到保障等关系新型农村合作医疗是否可持续发展的大问题。在实践中，云南民族区域自治地方新型农村合作医疗存在组织管理体制设置不科学、制度不健全，机构编制、人员和经费没能很好落实，行政监督不力，以及行政法制监督体制不完善，行政法制监督往往流于形式的弊病。

4. 研究成果进一步指出新型农村合作医疗制度化、法制化建设中存在的深层次问题

第一，当前新农合性质定位影响其法制化建设。一方面，新型合作医疗“以大病统筹为主”制度的定位，使新型农村合作医疗背上了沉重的包袱：新农合实施 8 年来，取得了巨大成就，缓解了广大参合农民就医难问题，但即使是云南省新农合人均筹资水平由 2009 年 100 元提高到 140 元，并不能根本解决参合农民“因大病致贫”、“因大病返贫”的状况，因为新型农村合作医疗低统筹的措施必然带来低保障的效果是一个基本的规律。由于定位不当，在法制化建设中，人们侧重的主要是就合作医疗讲合作医疗，为了新型农村合作医疗的发展制定一系列规范性文件，围绕新型农村合作医疗“实现”“大病统筹”目标开展一轮又一轮的“试错”试验，各个层级的许多规范性文件几乎年年更新、年年变化，定点医疗机构对于报销比例的操作也跟着年年变化，参合农民的实际数量、受益预期也跟着年年变化。而法制化则要求制度和具体措施的相对稳定性，要求管理机构（行政主体）的行政行为的常规性和可预测性，要求定点医疗机构行为的规范性和稳定性，要求参合农民范围的确定性和权利义务的明确性，只有在这基础上，新型农村合作医疗的法制化程度才可

能提高。另一方面，新型农村合作医疗到底是以“医疗保健”为目标，还是以“医疗救助”为目标，或者是兼具“医疗保健”与“医疗救助”的目标的不明确性，导致新型农村合作医疗法制化建设面临许多不确定性因素。

第二，当前新农合执行上，非法制化行政管理模式导致新型农村合作医疗筹资成本高和向参合农民筹资难。总体上，参合农民个人参合资金的筹集主要依靠行政手段推动，将任务分摊到各县（市、区），再依次分摊到各乡镇，将合作医疗资金的筹集纳入各级政府的目标考核责任书中，采取上门筹资的方式。

（二）提出了云南民族区域自治地方新型农村合作医疗可持续发展的法制保障对策

1. 重新进行制度定位

将新型农村合作医疗制度定位为“基本医疗保障”而非“大病统筹”；将新型农村合作医疗的目标定性为“医疗保健”，同时通过法制途径发展“医疗救助”，将“医疗保健”与“医疗救助”相结合。当前，云南省所实施的所谓“医疗救助”制度，实际上主要是保障没有能力或者能力不足的农民参加新型农村合作医疗的“门槛救助”制度，而非我们主张的与定性后的新农合（“医疗保健”）并列的“医疗救助”。我们所谓的“医疗救助”不仅是资助特殊人群参加新农合，更为重要的是对享受合作医疗报销后仍然没有能力就医的“大病”患者提供的医疗救助。换言之，定性后的新农合作为“医疗保健”制度，主要是解决广大农民基本医疗保障问题，其中部分农民的“大病”问题依靠新农合便无法解决，需要引入解决“大病”问题的“医疗救助”制度。整合医疗保健（新农合）与医疗救助的管理机构，提高医疗保健与医疗救助的对接效率，通过医疗救助来带动医疗保健（新农合），在具体措施上可以规定只有现行参加新农合（医疗保健），才可能在一定条件下享受医疗救助；同时，通过新农合（医疗保健）促进医疗救助，比如在资金的使用上可以考虑两种制度的共享机制。此外，由于当前医疗保健（新农合）主要由卫生行政主管部门负责实施，而医疗救助却是由民政部门负责实施，两个部门之间管理的衔接上难以做到步调一致，不利于提高医疗卫生保障水平和效率。建议整合管理资源，由统一的部门进行管理，将医疗救助与其他性质的救助相分离，统一由卫生行政主管部门负责，保证政令统一，实现医疗保健制度与医疗救助制度的协调发展。

2. 具体措施

云南民族区域自治地方新型农村合作医疗可持续发展的思路包括：（1）理顺管理机制，保障参合农民与定点医疗机构的平等地位，完善法制监督机制。（2）以地方立法（特别是民族立法）保障合作医疗可持续发展。

三、研究成果的学术价值、应用价值及社会影响和效益

从学术上讲，该课题着重阐述了当前决策者和理论界普遍存在的对新型农村合作医疗制度的作用的误解，强调新型农村合作医疗应当主要作为一种解决基本“医疗保健”的制度，而不应作为解决所有医疗卫生问题的灵丹妙药，因为这已超出了新型农村合作医疗制度本身的能力范围，而是应当通过法制的途径，重新定位新型农村合作医疗，将新型农村合作医疗与医疗救助制度有机结合在一起。医疗救助制度不仅保障没有能力参合的农民有机会参合问题，更重要的是保障大病救治问题。而这两个问题的解决不能靠传统的行政模式推进，而应靠法制化途径实施，因为只有法制化途径才能保障制度的稳定性，避免实施中的随意性和

不连续性。从实践上看，云南省当前新农合仍然主要处于行政推进模式（或者叫政策治理模式），而非法制化模式；法制化模式实施的前提需要总结和锤炼各地实践的共同经验教训，但是云南省民族区域自治地方具有法制化的独特条件，那就是民族区域自治地方的人民代表大会拥有自治法规（自治条例和单行条例）的制定权，可以通过自治法规授权行政机关新农合行政管理权和处罚权，可以通过自治法规规范相关主体（医疗单位和参合群众）的权利义务；发生法律纠纷时，当地司法机关（法院）在审判案件中还必须适应该自治法规。这样，一个通过自治法规保障新农合在民族区域自治地方实施的机制才可能真正形成。该课题研究可以作为相关部门或者民族区域自治地方的决策参考。

课题名称：云南民族自治地方新型农村合作医疗可持续发展的法制保障研究
课题负责人：沈寿文
所在单位：云南大学
主要参加人：邓　博　朱素明　杜文龙
结项时间：2010 年 7 月 11 日

国际问题研究

国际非政府组织在云南的运作模式研究

一、课题研究的目的和意义

自20世纪80年代以来，全球性的“结社革命”蔚为壮观，西方学术界对非政府组织的研究也日渐丰富。在我国，非政府组织进入学术界的研究视野则始于20世纪末，但总体而言，目前国内学术界对非政府组织的运作模式还没有系统的研究成果。

云南一度被誉为中国的NGO摇篮，其中活跃着大量的国际非政府组织，它们的活动领域涉及扶贫、救济、卫生宣传等多个方面，已经对云南的社会经济发展产生了一定的影响，因此，加强对这些国际非政府组织的管理，使之成为建设和谐云南的一股积极力量便显得意义重大。目前学术界对国际非政府组织的运作模式研究甚少，对国际非政府组织这一特殊主体在云南的活动研究更是空白。本课题研究国际非政府组织在云南的运作模式，意在为政府决策提供一些基本的经验事实依据，这是本课题研究的目的所在。

课题的研究对象是所有在云南活动的国际非政府组织，研究内容有三：一是国际非政府组织在云南的运作模式；二是国际非政府组织在云南运作的成功经验和面临的挑战；三是从地方政府的视角进行相关政策建议。

二、研究成果的主要内容

（一）国际非政府组织在云南的运作模式

根据访谈资料，我们主要从国际非政府组织的活动内容与活动类型、运作方式两个方面来介绍其在云南的运作模式。

1. 活动内容及活动类型

国际非政府组织在中国的活动领域很广，主要集中在一些社会公益项目。根据课题组个案访谈，13 个国际非政府组织在云南的活动主要涉及以下方面：儿童问题（教育、健康），农村问题（社区综合发展、扶贫、卫生保健），艾滋病防治，民族语言保护与发展，环境保护，农林牧业可持续发展，残疾人康复。

国际非政府组织在云南开展活动，其形式比较灵活，但总体上主要可以分为三种类型：

第一，建立项目示范点。其目的是通过示范点的建设传递项目的理念和方法，希望以此为基点，解决一部分问题，同时带动项目实施地采取更多的行动，最终解决同类问题。在我们的个案访谈中，所有的个案都表示建立示范点是它们开展活动的主要类型之一。

第二，培训。国际非政府组织在云南开展活动不仅仅注重开展项目解决具体问题，还非常重视其中的本土参与以及相应的能力培训。

第三，学术研究与讨论。

总之，国际非政府组织在云南的活动内容和该地区的社会经济发展需要是相一致的，其开展活动主要通过项目来完成。

2. 运作方式

经过不断的调整与完善，大多数国际非政府组织在项目运作方面都积累了丰富的经验。在所采访的个案中，国际非政府组织在云南的项目运作方式有以下三种：

第一种是接受其他方的项目申请，提供资金，但不参与项目运作。

第二种是与其他方合作做项目。具体做法一般是同省内相关部门建立合作伙伴关系，委托合作伙伴具体开展活动；国际非政府组织主要负责资金支持和项目评估，本地合作方负责具体的项目实施。

第三种是同相关政府部门达成项目合作备忘录以后，国际非政府组织直接进行项目的管理与运作。

根据访谈结果，在以上三种活动方式中，仅仅提供资金而自己不出面做项目的组织较少，大多数国际非政府组织都直接或间接地进行项目运作，要么自己从项目设计到具体实施全程运作，要么委托给合作方具体实施，自己则负责项目设计、资金提供以及监督评估。

（二）国际非政府组织对项目运作的效果反馈

国际非政府组织在云南的活动内容主要通过一个个项目完成，而在具体的项目运作中，合作又是其突出特点；能否依靠合作真正融入本土社会直接决定着这种模式能否成功。根据访谈材料，国际非政府组织对于在云南的项目运作效果主要有如下两点反馈意见：

首先，经验和成绩。所有的被访者均表示组织在云南的活动取得了预期成果，其中的成功经验主要包括：（1）取得政府的支持，坚持非对抗原则；（2）寻找良好的合作对象包括地方政府和当地非政府组织；（3）重视与目标群体的沟通。这些国际非政府组织从实践中发现，和地方政府部门、活跃在地方上的本土非政府组织以及其他各种组织进行协作有利于组织活动的顺利开展，往往比一个组织单独行动更能取得成效。从访谈材料来看，国际非政府组织对云南各级政府部门的评价总体上是比较正面的，他们认为云南省各级政府部门对国际非政府组织的态度比较开明，对国际非政府组织所带来的资源比较重视，因此在与国际非政府组织的合作方面总体上比较积极。当然，也有个别被访者提到在某些特殊时期政府对组织活动监督偏严，频繁对组织开展的活动进行检查，甚至要求终止某些项目，这些给被访者也带来了不少困扰。

其次，困难与挑战。国家制度层面的困难，包括国际非政府组织的注册问题以及外方工作人员出入境的签证办理问题。对于在云南开展活动的困难，最主要的是与政府部门的协调，表现为双方在工作方式上存在差异，需要进一步沟通。另外，还有一部分被访机构提到地方民众的参与情况不够理想。因为中国本身的公民社会发育并不完善，一些项目地点的老百姓对 NGO 的认识也不甚清楚，因此很多时候都采取旁观的态度。

从访谈的结果我们可以看出，国际非政府组织目前关注的重心并不是其推行项目运作模式本身是否恰当，而是其所倚重的模式在中国能否被顺利推行的问题；在后一个问题上，它们所关注的焦点有二：一是与中国政府的关系，二是中国公民社会环境包括公民意识和本土非政府组织的发展情况。

三、对策建议

对于地方政府部门来讲，作为对整个社会负责的公共部门，需要具备一种战略眼光。不仅要着眼于目前，创造良好的空间与前来开展活动的国际非政府组织有效合作，最大限度地引导其为建设和谐社会作出贡献；还要从合作中积极学习国际非政府组织有关公共服务的先进理念和值得借鉴的做法，为完善我国的公共服务体系作积极准备。综合起来，对地方政府有以下两点建议：

1. 建立与国际非政府组织的沟通机制，加强理解与互信

虽然国际非政府组织对地方各级政府的评价比较正面，但它们仍然把与政府的沟通不畅作为组织开展活动的最大障碍。国际非政府组织一般有自己明确坚持的宗旨和活动目标，在具体的运作方式上也有一套成熟的机制；而政府作为社会管理的主导力量，对自己的角色相当自信，其本身的运作方式轻易不会改变，因此，双方在合作的过程中，出现一些分歧甚至冲突是在所难免的。既然双方都认识到合作的重要性，加强沟通就是解决问题的唯一途径。并且，在加强沟通的过程中，地方政府在观念上更宜将国际非政府组织看成平等的合作伙伴而非听命于自己的被管理对象；对其活动内容、活动方式要设法理解，而不是一味要求对方按自己的想法行事，以实现为我所用。毕竟，国际非政府组织有自己独立的意志，它不是地方政府的下属机构。所以，地方政府应该与国际非政府组织建立正常的对话渠道和沟通机制，以此增进了解，明确彼此的要求和想法，在此基础上努力达成共识，寻找双方都比较满意的合作方式。

当然，加强沟通，增进了解绝不意味着在合作中中方须完全遵循国际非政府组织的运作模式。地方政府作为合作方应该保持自己独立的判断能力，以社会发展的现实需要为依归，而不能为了吸引资金、技术而一味取悦国际非政府组织。

2. 学习国际非政府组织在公共服务方面的先进理念和项目管理经验，逐步扶持本土非政府组织

目前，云南省境内活跃着众多的非政府组织，其中和政府联系较多的主要是一些实力雄厚的国际非政府组织。因为国际非政府组织一般能带来资金和技术，这正是当前政府所急于利用的，所以它们也就成了政府比较欢迎和重视的合作对象。就目前而言，与国际非政府组织的合作为地方社会经济发展创造了良好的发展契机，但是，地方政府也应该从长计议。目前已经有许多业

内人士提醒，随着中国经济的发展，越来越多的国际非政府组织和机构倾向于不再把中国看成是发展中国家，资金也会逐渐向其他更穷的发展中国家转移，届时，越来越多的国际非政府组织将撤离中国。

由此，政府应该从战略的高度考虑，给本土草根组织一些机会。党的十七大报告明确提出要建设服务型政府，强调要完善公共服务体系，强化社会管理和公共服务，加快推进政事分开，政府与市场中介组织分开，这表明我国政府对民间组织参与社会管理和公共服务持积极态度，非政府组织更广更深地参与社会生活有了无限可能。所以，地方政府在与国际非政府组织接触中应积极主动地学习其先进管理方式，为建立适应中国社会发展的非政府组织的管理模式早作准备。

对于政府机构、企业等组织类型的运作模式目前已经有大量的研究，但对于非政府组织的运作，已有的研究相对较少，尤其是针对在我国活动的国际非政府组织，人们对其运作更是陌生。本课题的研究对国际非政府组织在云南的运作模式给出了一个框架性的回答，虽然细节有待深入，但至少在学术研究上显得比较新鲜。

课题研究的初衷是通过对国际非政府组织运作模式的研究，找出其在云南的成败得失，站在促进合作、更好地促进社会经济发展的角度为政府的某些决策提供参考建议。如果所提供的信息是新颖独到的，是政府以前所未曾了解的，那课题研究的价值就能得到充分的体现。

课题名称：国际非政府组织在云南的运作模式研究

课题负责人：王妮丽

所在单位：云南师范大学

主要参加人：王　虹　刘筱平

结项时间：2009 年 12 月 6 日

文　学

明代云南文学研究

一、课题研究的目的和意义

（1）这是一个以明代云南文学为研究对象的断代地域文学研究课题，迄今尚无同类体例和研究角度的成果问世。

（2）断代研究和专题研究是写出高质量的、具有时代前沿学术水平的地域文学史之保证。就全国而言，新世纪的古代地域文学研究正在20世纪90年代的基础上深入展开。以当前中国古代文学研究对中心地域的全面开发为对照，边疆地域文学的研究比较落后，限制了外界对这些地区传统文学成就的认识。没有分门别类的实证研究和理论总结，就不可能推进地域文学研究的发展。明代是云南正统文学崛起的时期，其成就并不薄弱。但由于深入和整合研究相对滞后，其成就往往被中心地区边缘化，只有少数作家为外界所知，因而云南本地的学者理所当然地要肩负起对这一课题的研究责任。

（3）与全国水平相比，云南省在古代地域文学的基础文献整理工作上已经取得了一定成就，但在实证和理论研究上形成的论著成果不多，深入的、整合性的研究还相当不足，需要更大的投入。本成果由基础性的实证研究进而到理论概括和总结，整合云南古代文学的成就，彰显云南文学在中国明代文学史上的地位，对推进具有当代前沿学术水平的云南传统文学研究，无疑具有其理论意义、现实意义和学术价值。

（4）本成果在全国明代文学研究中具有前沿性，在中国明代文学年会暨国际明代文化文学研讨会上，笔者带去的这一研究领域专题论文，均引起了与会学者对云南传统文学成就的关注，并得到充分肯定，被会议《综述》作为重要成果评论并收入会议论文集。《第七届明代文学年会暨明代湖南文学国际学术研讨会综述》摘引了本成果的一篇论文："孙秋克认为，沐昂编选的《沧海遗珠》，素有善本之称。然是编之作者小传过于简略，编者和诗集亦有可疑之处。本文对《沧海遗珠》所收21位诗人的生平行实（主要是谪滇事迹）进行补充考订，并试图阐明明初谪戍诗人的生存状态及诗歌风貌。"（见国家一级刊物《文学遗产》网络版）

二、研究成果的主要内容

本成果从明代云南文学的特点和实际出发，以正统文学（诗文）为主体，以总体论述为纲要，以几大作家类型、重要作家群、著名文学家族为基础，以一代文学作家作品共时空和跨时空的描述为经纬，构成明代云南文学研究论述的基本框架。在具体表述上则把个案研究与综合阐述、历史语境与文学发展、传统内涵与当代视角、文学交流与地域特色等多个角度结合起来，把文本分析、史料考证与理论概括作为三个重点，原人、原文，始终把握文学本体，在纵向和横向交错的态势中观现象、看发展、识本质，立体地描述明代云南文学的独特风貌，最终创立比较能够揭示其主要内涵的叙述体例和基本理论，进而明确明代云南文学在全国大格局中的基本地位。此外，本书也关注学界此前已有的明代云南文学研究成果，有所引用则一一注明，并附录了相关文献索引。主要内容如下：

第一章　云南文学的崛起：一、明代云南文学崛起的多元因素；二、全国视野中的明代云南文学。第二章　隐逸文学的兴盛：一、“志不在干禄”·隐逸作家概况；二、“三子远不及也”·昆明郭文；三、“杨林两隐君”·兰茂和贾惟孝；四、“移栽上林不可得”·晋宁唐尧官；五、“满山空翠淡忘机”·各地州隐逸诗人论略。第三章　宦滇职官的咏歌：一、洪武以来之渐兴；二、万历以来之盛衰。第四章　宦游诗人的心声：一、“关山路尽九千里”·安宁籍诗人杨一清；二、“忧国忧民意自深”·其他宦游诗人论略。第五章　谪戍名家的创作：一、谪戍解；二、《沧海遗珠》作家群考论；三、杨慎的滇云岁月、文学思想和创作；四、杨慎与嘉靖云南诗坛之繁荣；五、程本立等谪戍诗人论略。第六章　遗民诗家的才性：一、高应雷引论及创作行实系年；二、文祖尧引论及创作行实系年；三、苍雪的交游和创作；四、从俗世到僧侣的担当；五、陈佐才等人的遗民情怀。第七章　首府外文学家族考论：一、永昌府张氏·张志淳、张含、张合；二、丽江纳西族土知府木氏·木公、木青、木增；三、宁州土知府禄氏·禄厚、禄洪；四、大理府白族何氏·何邦渐、何鸣凤、何蔚文。第八章　馀考：一、“平居陈郭”考；二、王锡衮创作行实考。附录：主要参引书目、编制《〈新纂云南通志〉集部明代简表》、重要研究论著论文索引。

三、研究成果的重要观点

（一）明代云南文学以正统文学（诗文）为主流

洪武十四年（1381 年），朱元璋敕令颍川侯傅友德、永昌侯蓝玉、西平侯沐英统领大军征滇，洪武十五年（1382 年）平云南，接着在云南全境相继建立了以汉族政权为主体，与全国中心地区大致相同的统治体系，明王朝从此开始了自汉置郡县，唐宋封疆，元设行省以来汉族封建中央集权制国家在云南空前强大的统治。云南文学在明代崛起，与上述历史大背景密切相关。此前云南文学经历了漫长的发展史，却未能步入中国文学的主流，亦未能实现与全国文学的对接。但是我们说“主流”和“对接”是相对的，并不意味着明代云南文学完全失去了自己的地域色彩，而这一色彩的形成缘于种种复杂的因素。

中国古代所谓正统文学，指以汉语言为语体，以诗歌和散文为主体，以儒家思想为主导的文学创作形态，对作家的民族身份则没有任何限定。明代云南文学的空前成就，是各民族文学精英的共同创造，大理白族诗人李元阳、永昌（保山）回族诗人马继龙、丽江纳西族土司木氏家族等，就是少数民族作家的杰出代表。

（二）明代云南文学之崛起受到多元因素的影响

（1）朱明王朝对云南在军事、政治、经济、社会结构上的全面经略，使云南真正融入大一统格局，汉文化得到大传播，是云南正统文学兴起的重要背景。朱明王朝在云南建立汉族统治政权的步伐相当之迅速，巩固政权的重要举措亦贯彻始终，并在大框架内采取具体的措施，保证了在汉夷杂处的边陲其统治政策切合实际。云南社会的结构在明代有了重大的改变，留兵屯戍，并向云南大量移民的结果，使汉族人口在历史上首次超过原土著居民，此外宦滇官员、吏属及谪戍人员大量入滇都使汉文化得到广泛传播。

（2）朱明王朝大力兴教办学以“造士”，促进了明代云南士绅阶层的形成，这是云南正统文学兴起的重要基础。明王朝在云南不仅广建各级各类学校，还大力兴办书院、文庙，广选良师，在云南广大地区极有成效地形成了覆盖面极广的教育网络——各级各类学校无疑是“造士”的基地，从这里走出的士子，无论属于哪一个民族，无论其是否进入科举之道，都自然而然地成为正统文学创作的主要力量。

（3）朱明王朝大力推进科举以促进“造士”，是云南正统文学兴起的重要契机。明王朝在云南大力举办教育，最直观的成就体现在科举上。明王朝在科举上对云南有所倾斜，在整个明代科举中，登科人数以云南府居多，其次为大理、临安、永昌等教育发达地区。推进科举对于云南发展的意义，杨慎说道：“千年之期而一朝之遇也”，“今日之滇云，非昔日之滇云矣！”（杨慎《云南乡试录序》）不妨说云南传统文学家就是科举的直接产物。

（4）朱明王朝以释辅儒，成民化俗的统治思想，是云南正统文学内涵形成的重要来源。朱明王朝以程朱理学立朝，但同时以倡导佛教为务，行以教辅政之实。朱元璋曾对儒学和宗教的关系作过“斯道非异圣人之道而同焉”的阐释。明代的各类学校教育以儒学为中心，明代科举以程朱理学为主要内容，其地位远胜于此前的任何一个朝代。学校教育和科举的主导思想不仅影响到学子的人生观，还影响了整个社会。在社会生活里儒学中心的确立，必然影响到文学主题的呈现，或成为重大文学主题。佛教被执政者作为施政之辅，滇云佛教复兴，高僧辈出，士人有读书僧寺之风，嘉靖以来士大夫亦有禅悦风气。明代云南山水诗的兴起可以说与禅悦之风大有关联，或说是山水诗半成于寺观。

（5）镇守使沐氏对云南正统文学的形成起到了倡导作用。沐氏一门与传统文化渊源有自，在云南虽为军事镇守，但向来喜欢结交文士。可以说，没有沐氏对文学的倡导，就没有《沧海遗珠》之编和“平居陈郭”之并称。明初沐氏的这一文学风气沿袭下来，形成了文学史上的独特现象。

（三）在全国文学视野中看明代云南文学

（1）云南文学在明代以前还不成气候，至明代虽仍处于边缘地带，但以正统文学所取得的成就为标志，其发展无疑超越了以往任何一个朝代。因此，讨论这个时代云南文学与全国文学的关系及其自身特点，有更为深刻的意义。朱明王朝政治的统一、对边陲的控制、汉文化的强势进入，使云南文学立起了一座新的里程碑，在全国文学中自有其特有的气质、禀赋和风格。

（2）明代云南文学与全国文学相比有同有异。缘于云南文学到明代才实现与全国的接轨，这就决定了它与全国主流文学的发展状态有所不同——中国明代文学以小说、戏曲、诗文为三大主要形式，但小说、戏曲在明中晚达于繁荣，成为最能代表明代文学成就的艺术形式，而云南文学的态势恰恰相反：在全国主流文学中只占三分之一的正统（诗文）文学，在云南却成为主流，并取得了突出的成就。其相同处则在于诗文与全国文学中的这个部分重合，亦与中国正统文学合流。明代云南文学与全国文学的不同大于相同，明代云南主流文学的这一状态，不是任何人的主观意图所能改变的，而这正是明代云南文学的重要特点。

（3）云南文学在明代获得了前所未有的发展机遇，一起步即气度不凡，产生了引人注目的文学家和创作成就。从全国文献看，《明史》、《四库全书总目提要》、《明诗综》、《居易录》等重要文学史典籍都收录了云南明代作家的作品，袁嘉谷等编辑的《云南丛书》、方树梅著《明清滇人著述书目》、李根源编纂的《永昌府文征》、张文勋老师主编选注的《云南历代诗词选》等大型文献，更显然可见云南文学在明代的崛起。明代云南有不少名家在外界产生了较大影响，如杨一清、杨慎，再如兰茂、张含、李元阳、王廷表、苍雪、担当等作家不仅有成功的文学创作，还有值得重视的文学理论，《明诗话全编》亦选了数家。

（4）以正统文学为主要载体的明代云南文学，文学流派和作家群现象都不突出，而有自己的发展特点。中心地区的诗文在明初突出地表现为作家群现象，随着大一统局面的稳固，则呈现出茶陵派、前七子、后七子、公安派、唐宋派、竟陵派等文学流派迭替和论争的态势。然而在明代成为云南文学主流的正统文学中，没有产生过严格意义上的文学流派，作家群现象也不突出，但各种类型的作家作品则相对明显并贯穿始终，杨慎已注意到这一现象并作过简单的概括。作家类型指某些作家由文化身份或社会角色的类同而形成某种具有共同点的文学创作倾向，表现了他们生活的基本状态和文学主题乃至文学风格等方面的相近性。作家类型的形成是自然的、原生态的，这就打破了文学流派所具有的派系意识、宗主意识和风格意识，也没有作家群在共时空和文学主张同一性方面的限制。这主要由于汉化程度在明代云南才得以比较广泛而彻底的实现，文学家自然而然地以某种文化身份进行创作，地缘和时空都显得不是那么重要了。

（四）明代云南文学的基本特点

（1）在“明代云南”这个历史地域的概念下，明代云南文学的主体作家大致可以分为两大基本类型——本土作家和外来作家，其中又可细分为外来作家，包括宦滇职官和谪戍作家；本土作家，包括宦游作家、隐逸作家、遗民作家、文学家族；此外有并称如“平居陈郭”，还有作家群如“杨门六学士”。但这当中必然会产生交叉的情况，这正表现了明代云南文学的立体性和复杂性。所以本书各章的论述，并不完全为其所囿，笔者或以身份（如《沧海遗珠》作家），或以所系中心人物（如“杨门六学士”），把他们归入到相应的章节中。事迹史载较略，或有重大疑点需要辨析的，则作为“馀考”。这样的论述基本结构，可以较好地整合作家作品，其思路来自对明代云南文学实际的考察，应当比较接近文学史实。

（2）明代云南文学在与全国的交流中保持和发展了地域特色。①宦滇和谪戍作家既带来了内地文学的风尚，又受到云南山川风物的熏染，其创作以鲜明的滇云色彩，成为云南文学的一个部分；本土作家则在受到外界文学风气影响的同时，始终保持发展着地域文学的特点。②同一个时期的作家群体并不受小地缘的局限，如“杨门六学士”中就有昆明、晋宁、大理、永昌等地的诗人，永昌汤琮等五人诗社中也有江南诗人。③宦滇、谪滇作家和本土作家中某些成就较高的作家促进了内外文学的交流，他们以其在整个明代文学史上所具有的重要地位和全局性影响，使云南文学走向全国，并为外界所认识，本土宦游或流寓外地的作家，也自然地成为内外交流的桥梁。④嘉靖和明季是内外文学交流比较突出的两个时期。由于杨慎的到来，嘉靖云南文学成为全国文学在西南的一个重镇；明季云南诗人与吴中文士多有交往，形成一个重要的文学现象。内外交流在相当程度上打破了边地的局限，使云南文学充满了活力。

（3）明代云南文学具有鲜明的地域色彩。从各个不同作家类型及其代表作家的创作中，我们不难细绎出明代云南文学的主要精神气质，进而阐释其审美特点。然而文学精神、文学主题、审美趣味等三者显然是不能截然划分的，在与全国文学的交融及地域文学自身传承的合力作用下，明代云南文学如同这块土地那样绚丽多彩：内在层面上的乡土情结、超然境界、涉世热情、悲悯情怀、批判意识；外在层面上的兼收并蓄、综合众体、雅俗并举、创新求变、保持特色；审美层面上的雍容浑和、奇崛雄健、清新秀逸、深沉幽永、朗润天然、沉郁警策、和平婉丽——这一切以云南独特的山川自然景观为背景，形成了云南文学在中国同时期文学中的异彩。

（4）明代云南文学实现了与中华传统文学的合流。如异军突起的明代云南文学，其作家作品不仅在数量上大大超过了此前所有时代的总和，而且在形式上几乎囊括了中国古代正统文学的所有样式，真可谓众体皆备，百花齐放。与全国同时期的诗文相比，云南文学表现了自己在文学精神、文学主题、审美风格等方面的特点。带有鲜明云南地域色彩的文学意象，舒卷着历史的风云和沧桑，浓缩为“中华民族精神的诗化表现”（张文勋《中华民族精神的诗化表现》）。以天下为己任的使命感，建功立业的雄心，忧国忧民的情怀，使明代云南文学呈现出厚重的人文主题。在特殊的历史时期，明代云南诗文中这种内在气质之表现，甚至超过了同时期全国其他地区的文学。

四、研究成果的学术价值和应用价值

这是一个以明代云南文学为研究对象的断代地域文学研究课题。本成果从“传统与地域”、“文化与文学”、“交融与特色”、“个案与群体”等视角，在实证研究的基础上，以新体例对明代云南文学的崛起、发展和重要文学现象、基本特点进行了分析论述和理论概括，并对明代云南文学与全国文学的关系作出了适当的定位，使本成果具有明显的创新性，迄今尚无同类成果问世。

云南文学崛起于明代，一代文学家以地域色彩浓郁，人文底蕴深厚的创作成就，成为中国明代文学史的一个重要组成部分，也昭示着云南文学富有希望的未来。作为一项基础研究，本成果的应用价值在于通过具体论述和理论概括，让人们从中感受到与云南历史划时代新篇章的揭开同步，云南文学曾经以怎样的态势，在西南边陲开花结果，形成了一个地域文学的独特风貌，进而推动云南文学的发展。

课题名称：明代云南文学研究

课题负责人：孙秋克

所在单位：昆明学院

结项时间：2010 年 1 月 11 日

文学视角下的明清八股文

近年来，八股文研究已呈现出前所未有的蔚为大观的态势，但现在的研究还存在着不少虚的成分。只根据前人的说法来演绎的也不在少数，未能真正深入到八股文内在的文体机制进行文本的分析。该课题先剖析八股文的内部结构，然后从文学的视角来审视它，力求探寻八股文的一些文学元素，如八股文的韵律特征、八股文的写作要素等，对解释明清文学发展过程中的一些根本性的问题或许具有一定的学术价值。

1. 明清八股文文本分析，力图展现明清八股文内部机制及其演变的轨迹

八股文随时代变易，同为八股文，明代八股文（特别是明初的）和清代八股文各有特色，形式结构也应当有一发展演变的过程。本课题选取明代八股文和清代八股文共二十五篇作抽样的比较分析。文章结构的分析均以表格的形式展现，这样，各自的结构特点就会得到鲜明地呈现。

（1）文题。考察《皇明历朝〈四书〉程墨同文录》和《清代硃卷集成》中所录文章，从明至清，八股文文题经历诸多变化。明代早期的文题偏重于长题。就内容而言，大都涉及大的道理或某种制度，属于人伦治道之属。清代八股文，大都是小题。大题、章节题明显减少。

（2）题头。破题，明代八股文破题没有特别严格的规定，比较宽松自由。到清代，朝廷对八股文破题有严格的限定。承

题，明清并无多大差异，但明文多于承题之末承领上文原题。而清代并无此严格的规定。起讲，明代（尤其是成弘以前）起讲简短，清代起讲的篇幅已经明显长于明代的。结语明清有很大的不同，前明制义，每篇之后多有大结。清代的十篇抽样文章，篇末已没有大结，只有收结或者落下，甚或束股后就完篇。

（3）主体部分。同时，在明前期，作文排偶还不是十分严整，到成弘时期，体制已经完备。入清后，因阐发义理的需要，八股文篇幅又有所增长，而后文章即便股对分明，但股对篇幅都较长，直至清末。

2. 八股文的韵律特征

一般而言，八股文毫无文学艺术价值可言，更不用说有什么“音乐”美。仔细考察，八股文体也还有韵文的不少韵律形式特点，如节奏、平仄、对偶等。

（1）八股文的节奏。八股文节奏产生的基础之一就是汉语语音的特征。八股文的节奏特性表现在由章法结构移位、转位形成的节奏中，具体表现在结构的“起承转合”中。八股文的破题应是“起”，承题、起讲、入题应是“承”，用排偶来阐发见解的八个段落应是“转”，文章的收结应是“合”。

（2）八股文的平仄。平仄是形成语言韵律的最主要形式。八股文在一定程度上和诗歌古文一样，也比较注意平仄，因为八股文是在汇集了古代若干文体写作技巧的基础上综合而形成的，特别是其股对着重运用骈体文中长联式的对偶，骈文的韵律手法在八股文中就特别明显。

（3）八股文的对偶。对仗的整齐是韵文韵律的基本内容之一。其韵律主要体现在八股文的股对上。这在我们的明清文本分析中可明显看出。八股文的这种对称恰好能给我们带来一种匀整平稳的和谐韵律。除此之外，八股文还运用长短律节奏来增强文章的韵律美。同时，八股文的韵律还表现在语言体式不避重复。

（4）八股文的虚词运用。这些虚词大部分为平声，在文章中能帮助停顿拉长音换气，语气上的抑扬顿挫只有通过吟唱才能感觉得到，它体现出了一定的韵律特征。特别是句尾运用的助辞，还有助于它前一个字的谐韵，从而增加语句的音乐性，体现出声韵美。

3. 八股文的写作要素及与明清古文的异同

经义八股文的写作不外乎“理、法、辞、气”几个方面，这便是八股文的写作要素。这一提法从考察明清科考文章的批语中得到了印证。“理”就其内容而言，它必须要体现统治者的思想意识。内容是要阐释儒家经典的“义理”，即儒家为维持封建统治而张扬的纲常伦理，以及宋儒的思想精神。八股文的“法”指文章的作法，也即各类具体的技法、笔法，因其琐细、繁杂故很难精确分类。不过，就其大体而言，有“行文之法”，有“御题之法”。“辞”指文章的字句、语言表达。在八股文的写作中，字句的锤炼对义理传达具有重要的作用，八股文的语言本色文字最好，即朴实自然，言之有物，不求华丽藻饰。八股文写作对“气”很重视。八股文“气”也即文章的气势，它并非凭空而生，而是源自应试者的思想才情、涵养气质。“气”通过文章语言、句式呈现，它对这种文体的语言程式便有相应的要求。

就八股文的体制而言，无论是内容、对偶形式，还是整体的结构方式都与唐宋以来的古文有许多相通之处。内容上，时文与古文都遵程朱义理；在行文之法上，古文也讲结构布置、段落安排、语句锤炼、助语使用之法；时文之法也是历代“为文之法”的提炼、集中和定型。可见，在“理、法、辞、气”写作四要素方面，八股文与古文有着天然的联系是毋庸置疑的。八股文终究是科考文章，虽然和古文的写作有一定的相通处，但差异性还是首要的。

科举八股文是命题作文，其题主要摘自《四书》，此与古文之文题有很大不同。八股文其实就是命题作文，其题目是先行硬性规定好的。古文是作者心中有了对天地、社会、人生的认识和某种感悟后而下笔成文的，至于题目，是根据内容进行概括而后加上的。古文之“理”还可以是存在于万事万物中的道理，更重要的是作者对天地、社会、人生的认识和感悟。科考八股文所阐释的必须是孔孟之道、程朱之学，无自我发挥的空间和自由，这是功令的要求。

古文文体形式较为灵活，在行文之法上，古文不局限于遣词造句和开合顺逆的固定格法，结构安排完全视思想情感和内容表达之需要，是合乎所表现某一内容的规律。八股之法则必须如此，开合首尾，正反虚实，顺逆周折，起承转合均有统一的固定格式严格限制。

在文辞表述上，八股文在规定了题目和大体内容的情况下，只有翻新出奇、汪洋奇变才会有新意，才能取得主司的青睐。古文的措辞表达是“如行云流水”，全出于作文者自己的文思。其语言体式不追求语句对偶，奇句单行，句子可长可短，不受拘束。八股文的语言体式还有严格的规定，即骈散兼行，骈处必须股股相对，蝉联而下。

八股的“气”是指通过文章语言、句式表达出来的文章的气势、气概。虽然也要靠作文者的个性气质和修养，需靠平时不断地蓄养。但八股文的气，呈现在文辞上为对偶形式所拘束，矫揉造作，不合乎文章行文的自然气势。而古文是单行散句，不受固定僵板的法式限制，可意到笔随，明白晓畅地抒发感情，其气势晓畅自然。

综上所述，和古文相比，八股文的“理法辞气”均受考试的功令要求限制，然而也正是因这些功令要求极大地限制了士子思想才情的自由发挥，从而使八股文无论在内容还是形式上都走上了僵化的道路。

4. 八股文起源论评价

人们对八股文源头的说法很多，该课题就几种主要的说法作评介。

（1）始于唐代的帖经、墨义。八股文始于唐之帖经、墨义，持此观点者不在少数。很多说法均是从二者的考试内容相近角度得出的结论。但从考查应试者对经义的理解和阐释发明的角度，即从答题形式上，二者又有所差别。八股文是要对经文有所阐发，而帖经、墨义只需背诵即可。很显然，我们当然就不能认为从经书中命题就断定它是八股文的渊源。

（2）始于唐宋骈文说。

（3）始于宋代说。对此有两说：其一为北宋王安石所创；其二始于宋代的时文。此说较为客观地揭示了这一文体最初的发展状况。

（4）始于元代说。对此有两种看法：一是起源于元代的经义，二是起源于元代的曲剧。

（5）始于明代成化年间。

这些论说从各自的角度探讨了八股文的起源。科举八股文是适应科举考试的需要而产生，随着科举考试的发展而发展，作为一种成熟的考试文体，它的生成不是一蹴而就的，是一个长期积累演变的过程。其最初的源头当追溯到宋代的经义文。从最初的试经文“大义”发展而及“三经新义”，到宋元时期的经义文，直至明代成化八股文的成熟定型，经历了萌芽、成长、完备、定型的过程。可见，它的形成并非由某人或某几个人或某个权威在某一特定的时间里制定的，它是在历史的过程中，伴随着科举考试的发展，由众多的人参与不断修补完善的结果。

课题名称：文学视角下的明清八股文
课题负责人：高明扬
所在单位：昆明理工大学
主要参加人：吴肇莉
结项时间：2010年7月13日

历 史 学

中国古代历史编纂学思想研究

一、课题研究的目的和意义

中国古代历史编纂学是我国优秀史学遗产的一个重要方面，著名史学家白寿彝先生将其列为史学遗产的“七个花圃”之一，在“七个花圃”中，又特别强调了历史观点、历史编纂学、历史文学和历史文献学四个方面。中国古代有着多样的历史编纂形式、丰富的历史编纂学思想、悠久的史官设置和修史制度、突出的历史编纂成就，这些都值得认真研究、总结和借鉴。但至今学界对历史编纂学的研究做得还很不够。

中国古代史家素来重视史书体裁的继承、创新和发展，留下了丰富的遗产，但对历史编纂实践的理性总结和理论说明却甚少，因而在史学史研究中历史编纂学的研究历来为人们所忽视。20 世纪 80 年代以来，随着中国史学科的发展，历史编纂学的研究才得以初步展开并逐渐发展。但研究成果主要集中于编纂形式（史书体裁）的研究，在史书体裁的综合研究、史书体裁个案研究和专题研究方面，都取得了一定成绩。而于编纂思想、编纂观念及方法的理论研究涉足甚少，故在中国史学史研究中，中国古代历史编纂学研究仍然是一个薄弱环节。该课题研究即是力图弥补这方面的缺憾和不足，从编纂思想角度切入，对中国古代历史编纂学的历史、理论和方法等作一系统的挖掘和总结，探讨中国古代历史编纂学在观念、方法、理论等方面的思想成就，总结其间的利弊得失，弘扬中国传统史学的民族特色，为当今的历史编纂实践提供有益的启示和借鉴，为更好地建设具有中国作风、中国气派的历史学服务。

二、研究成果的主要内容和重要观点

该课题研究公开发表的阶段性成果有9篇论文，最终研究成果形式是专著《中国古代历史编纂学思想研究》（45万字），含“正文”十章和“附录”三目。主要内容和重要观点如下：

其一，第一章“绪论”。辨析了历史、历史学和历史编纂学，界定了历史编纂学思想研究之内涵，梳理了中国古代历史编纂学发展之历史，阐述了古代历史编纂学遗产之价值和魅力。

历史学（史学）是人们对客观历史的记录和撰述。人们记录和撰述客观历史是讲究方法和理论的，这些方法和理论就构成了历史编纂学。故历史编纂学实际上就是关于记录和编纂历史著作的具体方式和具体方法的学问，涉及史书编纂形式、史书的内容、史书的文字修饰，举凡史料的收集、整理、鉴别和筛选，史书体裁的选择，史书的体例安排，史书的文字表述技巧等都属于历史编纂学。这是一门研究、解释和编纂历史的理论和方法的学问。

历史编纂学的产生与早期历史记忆和历史记事有关，当历史记事拥有了自觉的意识，历史编纂学就开始起步了。我国历史编纂学的起步，是在先秦时期。这一时期，无论在史书体裁、编撰体例、史书笔法，还是在历史观方面，都为后世史学的发展奠定了基础，开辟了道路。两汉时期，纪传体的正式创立和规范，编年体的发展和成熟，使我国古代历史编纂学走向了成熟；魏晋南北朝时期，史学呈现出多元化的发展趋势，历史编纂学进入了大发展阶段。隋、唐、宋、元时期，高质量、大部头的史学巨著纷纷出现，新的史书体裁纷纷创立，编年体的发展被推到了高峰，前代历史编纂学成就得到了系统的理论总结，历史编纂学的发展步入辉煌时期。明清时期，由于历史和现实的诸多原因，历史编纂学出现了总结和反思的趋势，学者们注重对前代史籍进行大规模的研究和总结，成就大，范围广，前所未见。中国古代历史编纂学的发展不仅反映了史学的发展，更体现着社会的发展和时代的需要，在更深的层次上则表明了史学同社会的密切关系。

如果说史学思想是人们对于史学的看法，那么历史编纂学思想则是人们对于历史编纂学的看法。作为史学方法论的一个重要方面，历史编纂学是以探讨史书编纂方法为目的的，相应的，历史编纂学思想就是研究史书撰述方法的理论。即历史编纂学思想，是史学家对历史编纂学的理论认识。人们记载和编撰客观历史是要讲究方法和理论的，人们记载和编撰客观历史的方法和理论就是编纂历史的指导思想，即历史编纂学思想。故历史编纂学思想要解决的是历史认识的内容与形式的关系问题，即史家以什么编纂形式来反映社会、反映历史？为什么要采取这样的特定形式？其背后支撑的是一种什么样的思想和观念？中国古代历史编纂学思想研究，就是力图在前贤研究的基础上进一步探讨和总结历代史学家关于历史编纂学方法和理论的理性认识，汲取其思想精华，更好地为当今的历史编纂学工作提供有益的启示。

其二，第二章、第三章、第四章，是对中国古代历史编纂学发展中的重要理论问题作出探讨。

第二章揭示时代学术思潮变化与历史编纂学变革的关系。认为：历史编纂学的变革、发展与时代变迁、社会进步密切相关，甚至可以说，时代变迁和社会进步决定着历史编纂学的变革和发展。社会变化与历史编纂学的关系，首先是社会的发展进步为史书编纂提供了丰富的史料。其次，史书编纂如实地记录了社会进步。通过史著，可以更好地了解过去社会发展变化的客观情况。再次，社会进步影响到历史撰述的内容和形式的变化。其中，尤其是学术思潮的变化深刻地影响着历史编纂学思想的发展。而一定时代的学术思潮是一定时代社会生活的反映，它随社会生活的演替而演替，随时代的变化而变化，是时代的风向标。学术思潮变化对历史编纂学的影响尤其表现在哲学思潮上。一定时代哲学的发展水平，不仅直接影响人们对于历史的认识与解释，而且影响到人们对史学研究方法的掌握和运用。

第三章揭示中国古代历史编纂学发展中鲜明的二重性特征。认为：史书修纂中的"客观与主观"、"天命与人事"、"直书与曲笔"、"实录与名教"，集中体现了古代历史编纂学的二重性特征。所谓史学的二重性，从总体上说，就是史学的客观性和史学的主观性。换言之，史学既是客观的，又是主观的。因为历史本身是客观的、不可改变的，但史学家对历史的记载和编撰却带有主观性，他们对史实的剪裁和认识，主要取决于史家的治史指导思想。故尽管历史学家在努力探明人类既往的发展历程并揭示其发展规律，即揭示客观真实的历史，但人们通过历史著述而获得的永远不可能是完全客观的完整的历史，一切史学著作，都是主观与客观的统一。在历史编纂中，唯有做到主观与客观的高度统一，才可能撰就优秀的传世久远的史学著作。

历史编纂学的二重性特征不仅反映了古代统治者的二重性需要，而且还反映了史学遗产的丰富性和复杂性。即统治者"一方面要从历史中吸取真实的经验教训，要求历史的真实，追求实录直书的精神；又一方面，要求历史著作证明自己的政权是合乎天意的，因此，通过历史的作品宣传皇权神授，这又是在主观上要求曲解历史。真实的历史和虚幻的结合在一起，就构成封建史学的二重性"。但二重性不是两个方面的简单组合，二重性能较好地说明史学遗产中精华和糟粕并存，依据二重性特征可对历史典籍的价值作出较为客观的估定等。

第四章阐述中国古代历史编纂学的基本问题。认为：史书的编撰目的、史书的体裁体例、史书的编与著、史书的内容与形式、史书的史文要求、史家考察历史的方式以及史家自身的修养要求等，构成了历史编纂学的基本问题。故本章分列了“史书的编与著”、“史书的体裁与体例”、“会通与断代”、“史法与史意”、“历史表述”、“德才学识”六节，并一一进行讨论。其中，“史书的编和著”，是对史书性质和编纂层次的要求，区别编和著，对于修史工作意义重大，既可以据此确定史书在编撰上的性质，又可以根据编和著的不同性质，分别用“方以智”和“圆而神”的要求来提高史书的编撰水平。“史书的体裁和体例”，是史著编撰中首先遇到的两个重要问题，也是历史编纂学中两个最基本的概念，前者是指史书的外部表现形式；后者是指史书的内部组织结构和表述上的要求。它们都属于史著的形式范畴，其含义联系密切，又各有侧重。“史法”与“史意”表达了历史撰述活动中外在的表现形式与内在的历史认识之间的辩证关系。“史法”是“史意”的外在表现形式，“史意”则是“史法”的内在思想依据。“德、才、学、识”，是史家对自身素质、修养所作的自我反省和总结，反映了史家史学自我意识的觉醒、发展和深化。既是对史家的基本要求，也是史家批评的基本范畴和历史编纂学范畴，史书之价值、史家之成就等等，都得以此为尺度进行评判。这是一组中国古代历史编纂学中的核心范畴，也是中国古代史学批评的核心标准。

其三，第五章至第十章，以史书编纂形式为中心，探析形式背后的观念变化，分别探讨了编年体、纪传体、典制体、纪事本末体、学案体、史注、史评、史考等史书历代编纂观念的变化。每一种体裁均采用纵与横相结合的方式进行论述，突出“论”的特点，突出“观念”的变化，揭示不同体裁体例背后意蕴的不同编纂观念。如编年体史书编纂从《春秋》的“史法”和“史义”，到《左传》的叙事与论史有机结合、荀悦《汉纪》的“通比其事，例系年月”、司马光《资治通鉴》的“因丘明编年之体，仿荀悦简要之文”和“叙国家之兴衰，著生民之休戚”，再到朱熹《资治通鉴纲目》的“纲举目张”、“义理为重”、“辨明正统”，编纂观念前后相承而不断创新变化。又如纪传体史书确立了“以人为中心”的述史观念，“通古今之变”、“述往思来”的修史要求和修史目的是司马迁《史记》编纂思想的核心主旨，《史记》开出了中国史学发展的新时代。班固《汉书》一变而为“网罗一代”、“述叙汉德”，再创纪传史编纂的新格局，成为后世编纂皇朝史的范本。魏晋南北朝隋唐时期，突出的是“修史取鉴”、“治心治世”的编纂观念，使纪传史纂修日趋伦理化。至宋元，纪传体编纂观念则出现了强烈的“正统”之争。随即，“国灭史不可灭”又成为纪传体史书编纂的重要观念，直至明清。历代纪传体史书编纂观念的变化，正鲜明地体现着中国古代史学的二重性特征。再如典制体史书从杜佑的“征诸人事，将施有政”和“统括史志，会通古今”，到郑樵的“会通之义，自得之书”，再到马端临的探讨“变通张弛之故”，恰好反映了典制体史书编纂观念的发展进步。再如纪事本末体史书编纂从袁枢《通鉴纪事本末》的“区别其事而贯通之”，到陈邦瞻《宋史纪事本末》的“论次宋事而比次之”，再到谷应泰《明史纪事本末》的“广稽博采，勒成一编”，编纂方法和编纂观念的变化十分明显，等等。

其中，第十章“史注、史评、史考与历史编纂学的理论总结”，对全书带有一定的总结性质。史注体、史评体、史考体史著不同程度地反映了史家对史学工作的反省和理论总结，在历史编纂学上有独特的理论贡献。如在治史宗旨、史学功用、撰述原则、取材标准、语言表述、书法义例、史家修养等诸多涉及历史编纂学的问题上都提出了重要的理论认识。

其四，“附录”主要探析三个问题：一是“章节体的引入与近代以来史书编纂观念的变化”。章节体的引入和进化史观的输入，带来了史书编纂的创新，“主进化”、“倡民史”、“尚整全”等观念主导了近代史书的编纂，使历史的编纂从帝王的庙堂中解放出来，真正成为普及教育与激发爱国之心的有力武器。不仅促进了中国历史编纂学的发展进步，在中国传统史学近代化进程中起了重要作用，而且以史教救国，迅速成为清末社会各阶级“教育救国”思潮的重要组成部分，发挥了救亡图存的舆论先导作用。二是“梁启超的历史编纂学思想”。梁启超对旧史的批判、对新史的设想，对史籍的划分和史体的评述，对史学求真与致用治史目的的认识，对通史与专门史研究与撰述之思想，以及赋予“史家四长”的新意义和新的阐释等，都深刻体现着梁启超丰富的历史编纂学思想，值得认真总结和借鉴。三是“白寿彝先生关于史书编纂的理论与实践”。白寿彝先生把他多年来关于史书编撰的理论变成了实践，撰成12卷22册的《中国通史》巨著，批判地吸收了古今各种史书体裁的优势，形成了一种独特的“新综合体”，既能够容纳丰富的历史内容，又能显示历史记载的生动性、立体感。体裁新颖而富于民族特色，实现了史书编纂体系的重大创新，为当今历史编纂学思想的探讨和史书编纂实践提供了成功的范例，留下了丰富的史学遗产：一是重视对传统的继承与创新；二是注重理论联系实际；三是关注人民大众；四是着力于“通”的追求等。

“附录”部分意在表明，本课题的探索也注重“通”的把握。

总之，该课题研究从编纂思想的角度切入，突出中国古代历史编纂学发展中的“观念”变化和“方法”变化，对中国古代历史编纂学的历史、理论和方法等作了较为系统的挖掘和总结。

三、研究成果的学术价值、应用价值及社会影响和效益

该课题是在课题负责人以往对古代历史编纂学形式研究成果的基础上的进一步探索。课题负责人曾于2002年出版了《中国古代史书体裁研究》（中国文史出版社），属于编纂形式研究，是目前关于中国古代史书体裁综合研究的第一部论著，受到了学界重视，不少高校已将其列为“中国史学史”、“史学概论”、“中国历史文选”等课程的重要参考书。该课题最终研究成果《中国古代历史编纂学思想研究》，则属于编纂思想研究，由编纂形式上升到编纂思想，其价值和意义不言而喻。且此著述正式出版后，也将成为研究我国古代历史编纂学思想的第一部专著，一定程度上起到了抛砖引玉的积极作用。当然，该课题研究在学习、借鉴和汲取西方历史编纂学成果方面还做得不够，有必要在后续研究和成果的完善中加强这方面的内容，通过中西方历史编纂学成果及其思想的比较，来更好地突出我国历史编纂学遗产的辉煌成就及其鲜明特色，更好地用我国古代历史编纂学的果实，来滋养当代历史编纂学的成长。

课题名称：中国古代历史编纂学思想研究

课题负责人：白　云

所在单位：红河学院

主要参加人：朱端强、段润秀

结项时间：2010年6月23日

语 言 学

云南少数民族濒危语言研究

——以阿昌族为例

随着经济全球化进程的加速，语言的大规模衰退乃至消失已经成为当今世界范围的普遍现象，也成为国际语言学界关注的问题。“濒危语言”自20世纪70年代提出之后，在很短的时间内迅速成为语言学界的新热点，并于90年代在语言学界的呼吁和推动下，联合国教科文组织、语言学界以及国际社会采取了一系列行动，表现了对濒危语言的高度重视。

云南民族语言文化形态丰富，可称全国第一，世界罕见。近年来，由于政治的统一，经济的发展，语言濒危现象已经十分明显。如果不采取措施，有不少语言和民族方言可能在短短的三五十年内就会消失。

本课题的理论意义在于为探讨语言消失的原因、过程、一般规律等理论问题准备实际例证，并可验证、丰富、补充、完善语言学的内容，促进语言学科的发展。实践意义在于为云南民族语言研究提供参考，在语言群体或政府部门需要的情况下，提供必要的专业帮助，如参加扫盲教育和双语教育方案的制订，语言法律的健全工作；为濒危语言群体成员进行培训，让他们能够对保护自己语言的问题做工作。

该课题对阿昌族的语言使用情况作了全面的调查，包括使用人数、使用范围、使用场合以及使用者的态度等方面进行调查，对以下理论问题进行了研究和总结：

（1）对语言濒危进行层级分类，拟分为六类：

一是安全层。语言前景没有危险，儿童仍然在使用的语言。

二是潜在危险层。开始失去儿童使用者。

三是濒临危险层。语言使用者在20岁以上年纪，孩子已经不再使用本语言。

四是严重危险层。最年轻的熟练使用者在50岁以上。

五是垂危层。只有少数熟练的使用者，且绝大多数为老年人。

六是灭绝层。没有使用者。

（2）提出了制约语言濒危形成的主要原因和次要原因。造成语言濒危的因素是多方面的，既有语言外部的因素，如使用人口少、分布杂居、族群分化、民族融合、社会转型等，又有语言本身的因素，如语言表达和语言功能不能适应社会需要、没有书面文字等。此外，还有语言动态方面的，如本族对自己的母语语言的消亡，往往不是由一个孤立的原因造成的，而是多种因素相互作用的结果。而且在诸多因素中，必然存在主次之分，其中会有一个是最重要的，它在濒危趋势中起主导作用。不同的濒危语言，由于社会历史各不相同，语言特点又有所差异，因而造成语言濒危的因素也不会相同。

导致阿昌族仙岛语濒危的因素有：族群分化，人口少，社会发展滞后，社会转型，语言接触等。其中最重要的是族群分化。仙岛人是分布在云南省盈江县中缅边界的一个人群，使用属于藏缅语族的仙岛语。他们原先与阿昌族是一个族群，后在迁移中分离了，独立发展成为一个群体。据2002年12月统计，仙岛人口只有76人，分布在芒俄寨和芒缅村两地。据老年人回忆，20世纪50年代以前仙岛人的人数比现在多，还坚持使用自己的母语，没有出现语言转用，但兼语现象已经出现。50年代以后随着对外交流扩大，语言兼用、语言转用的现象不断增多。仙岛语目前的使用情况是：居住在芒俄寨的大部分已转用了汉语。居住在芒缅村的仙岛人虽还普遍用景颇语、汉语，但大多是双语人，青少年中有的已转用景颇语。总的来看，仙岛语已处于濒危状态，有被汉语、景颇语取代的趋势。族群分化，使得仙岛语只在极少的人群中使用，语言使用功能不能不下降，语言的丰富发展也受到限制。

（3）对濒危语言的界定标准提出了自己的看法。濒危语言应当是指与语言功能相关的诸种因素，包括语言的使用人口、使用功能、使用范围、使用频率等。这其中，使用人口、使用功能是最重要的。使用人口少，固然是许多濒危语言的一个重要特征，但正如上面所说的，使用人口少的语言，不一定非是濒危语言。语言使用功能急剧下降、使用范围骤然缩小的语言，当它已退缩成少数人使用的交际工具时，可以认为它已面临濒危。由此可说，界定濒危语言不能只依据静态的理据，还应看动态的演变。动态是事物演变的趋势和走向，往往更能反映事物的本质属性。

阿昌语的使用人口是 2 万人，现仍为阿昌族大部分人所使用。陇川方言的阿昌族大都会自己的语言，很少有转用别的语言的。但是，仙岛方言和梁河方言应当界定为濒危语言。从阿昌族的语言濒危来看，标准主要有三：

一是丧失母语人口的数量比例。如果本民族 80% 以上的人都已转用第二语言，并有增长趋势，其母语有可能是濒危语言。

二是母语使用者年龄段的分布比例。如果这个语言只有中老年人懂得，青少年一代已失传，表明它已具有濒危的先兆。

三是母语能力的大小。母语能力的衰退在听和说上有差异，一般是说的能力衰退比听的能力快。如果对母语只有听的能力而没有说的能力，或说的能力很低，说明这个语言的功能已衰退，走向濒危。参考指标是起补充、印证作用的，包括母语的使用范围、对母语的语言态度，以及与语言使用有关的社会、经济、文化等情况。

课题名称：云南少数民族濒危语言研究——以阿昌族为例
课题负责人：袁　焱
所在单位：云南大学
主要参加人：戴庆厦　王朝晖
结项时间：2009年10月9日

体 育 学

云南农村体育活动现状、问题和发展对策研究

一、课题研究的目的和意义

农村体育是我国体育事业发展的基础，是在体育工作中树立和落实“以人为本的科学发展观、满足农村人民群众强身健体需求”的生动体现。1995 年 6 月国务院颁布了《全民健身计划纲要》，农村体育发展水平有了很大的提高。十年来的实践表明，全民健身活动不仅促进了农民身体素质提高，也促进了农村社会的健康发展，已成社会主义现代化建设不可缺少的组成部分。在新的历史时期，农村体育被赋予新内涵，对地处边疆地区云南农村的和谐发展具有重要意义，也有利于我国农村全面小康社会的建设和全民健身计划的顺利开展，实现“政治文明、物质文明和精神文明”的协调发展，最终达到构建社会主义和谐社会的目标。

二、研究成果的主要内容、重要观点或对策建议

（一）社会主义和谐社会农村体育的基本理论

侧重于基本理论问题，从社会主义和谐社会理论、农村体育

概念及其分类、云南社会主义和谐社会发展与农村体育发展的互动作用等方面阐述云南农村体育与云南社会发展之间的关系。

（二）云南农村体育和谐发展与其社会背景的关系分析

从云南农村体育和谐发展的社会背景和云南农村体育和谐发展的人文地理环境两个方面，分析农村体育发展所依赖的经济、政策、文化、教育、信息、人文环境、地理环境及气候条件等方面的作用。提出研究云南农村体育应将其置身于整个社会背景系统中来研究，这样才能从宏观上和整体上把握农村体育的本质，正确认识云南农村体育发展的根源和轨迹，正确了解云南农村体育的文化地位和社会价值。

（三）云南农村体育现状调查与分析

这部分主要是分析云南省农民参与体育活动现状，农村体育经费来源，农村体育场地、设施资源状况，农村体育组织管理现状，农民参加体育活动的需求，现阶段云南农村体育的基本特征等。了解现状，分析需求，归纳云南省农村体育的基本特征，为发展对策提供依据。

（四）云南农村体育和谐发展的制约因素分析

构建云南和谐社会环境下的农村体育发展受到很多因素影响，此部分从云南农村体育参与主体呈现弱势化、农村经济发展滞后所形成的瓶颈，忽视具有核心竞争力的本土农村体育优势，农村体育组织网络不健全，农村体育尚未形成经常性、日常化的活动这几个方面分析云南省农村体育和谐发展的制约因素。

（五）对策建议

发展农村体育，必须以农村经济、文化的发展为前提。在提倡“和谐云南”、“和谐新农村”的时代背景下，树立云南农村体育的科学发展观。根据云南省农村体育现状、云南省农村体育的特点、制约因素的分析提出以下对策：

1. 立足云南农村经济、教育，坚持以政府为主导，以社团为主体的结合型农村体育管理发展方向

云南农村体育条件落后对农村体育发展构成了根本性制约。因此，要扭转农村体育的不利局面，首先要自觉把农村经济发展、教育发展同体育发展结合起来，充分认识经济发展、教育发展的先导作用，切不可把体育发展同经济发展和教育发展对立起来。借鉴农村义务教育模式，农村群众体育优先，限定“村村有路径”的标准。

另外，云南各州市的乡镇政府应增强运用科学发展观推进农村体育工作的自觉性和坚定性。坚持以人为本，把广大农民群众的利益作为工作的出发点和落脚点，不断满足农民的体育需求。体育部门要明确自身在发展农村体育中的主导地位，深化体育管理体制的改革，造就社会办体育的微观主体，可以重点提升以乡镇为主导的体育社团组织的自我组织能力，加快培养村（寨）体育社团组织，建设从乡镇到村落的、一体化的农村体育服务体系。

2. 建立多元化融资渠道，保障农村体育发展资金体系

依靠社会力量，拓宽经费来源。广泛寻求乡镇企业、个体户和外出务工返乡人员等的帮助，扩大经费来源。对投资办体育的社会团体和个人，给予一定的优惠政策和利益回报，以吸引更多的组织和个人来投资。

近年来，随着假日经济、旅游经济、农村经济的热潮，对云南农村居民更是一大机遇，应利用云南旅游资源优势，与当地旅游局结合，积极发展农村体育产业，建立云南农村生态体育圈，使云南体育事业走上施惠于民的可持续发展道路。

3. 大力支持“农村体育本土化”

因地制宜，建设既有民族地域特色又具时代先进性的农村体育项目。农村“特色”体育项目建设包括两方面内容：一方面，应积极挖掘和开发那些云南农村少数民族的体育项目，继承与改造、创新相结合，使一些濒临消失的体育活动重新焕发活力，并结合当地优势，形成地方体育品牌；另一方面，还应大力“播种”新的体育文化，将现代时尚的体育活动向广大农村渗透。需要注意的是，无论是“挖掘”还是“播种”，都必须找准云南农村体育与农村地理环境、农村民俗文化的契合点，否则其效果会大打折扣，甚至会造成资源的浪费。

4. 加大对云南农村体育的宣传和政策、法规扶持力度，提高农民体育意识

应以乡镇为主导，村委会为主体，加大宣传扶持力度，在农村广泛进行养生、保健等健康宣传教育，强化农民体育健身意识，使农民建立“花钱买健康”的新的体育消费观。树立文明健康的生活方式、自我健康投资和科学健身观念，使体育活动成为农村居民消费的一种习惯，引导广大农民用高尚、积极的体育娱乐活动充实业余文化生活，树立健康文明的社会新风气。

5. 加强高校为依托、乡镇为主导、村为主体的基层体育组织建设

“三级培训”概念的提出为云南省农村体育的开展提供了一种行之有效的组织形式。其目的在于，由上而下形成一个覆盖全省农村的体育培训网络，这样既能保证基层农民体育培训的质量，而且层层扩大辐射范围，覆盖面广。通过“三级培训”可以有效地改变农村体育发展中存在的缺乏组织机构、管理人员以及骨干队伍的现象，更能很好地发挥在乡村活动中的动员与感召作用，以农村经济精英为基石组建、完善实体性的民间农民体育协会，在农村体育中发挥领头作用。

6. 农村体育与学校体育相结合

首先，充分发挥云南少数民族及民族地区高校和农村学校体育在农村体育中的作用，合理利用农村学校体育场地、设施及人力资源，学校场地、器材在不影响正常教学秩序的前提下向农民开放。其次，关注学校体育教师的价值，利用好农村学校师资对推动农村体育的作用。再次，合理利用农村学生这一群体，通过农村中小学校的学生，把体育知识、技术、技能向家长和邻居传授；通过举办学校体育运动会，扩大体育活动的影响力，增强村民的体育意识和兴趣。

7. 以村为单位进行农民体质监测，提倡农民科学健身

利用节假日或每年的"全民健身日"，高校体育工作人员或乡镇体育工作者对农民进行体质监测。为使这一活动持久地开展下去，应加大资金投入，实施"一乡一套体质监测器材"政策以确保硬件设施到位。还可以定期在高校或乡镇体育单位开办体质监测辅导班，对当地乡村精英进行培训，为活动的持续开展打下人才基础。

8. 城乡互动，促进云南农村体育发展

以"农家乐"为依托，建立配套的体育设施，开展民族传统体育项目，搭建城乡的体育互动、交流的平台。

抓好进城务工人员的健身工作，将城里先进的体育健身方法、正确的体育价值观念带回农村，有利于促进农村体育的发展。

根据各行政村年轻人外出打工的实际，重视"老、少、弱、病、残"群体，调整农村体育的工作重心。为此，在实践过程中，必须针对不同的群体，采取恰当的措施，因地制宜，以适应参与主体出现的新变化。

9. 立体化发展云南农村体育

由于旅游业的发展，外来文化的介入，农民生活方式的差异

日益显著，因此要采取阶段性、地域化、多样性的发展策略。阶段性是指可先着力提高较富裕的州市的农村中富裕居民的体育参与水平，随着经济发展再推而广之，可起到示范、激励的效应。地域化指的是不用统一的标准建设、评价农村体育，针对云南农村民族众多、分布不均的现状，倡导不同的体育参与方式。多样性就是要包容农民的选择性，云南生态多样、丰富多彩的民俗体育也可体现本省深厚的文化底蕴，这些需要保护、拯救和再挖掘。

10. 构建云南农村民族传统体育和现代竞技体育的组合模式

根据云南省的实际情况，民族传统体育与现代竞技体育的融合是必然趋势，它是发展民族传统体育文化、改善农村体育人文环境的重要措施。将民族传统体育、特色体育、现代竞技体育有机地结合起来，纳入农运会的比赛项目，形成具有农民特色的运动会，将会带动农村体育竞赛活动呈现多样化、特色化，推动农村体育的协调发展。

三、研究成果的学术价值、应用价值及社会影响和效益

（一）学术价值

该课题从农村体育发展的社会背景出发，充分肯定政治制度、经济、文化、教育、人文、地理环境和自然地理环境对云南农村体育发展的影响。为农村体育的研究向多角度全方位纵深拓展，开辟农村体育新的研究方向和应用途径，从而为云南乃至全国欠发达地区农村体育的发展提供理论依据。

（二）应用价值

该课题从农村体育的现状、制约因素及社会背景出发，提出

构建云南省农村体育发展对策，对地处边疆地区云南农村的和谐发展具有重要意义，也有利于我国农村全面小康社会的建设和全民健身计划的顺利开展，实现“物质文明、精神文明”的协调发展，最终达到构建社会主义和谐社会的目标。

（三）社会影响和效益

该课题前期有一定的相关研究成果，有较好的社会影响。《云南少数民族大学生体质健康状况与健康促进研究》入选世界民族学人类学大会体育人类学专题论文；论文《少数民族传统体育的推广研究》发表于《大理学院学报》（自然科学版）；论文《试论云南民族传统体育的基本类型》、《云南民族传统体育发展概况与项目开发浅议》均已发表。

此外，提交结题报告前，邀请了多名体育学、社会学方面的专家对研究报告进行了认真的论证，研究成果得到了专家们的高度评价和认可。

课题名称：云南农村体育活动现状、问题和发展对策研究
课题负责人：孙光芹
所在单位：云南民族大学
主要参加人：张志国　吴昭明　孙光玲　段立颖　王胜涛
程　军　丁相洋　周　磊　赵起生　张　鼎
结项时间：2009 年 9 月 1 日

云南少数民族传统体育“连厢功”的开发与应用研究

一、课题研究的目的和意义

少数民族文化是中华文化的重要组成部分，少数民族传统体育项目正是体育与文化的完美结合，作为少数民族文化资源异常丰富的云南，则拥有了得天独厚的研究条件。

近年来，我国在少数民族传统体育和传统养生保健功法两种健身运动的相通性和互动性的研究上仍然较为薄弱，尤其在研究少数民族传统体育与传统养生保健功法的契合点——“民族保健功法”上，至今少有研究成果问世。

该课题通过文献方面的广泛查阅，对云南白族“打连厢”进行研究，并找到其与传统养生保健功法的契合点，创编出了一套可研、可行、可用的民族保健功法“连厢功”——在传统养生保健功法中融入白族“打连厢”中的基本动作，整套功法中运用云南白族的“霸王鞭”作为主要的健身器具，配以悠缓而具白族特色的音乐《石龙霸王鞭》曲。所创套路既是少数民族传统体育与传统养生保健功法套路的融合，又根据保健健身理论有所创新，从高水平、易普及等着手，让云南的民族体育发挥更大的健身作用，并逐步推广于大众健身，拓展可持续发展的空间。因此，该课题的研究在导引功法的创新、云南少数民族传统体育文化的发扬和传播、民族感情的增进、社区体育形式的丰富和内容的革新等方面都具有一定的现实意义。

二、研究成果的主要内容、重要观点或对策建议

（一）主要内容

该课题通过大量查阅、收集和整理文献资料，在云南大理地区对古城、石龙、洱源、挖色等地白族的传统体育“打连厢”进行了实地调研和问卷分析，对大理“打连厢”的开展现状进行了调查和走访，同时也参阅了大量养生功法的书籍和教学光碟，对导引功法的相关养生理论和创编原理进行了深入细致的研究。在“连厢功”的整个编排过程中，课题组成员认真对比了“打连厢”与导引养生功的相似点与不同点，依据“打连厢”中的技术要点在导引养生功中反复寻找结合点和理论支撑点，实验研究过程中经过反复地分析、修改和论证，最终创编完成“连厢功”。值得一提的是，整套功法运用云南白族的“霸王鞭”作为主要的健身器具，贯穿了大理白族人民生活、生产、劳动、欢庆等多种情境下的身体活动特征，融入白族“打连厢”的点、擦、拍、敲、碰、撩、翻、旋等动作。课题研究者对整套功法的八式动作均作了详尽的分步讲解和理论分析，并配用大理白族的本土音乐，录制成VCD光碟以供练习者参照学习。研究成果已得到资深专家的高度评价和一致认可。

（二）重要观点

少数民族传统体育只有在经过科学化、规范化后才能够真正体现娱乐健身价值，促进人的全面发展。所以在对少数民族传统体育的保护、挖掘和整理的过程中，既要传承少数民族传统体育

文化的精髓，保持该项运动的民族特性，又要探索它向其他体育学科领域放射的可能性，使其在更宽、更远的范围发挥更为显著的功用。

从更深远的角度来说，一项民族传统体育如果期望得到更好、更宽、更长远的发展，它必须能够走进人民大众的生活之中，为人民的生活、生产、娱乐或健康产生实用价值，人们才会主动去接受它、了解它、传播它，这项民族传统体育也才会得到更好的发展；如果这项民族传统体育仅仅停留在一个小区域范围内的世代相传、故步自封上，那么它在满足了人们一刹那的好奇心之后，不远的将来就会被人们所遗忘。

所以，“连厢功”的创编是将少数民族传统体育文化的放射角度转向了导引养生功，依托养生功的中医基础理论和身体运动方式，将大理白族“打连厢”的技术动作融入其中，使整个功法套路既不失少数民族传统体育特色，又具有养生保健体育之精华。“连厢功”的创编，将丰富广大社区体育活动点的中老年人的运动形式，使他们掌握更加便捷、有效、安全、健康的运动方式，也将为白族“打连厢”的体育文化传播实现长期效应。

（三）对策建议

在“连厢功”的开发与应用研究中，因时间关系未能进行大面积的实验研究，没能采集到更多的实验样本，也没能引起较大的社会效应。在今后的研究中，课题组成员将准备在更多社区对中老年人进行实验研究，以补采更多的样本数据，使“连厢功”的价值效用更具有理论依据和实践意义。其次，导引功法的创编一直以来都未能形成一个较为完整、科学的方法体系，在今后的科研中，有必要对创编依据和套路规范进行界定，以帮助更多的研究者有法可依、有据可循。再次，导引功法锻炼参与者主要为中老年人，相对缺乏适用于中老年群体锻炼者的“康体评价指标体系”，所以“连厢功”在创编完成后首次采用了以中医基础为主要检测方式的量表《“连厢功”锻炼效果评价表》进行评价，因科研条件有限，量表的实用性和科学性还有待进一步验证和修改完善，同时也期待更多、更便捷、更具权威而对实验者身体无损害的评价方式出台。最后，课题组成员还将准备对云南地区的其他特色少数民族体育进行挖掘、整理和推广应用，争取有更多的新成果问世，让民族体育文化走向多元化、健康化、国际化。

三、研究成果的学术价值、应用价值及社会影响和效益

多年来，我国在少数民族传统体育与传统保健体育的相通性和互动性研究上，一直未能找到二者的契合点而少有研究成果问世，直至2006年8月在长春举行的“第八届全国中医药院校传统保健体育运动会”上，云南的“云合功”崭露头角，拉开了民族传统体育导引功法创编研究的序幕。“连厢功”的创编思路启发于此。它们的相继问世，虽然研究成果还不是很成熟，但必将为少数民族传统体育和传统保健体育的交叉领域研究提供明确的研究方向和指导依据。

今年是我国进入老龄化十周年，我国将第一次出现老年人口增长高峰。如何在社区体育活动点更好地为中老年人提供健康、有效、安全的锻炼方式，已成为当今社会的一大热点问题。中国的社区体育文化需要导引功法的支撑，更迫切需要具备地方民族特色的导引功法的研发与应用。“连厢功”正是在这样的条件下因时、因地、因人制宜，经过一年的反复研究、修改、实验、校正后孕育而生，它的创编从高水平、易普及等角度入手，让人民大众掌握高效而简易的锻炼方法，切合中老年人群的体质需要，

使中老年锻炼者达到防病治病、康体长寿的目的，也有助于抵御当今政治风浪下各种邪教的传播。“连厢功”的创编和实验的完成，并逐步向社区体育的推进，让云南的少数民族传统体育发挥了更大的健身作用，拓展了可持续发展的空间，在导引功法的创新、云南少数民族传统体育文化的发扬和传播、民族感情的增进、社区体育形式的丰富和内容的革新等方面都具有一定的现实意义。

课题名称：云南少数民族传统体育“连厢功”的开发与应用研究
课题负责人：赵静冬
所在单位：云南民族大学
主要参加人：方 桢 陈宇红 赖云华 马 昆 张 云 曾 勇 李希颖
结项时间：2009 年 9 月 7 日

大湄公河次区域“跨国体育圈”的构建研究

一、课题研究的目的和意义

通过构建“跨国体育圈”，提高和巩固大湄公河次区域各国人民的“认同感”，为和谐共生、共同富裕奠定基础；通过构建“跨国体育圈”，推进大湄公河次区域合作的深入，推动“区域一体化”的进程；通过构建“跨国体育圈”，提高各国人民的生活质量和健康水平；通过构建“跨国体育圈”，增强昆明的影响力和竞争力，促进云南的发展；填补了“大湄公河次区域体育合作”的研究空白，并拓展了“体质与健康”合作研究的新领域。

二、研究成果的主要内容和重要观点

1. 以大型训练基地为龙头的体育产业的合作

以具有特色的、在全国领先，亚洲知名的昆明大型“高原训练基地群”为龙头的体育产业，是大湄公河次区域各方“跨国体育圈”合作的重要方面。多个、成熟、大型的昆明“高原训练基地”为各方的竞技体育训练、青少年体育训练营等合作，提供了良好的基础和平台。加之日趋便利的交通、适宜的气候、相近的风俗人情等，昆明在大湄公河次区域各国中正逐渐成为极具吸引力的体育产业的合作中心。

云南省昆明市拥有多个国家级体育训练基地，如海埂体育训练基地、红塔体育训练基地、呈贡体育训练基地等多个高原训练基地，现已形成在亚洲以及世界一定范围内具备了一定竞争力的以大型训练基地为“龙头”的体育产业，其发展目标是真正达到具有国际化训练基地的水平。其中，最具规模的为海埂体育训练基地。目前，海埂体育训练基地已成为一个综合性的、具有一定规模且在国内外享有盛誉的体育训练中心和高原综合训练基地，以足球训练为龙头，以游泳、网球、篮球、排球、垒球、壁球、橄榄球、沙滩排球、跳水、田径为主体的综合型多功能高原训练基地，并依靠以云南省体育科研所为主的科研力量，建成集教学、科研、训练、服务为一体的具有国际水平的多功能高原训练基地。

近年来，云南省及昆明市的体育科研服务水平有了明显的提升，另外，目前云南省 10 余所大学体育院系正加快的体育学科建设，也为体育科研服务水平的提高提供了支撑。

2. 以“高尔夫球旅游”为代表的高端大众休闲体育的合作

大湄公河次区域作为世界上最具魅力的地区之一，其优越的地理、气候以及人文环境，为休闲娱乐体育的开展提供了得天独厚的自然条件和人文条件。目前，以高尔夫球旅游为代表的高端休闲娱乐体育在大湄公河次区域已形成一定气候。

高尔夫旅游作为高尔夫球运动与特色旅游的结合，是一种新兴的旅游文化概念，是将高尔夫球运动和旅游活动这两种资源进行有机的整合，即高尔夫球运动的爱好者离开自己所居住的地区，前往异地的高尔夫球场打球、参会、交友以及从事相关的旅游活动等。这一种新的时尚每年至少可为相关国家带来近 200 亿美元的收入，东南亚国家更是受益匪浅。

近几年，云南省先后成功打造了不少高品质的高尔夫球球场。目前进入世界排序的高尔夫球场，在中国只有 4 块，其中 2

块就在云南。云南作为中国的一个旅游大省，四季如春的气候适宜打高尔夫球，许多的国内外游客慕名前来旅游，带动了高尔夫球运动的兴起。大湄公河次区域作为世界上资源特别丰富的地区之一，具备成为高尔夫旅游市场的优势和潜力。目前，应该加强区域的合作，调整球场资源存在的结构性问题，协调发挥该地区的成本和价格优势，使各方的优势和潜力得到更好的发挥，为该地区的高尔夫旅游发展提供更多的空间和契机。

3. 多层次的学校体育的教育合作

作为教育的重要组成部分，体育教育始终是各国政府和民众都十分关注的领域，体育教育的交流和合作因较少受政治、宗教、语言等因素的限制而一直发展良好。大湄公河次区域的体育教育合作涵盖了小学、中学和大学各级学校的体育教育合作，合作形式多样，合作内容丰富。体育教育合作的主要形式包括双方及多方的合作。

大湄公河次区域的体育教育合作的主要内容有：(1) 体育师资的培训（包括体育教师的互换、定向代培、中方优秀体育师范毕业生的选派等）；(2) 学校体育对健康促进的专项培训与合作；(3) 不同层次的学生的体育学习与交流。

4. 以“龙舟”为代表的民族民间传统体育的交流合作

大湄公河次区域生活着各个国家的众多民族，各民族之间悠久的合作关系，兄弟般的情谊使这一地区的各民族和谐共生，其中，民族民间传统体育的交流与合作在很大程度上促进和巩固了大湄公河次区域人们的“认同感”。

如“赛龙舟”，虽然该地区各国赛龙舟的时间、方式并不相同，但是龙舟都体现了人们对神圣河水的崇拜与敬畏，对风调雨顺、五谷丰登、美满生活的企盼，以及在这一活动中所需要的那种团结、和谐、拼搏的精神。各国不同的龙舟赛的热烈场面，不同的生活风情，让世界看到了在澜沧江—湄公河流域各国，水和人们的生活是如此密切相关，人们对水的感激和敬畏之情。随着大湄公河次区域全面合作的推进，以“龙舟”为代表的民族民间传统体育将该地区有着共同文化背景、价值取向的各民族联结在一起，民族民间传统体育是人们相互认同的“语言”和“标志”。

5. 以“体质与健康的比较研究”为主的体育科学研究的合作

大湄公河次区域各方在体育科研上，也存在着很好的合作前景。尤其是随着我国5年一次的大规模国民体质监测工作的开展，以及云南省在少数民族体质与健康的研究领域取得了一定的研究成果，大湄公河次区域各方在体质与健康的比较研究方面，有着得天独厚的优势和很好的合作前景。

三、研究成果的学术价值

（1）在“体育圈”的研究方向上，提出了“跨国体育圈”的概念；（2）在大湄公河次区域各方体育合作的具体内容方面作了较为系统的阐述；（3）提出了大湄公河次区域各方在体质与健康的比较研究方面，有着得天独厚的优势和很好的合作前景。

课题名称：大湄公河次区域“跨国体育圈”的构建研究

课题负责人：杨　霞

所在单位：云南大学

主要参加人：李锡云　马志忠　商　毅　沈凌锟　彭海涛　唐锐川　张　健

结项时间：2010年4月29日

原始宗教情结对花腰傣民族传统体育的影响研究

一、课题研究的目的和意义

通过该项目的研究，理清了原始宗教与花腰傣民族传统体育的关系，对促进花腰傣民族传统体育的健康发展，提升民族传统体育开展与普及水平，对非物质花腰傣民族传统体育文化遗产保护提供了参考依据。让花腰傣人了解到通过民族传统体育的参与和实践，不仅能有效改善他们的身体素质，更具有一种树立起勇敢、自信的人生态度，以及敢于接受挑战，勇于竞争的精神风貌。同时增强了花腰傣人们的交往和友谊的发展，为花腰傣民族地区的社会经济发展、社会和谐、全民健身活动的有效开展提供了思路。

透过原始宗教的视角考察生活在红河岸边的花腰傣民族传统体育的产生、演进，花腰傣民族传统体育与原始宗教的密切联系，分析原始宗教在民族传统体育形成过程中的社会价值与作用，以便更好地理解和把握云南少数民族传统体育的精神内涵，在建设云南民族文化强省的进程中，在促进民族认同、民族融合、增进民族团结、加强优秀民族传统体育文化的传承和保护，促进民族地区社会稳定及经济发展过程中具有十分重要的意义。

二、研究成果的主要内容、重要观点或对策建议

（一）主要内容

课题首先对几个关键概念作了必要的交代：花腰傣民族的原始宗教观（自然崇拜观、祖先崇拜观）、花腰傣的由来、迁徙中的花腰傣、花腰傣民族传统体育的主要表现形式，简要考察了花腰傣民族的历史。

其次，在迁徙过程及自然环境的影响下，繁衍生息在哀牢群山、红河之畔的新平花腰傣由于地处偏僻、居瘴疠之地，封闭的环境使花腰傣完整地保存着古傣先民古朴原始的自然崇拜、巫术、祭祀、文身、染齿、服饰和赶花街等原生型傣族文化的重要元素。花腰傣民族没有受到佛教的任何影响，因此，保持了傣族本乡本土滋生的宗教信仰，信仰的是万物有灵的原始宗教，信奉原始社会遗留延续而来的鬼神崇拜，即世间万物都有灵魂，水有水灵、山有山灵、树有树灵、农作物也有其灵。它集中表现为：一是自然崇拜，认为土地、森林、山、石、水、火和五谷等均有神灵主宰；二是祖先崇拜，即由氏族祖先崇拜而来的家有家神，寨有寨神，勐有勐神等。在一年的辛勤劳作之后，花腰傣全村人还要进行庆祝丰收的祭祀活动。

再次，花腰傣民族在早期宗教的仪式中很难通过诵读经文和一般的意识交流来建立与自己信仰物的关联，因此，身体活动就成为花腰傣人们表达宗教情感和实现宗教目标的主要手段。虽然他们从事多数宗教仪式活动并没有鲜明的健身强体的目的，但是为了便于与自己信仰物的联系，人们往往采用一些特殊的身体活动形式。这些活动在日积月累的演练过程中，逐渐被花腰傣人们从舒适、习惯、有节奏感或韵律感等需求出发进行改造和总结，

具有健身的效果。当这些活动发展到超出宗教领域的时候，更多的人进行习练，更加促进了活动自身的世俗化或者与宗教的隔离，强身健体的目的就在这些身体活动中产生，民族体育活动就从这类活动中得以孕育出来。经过多年的发展和改革，这种独特的活动身体形式就逐渐脱离了祭祀的范畴而成为民族传统体育活动。

随着社会的变迁与发展，花腰傣人民的思想也发生了很大的变化，一方面是万物有灵的主宰地位也逐渐减弱和淡化；另一方面是民族传统体育宗教迷信的思想渐渐淡薄，民族传统体育的形式和内容逐步走向世俗化。当前人们参与猫猫舞、大鼓舞、打陀螺、丢包、打秋千等活动的主要目的是为健身、娱乐、娱人和逗乐。在传统节日、农闲、婚俗、祭典等活动中包容了传统体育的内容，它为人们结交朋友、放松精神、健身娱乐提供了良好的平台和机遇，是休闲体育不可缺少的精彩节目。

最后，虽然历经艰难岁月的荡涤、风雨的洗礼，花腰傣民族传统文化和民族精神仍然被传承、发扬、创造和发展着，他们以民族体育项目为载体，按照“因地、因时”的原则，以相对集中的大组为健身点，利用农闲、节庆日等，广泛开展具有自己民族特色的传统体育文化的健身活动。这些传统的体育活动体现了花腰傣人民集体的智慧，是花腰傣文化交流和强健体魄的重要方式，也是他们沟通情感、自娱自乐、美化生活的有效途径。

花腰傣民族的打陀螺、打秋千、丢包、猫猫舞和跳大鼓舞等非物质文化遗产在花腰傣民族传统体育中，其参与性、休闲性、文化性始终占据着重要的地位。保护花腰傣民族传统体育非物质文化遗产不仅仅是为了过去，而更重要的是为了现在和将来。保护好作为非物质文化遗产的花腰傣民族传统体育，不仅是强身健体、丰富体育运动项目，而且对于保护民族文化传承和文化多元性，增强民族凝聚力具有重要作用。

（二）重要观点或对策建议

1. 原始宗教直接或间接地促成了民族体育的产生

原始宗教是人类对于外部自然、社会乃至自身无法清晰认识和准确把握而将自身的信仰寄托在不可知的异己力量上的产物。在早期宗教的仪式中，人们很难通过诵读经文和一般的意识交流来建立与自己信仰物的关联，因此，身体活动就成为人们表达宗教情感和实现宗教目标的主要手段。当这些活动发展到超出宗教领域的时候，强身健体的目的就有可能在这些身体活动中产生，体育就有可能从这类活动中得以孕育。

2. 原始宗教对花腰傣民族体育文化的形成起到积极的影响

不同宗教形式在不同历史阶段和不同民族、国家和地区的体育发展过程中所起的作用和影响不尽相同，由此形成了相互关系的复杂性和多重性。花腰傣崇拜自然的原始宗教，在一定程度上对其民俗体育的发展起到积极的促进作用。在其民俗体育文化中，包含了原始宗教的自然情结，而民俗体育活动方式中又保留了原始宗教的礼仪庆典以及原始宗教的思想观念。

3. 受原始宗教的影响，花腰傣民族体育文化更多地表现出自然性、非对抗性和娱乐性

花腰傣崇拜自然，自然启迪了人的灵性；花傣崇拜自然，自然陶冶了花腰傣的性格；花腰傣崇拜自然，膜拜自然，保护了花腰傣之乡古老的山，古老的树，古老的林，让青山常在，碧水长流，稻菽丰收，瓜果飘香，亦保护了花腰傣这个既古老又年轻的民族，使高尚和文明的清泉时时流淌在花腰傣的心田。如花腰傣喜欢的打秋千、丢包、打陀螺，无不体现出他们对体育的理解和表达。

4. 原始宗教舞蹈对花腰傣民族体育的表现形式有重要的影响

在崇拜自然的实践中包含和孕育了原始体育活动的萌芽和雏形，人们幻想以特定的动作，如模仿性的舞蹈来控制、影响自然现象。这些经常性的、大负荷的、夸张的、富有激情的舞蹈和活动，客观上实践着体育的行为，实现着原始体育的功能。例如，猫猫舞，傣语称“跳窝色”，是花腰傣人娱乐健身活动方式之一。舞蹈不受时间和地点的限制，表演性较强，舞蹈场面隆重、气氛热烈；舞蹈表演套路有模拟动物动作的，有打猎的，也有带武打身段的，表现力较强，富有劳动生活的情趣；舞蹈伴奏特别，具有浓厚的民族特色。

随着社会的变迁与发展，花腰傣的民俗文化心态随之而变，现代社会进步、科学发展，花腰傣传统民俗体育宗教迷信的思想渐渐淡薄，万物有灵的主宰地位也逐渐减弱。娱神性已向着自娱及娱人的方向发展，民俗体育的形式和内容更加世俗化。

三、方法的创新程度

该课题运用了文献资料法、访谈法、调查法，辅之以观察法、案例分析法、数理统计法、逻辑分析法等方法进行研究。在大量文献梳理和考证的基础上，从原始宗教的视角考察、求证、探析花腰傣民族传统体育的产生、演进的社会价值和学术价值，从理论上提出研究花腰傣民族传统体育的发展性思路；再审视花腰傣民族传统体育在其宗教活动、节庆活动、日常生活中所扮演的角色、功能及价值，揭示花腰傣民族传统体育对丰富其民族文化、增强民族体质、促进地区社会稳定及经济发展具有的重要作用。

四、突出特色和主要建树

从目前掌握的资料来看，对民族传统体育的研究主要集中在民族传统体育课程资源开发与利用、教学内容改革、发展制约因素、起源和传承等方面，但从少数民族的宗教信仰探寻其体育产生与发展的并不多见。该课题以花腰傣原始宗教活动的形式，分析原始宗教在花腰傣民族传统体育产生形成过程中所起的作用及影响；分析原始宗教与花腰傣民族传统体育二者之间的相互关系；确定花腰傣民族传统体育在其宗教活动、节庆活动、日常生活中所扮演的角色、功能及价值；并且对花腰傣民族传统体育的主要表现形式进行系统的分析；提出花腰傣非物质文化遗产的民族传统体育文化的保持与传承方法。该课题的研究弥补了国内外学术界对这方面研究的不足。

五、研究成果的学术价值、应用价值及社会影响和效益

从学术价值看，该课题是一项涉及宗教学、体育学、传播学、民族学等学科的综合性研究项目，将会有效地推进体育与上述学科的交融、渗透与综合发展，推进我国少数民族传统体育功能的拓展以及体育文化对外交流形式与内涵的丰富与完善。本研究为云南花腰傣民族居住地政府提供非物质哈尼族民族传统体育文化遗产保护的参考依据，同时，为民族地区的社会经济发展、社会和谐、全民健身活动和旅游业的有效开展提供思路。通过分析原始宗教对花腰傣民族传统体育形成过程中的社会价值与作用，有助于更好地理解和把握云南少数民族传统体育文化的精神内涵，在建设云南民族文化强省的进程中，在促进民族认同、民

族融合、增进民族团结、倡导文明生活、加强优秀民族传统体育文化的传承和保护，促进民族地区社会稳定及经济发展过程中，具有十分重要的意义和价值。

课题名称：原始宗教情结对花腰傣民族传统体育的影响研究
课题负责人：余贞凯
所在单位：玉溪师范学院
主要参加人：陈亚金　崔国文　吴　强　陈凡粤　李尚胥
孙　剑
结项时间：2010年7月14日

新闻学、图书情报

云南省广播节目低俗化研究及其对策

一、课题研究的内容和意义

电台节目低俗化现象曾经是国人关注的焦点，从 2007 年下半年国家广电总局大力打击低俗化节目以来，云南省电台节目中是否还有低俗化现象，低俗化的内容与表现方式是否有新的发展与变化？对电台节目的低俗化治理应当采取哪些措施？这是本课题研究的主要内容。

本课题采用新闻传播学的内容分析方法，从节目时长、节目内容、主持用语、节目编排等方面，对云南省各电台主要频率主要时段的栏目进行了监听与分析。本课题的研究意义：第一，对云南省全省范围之内的电台节目进行研究，以往量化实证研究做得较少，而本课题是在实地走访、分析第一手资料的基础上得出结论，研究方法较为严谨，有一定创新性；第二，云南省缺乏对电台节目低俗化的系统研究，本研究可以为云南省电台节目的低俗化治理提供思路与参考。正是由于研究方法有一定创新，研究结果有一定实用价值，本课题的两篇论文分别获 2008 年度、2009 年度云南省新闻理论研讨一等奖和三等奖，课题组负责人黄东英也于 2008 年被云南省委宣传部聘为云南省电台节目新闻阅评员。

经过课题组成员一年来的辛勤研究，我们一共撰写了 10 篇研究论文和研究报告，近3.5万字，最终总结成一篇1.6万字的论文——《云南省广播节目低俗化研究报告及对策》。研究组成员走访了云南省人民广播电台、昆明电台、大理电台、临沧地区电台、德宏地区电台的主要领导、制片人和工作人员，获取了大量一手资料，并对主要节目进行了认真的监听，形成了《浅论电台节目低俗化现象及其对策》（发表于《2008年云南新闻论文获奖作品选》，获云南省新闻工作者协会2008年度新闻理论研讨论文一等奖）、《云南电台节目低俗化现象分析》（发表于云南人民出版社2009年6月版《南菁学人论坛五》）、《云南省电台节目低俗化研究报告》（获云南省新闻工作者协会2009年度新闻理论研讨论文三等奖）、《国内外电台的管理模式及其启示》（发表于《云南民族大学学报》2009年增刊）、《昆明地区电台收听报告》、《大理州电台节目监听报告》、《临沧地区电台节目调查报告》、《德宏地区广播电台节目调查报告》、《云南省地州电台节目调查报告——以大理、德宏、临沧为例》、《发达国家对电台节目的管理》等10篇论文和调查报告，其中3篇论文发表于公开刊物，2篇获得省级奖励。

总结监听内容，云南省电台节目低俗化的具体表现为：

（1）低俗的传播内容。具体体现在娱乐、音乐、益智类节目内容方面信息量少，或无聊炒作明星绯闻，或专营笑话、奇闻逸事，或把整人当娱乐。

（2）主持风格随意性过强，把电台当做私人谈话的舞台。这种把随意当自然，把没有意义的私人聊天当节目内容的做法，是如今云南电台节目主持风格低俗化的盛行方式。

（3）流行音乐类节目急需提高文化内涵，增强吸引力。经过将近一年的收听，我们感到目前云南电台流行音乐节目中能做到专业化、有品位、有影响的的确太少。绝大多数节目都是随主持人的爱好，什么流行就播什么，无主题、无引导、无内容，还处于充当“播放器”的水平。

（4）心理热线、情感类节目主持人的专业素质需要提升。此类节目是当今电台节目的重要组成部分，但多数节目主持人还不能针对听众的不同需求给予个性化、专业化的解答，不能做到既贴近受众，又善于引导、安慰，主持人在心理、社会、两性知识等方面的专业素养需要提高。

（5）虚假医疗广告依然存在，表现手法与方式更加隐晦。经国家大力整治之后，目前云南省电台健康节目中的医药广告在黄金时段的节目中干净了许多，涉性内容减少了很多，不再直接涉及性。但有关其他疾病医疗效果的内容大量充斥着吹嘘夸张之词，“最先进的医疗仪器”、“几分钟解除烦恼”、“解除一生的病痛”、“特大喜讯”之类的词语不绝于耳，不少“托”打进热线咨询的表演痕迹也十分明显。此外，在午夜之后的健康节目，药品基本上以提升男性性功能、治愈女性妇科疾病为主，涉性内容较多，以所谓医药专家大肆宣传药效功能为主。

此外，研究小组还发现，相比昆明地区的电台节目，地州电台节目广告较少，内容也比较干净。但是地州电台节目信息量小、节目质量差。普遍存在的问题是地域特点、形象定位不明晰；节目编排方式陈旧，还普遍以10分钟、20分钟、半小时，最多不超过1小时为单位，容易使听众疲劳，产生关机意识；自办节目时间过短，节目主要靠音乐支撑，缺乏特色；多数电台节目中没有整点、半点资讯节目，新闻节目信息量和制作水平还有待提高；主持人专业素质（普通话水平、对节目的掌控力、专业程度等）都需大力提高。

云南省电台低俗节目的产生有着深刻的社会原因。一方面它是电台维持生存链而走险的畸形自救方式，另一方面它也受到媒体发展大环境的综合影响。云南省经济不算发达，广告份额也有限，医药广告是电台广告的大头，不播不行，关键是要处理好播什么、怎样播的问题。此外，过度强调市民化、人情味、趣味性成为一种新闻主导理念后，一些电台也误将通俗变低俗，导致低俗节目泛滥成灾。

二、课题研究的对策和建议

在对策管理方面，课题组参照整理了国内外电台的经营管理机制，尤其是对低俗化传播内容的法律管理模式，认为电台节目低俗化管理首先应从国家立法入手，通过立法限制低俗广电节目的传播，是打击和制止媒体低俗不雅现象的重要途径。其次，纠正价值偏差，提高文化引领意识。据 CSM 媒介研究调查结果显示，2005 年全国中小学文化层面的听众占所有广播听众的 82.2%，而大学以上文化水平只占 8.7%。这近乎 10 倍的反差很容易使广播媒体把传播的价值取向设定在中小学层面的通俗甚至低俗的趣味需求上。从理论上来说，低俗化似乎是媒体在市场化过程中主动选择的一种竞争策略。然而事实上，受众对媒体忠诚度的高低与其文化水平的高低成正比。就是说虽然高学历的听众绝对人数并不占优势，但是他们对高品位广播节目的关注度和忠诚度却最高，并且对低文化层次听众的文化消费起着至关重要的导向和提升作用。所以电台应该利用大众传媒的优势，承担起引导受众的责任，而不仅是迎合受众。第三，加强对电台节目的听评，加大社会监督。第四，加强对节目主持人专业与职业道德素养的培训。第五，对于地州电台出现的节目质量、编排方面的问题，有关方面应当重视并给予必要的指导，要以提高节目质量、更新编排方式为要务，因为一旦电台节目对听众失去吸引力，依靠医疗广告作为主要收入来源、依靠庸俗节目来提升收听率的做法就有可能卷土重来、死灰复燃。

三、研究成果的学术价值

目前关于国内外电台节目低俗化及其对策的研究很少，而云南广播电台各频率在广大青年学生、司机、中老年听众中拥有巨大市场。电台节目的低俗化不仅损伤了媒体的形象和公信力，而且误导了人们的精神需求，对缺少辨别是非能力的未成年人来说，伤害更大。云南是个边境线长的省份，在边境地区，境外势力也觊觎电台传播的力量，如果我们在这些地区的电台节目办得无趣甚至低俗，不能吸引听众，我们的受众很可能被这些力量拉走。目前云南省绝大多数电台尤其是地州电台，虽然设有节目监听机构，但它们在节目分析、理论研究、节目创新、经验总结方面都缺乏专业性人才，很少能提出有效的意见和建议。因此，从这个意义上讲，本研究能为云南省广播电台节目低俗化治理提供较为准确的调查资料与治理思路，具有积极的现实意义。

课题名称：云南省广播节目低俗化研究及其对策
课题负责人：黄东英
所在单位：云南民族大学
主要参加人：陶书霞　许丽华　谭　锐　王　艳
结项时间：2009 年 11 月 2 日

西南联大图书馆藏书的收藏、传承与保护研究

一、课题研究的目的和意义

利用西南联大留滇图书建立“国立西南联合大学图书特藏室”；从图书中发掘当年西南联大人的思想、情操，供后人学习、缅怀、研究，并为现今图书馆事业提供有益借鉴。

西南联大已经成为云南历史上一个独特的知名品牌，是今天建设民族文化强省的一个重要历史文化资源，对它的不断发掘，将有助于建设民族文化强省，有助于建设昆明这座“历史文化名城”。加之还有不少健在的西南联大老校友，有“西南联大北京校友会”、“西南联大昆明校友会”、“西南联大海外校友会”等，他们是宝贵财富，对西南联大的研究，包括对西南联大图书馆藏书的研究、保存，将会在精神上成为与这批老校友联系的纽带，使之情系云南，关注云南。

由于西南联大是一段特殊的办学史，又曾经在中国教育史上大师林立、学者云集而辉煌过，西南联大留下的这批图书经过60余年的历史，有的可称之为文物。对这些图书的保护、入藏，一可供后人缅怀这段历史，二可供学者整理研究，具有十分重要的意义。

二、研究成果的主要内容、重要观点或对策建议

（一）主要内容

1. 概述西南联大及其西南联大图书馆的情况

西南联大在极其艰苦的办学条件下，培养出一大批国内外知名学者、科学家等优秀人才。从这里走出了诺贝尔奖获得者杨振宁、李政道及我国的“两弹元勋”邓稼先，引起了世界的惊叹。1955 年我国学部委员中三分之二出自西南联大，这一切创造了中国乃至世界高等教育史上辉煌的业绩，成为世界高等教育研究开采不尽的宝藏，在国内外教育界都赢得了美好的声誉。

梅贻琦校长曾经说过：“办好一所大学必须有两个必备条件，其一是设备，其二是教授。”设备包括图书和仪器，是学校办学的硬件基础，西南联大结束后北迁，带走大部分图书，部分图书随西南联大师范学院留滇。我们整理收藏留滇图书，建成“国立西南联合大学图书特藏室”。

2. 西南联大图书馆在西南联大办学中的地位和作用

西南联大图书馆是西南联大的一个重要组成部分，是学校办学、发展的重要支柱之一。从其筹建开始，就备受学校领导的重视。图书馆馆长作为学校图书设计委员会的委员，参与学校设备方面的决策。在联大 385 次常委会中，有 69 次会议涉及图书或图书馆，进一步说明了西南联大对图书馆的重视，更证明了图书馆在西南联大办学中的地位，而西南联大图书馆也以自己的实际交了一份满意的答卷。

西南联大图书馆在为教学科研提供优质服务的同时，也发挥着“第二课堂”的作用，西南联大的教师除了课堂上结合教学对学生进行思想教育外，更多的是在课堂之外进行育人。西南联

大图书馆更是爱国民主教育的场所，“一二·一”惨案发生后，“罢联”在图书馆前举行死难烈士入殓仪式，在图书馆大阅览室设置四烈士灵堂。

3. 西南联大图书的收藏与保护

（1）西南联大图书的收藏。课题组在研究西南联大留滇图书时发现西南联大图书馆收藏的外文图书所占比例很大，达到33.67%。西南联大拥有大量外文藏书的原因是西南联大的教授大多数曾经留学欧美，获得过国际一流大学的学位。借助这种优势，西南联大的教学水平不仅国内一流，而且已经十分接近国际水平。西南联大学生直接使用国际最新的外文教材，西南联大的教师可以使用双语教学。

西南联大成立后，每年的经费非常少，仅及抗战前清华一校的经费额，还要受政府拖延拨发和货币不断贬值的影响。三校原有的图书战时损失也相当大。因此，在办学中，图书馆接受了大量捐赠的图书，上至民国元老、社会名流、国内外各机构团体，下至普通大学生都积极捐赠图书，为图书馆解了燃眉之急。赠书体现了西南联大人高尚的爱国主义精神，也体现了社会各界人士的爱国主义精神和中华民族的凝聚力。西南联大图书馆留存下来的赠书，带有当时的时代特征。正是抗日的背景，使得办教育如此艰难，从这些图书的身上，我们可以看到在艰难的物质生活条件下，人们节衣缩食却慷慨赠书，这就是西南联大学术繁荣的原因。

（2）西南联大留存图书的保护。西南联大时期的中西文图书由于以前没有得到足够的重视，散落在云南师大图书馆各个书库，60余年来一直承担着流通借阅的使命。从总体情况看，大约有一半的西南联大图书书体发黄、纸张焦脆、书页卷角；报纸合订本边角缺损；西南联大中文系教授罗庸先生收藏的碑帖，如《汉孔融碑残石》、《隋龙藏寺碑》等出现不同程度的虫蚀现象。

对这批珍贵图书，课题组提出以下保护建议：建立“国立西南联合大学图书特藏室”，建设“西南联大图书目数据库”；专柜陈列有较高研究价值的图书，对该批图书进行数字化；采取各种措施切实改善特藏室硬件设备和环境条件，采用古籍修复的办法修复该批破损的图书。

4. 从西南联大图书存留的读者印记来看西南联大的学生管理

课题组对西南联大留下的图书进行了集中整理，回溯建立西南联大图书特藏室。在收集登录这些藏书的过程中，发现了许多珍贵的东西，这些珍贵的东西有的是一份考试题，有的是一本孤本书籍，有的是一张请假条，还有读者在书上留下的批注，这些珍贵的印记都带给我们一些有益的启示。比如，转系自由体现了西南联大尊重学生的志趣发展与自我发现的价值。事实上，人的兴趣和潜在才能是需要自我发现的，有了“自我发现”，又有了受尊重利发展的环境与条件，那就会顺利成才了；自由讲学的风气，鼓励学生们自由听讲，参加讨论班、讲演会。这对学生们的志趣培养和发展构成了有利条件。

5. 从西南联大图书存留的读者印记来看西南联大的自由民主思想

在国立西南联合大学图书馆藏书中有一本斯诺的著作：《西北角上的神秘区域》，在该书上有许多批注，是当时不同观点的激烈争辩，由此可见西南联大的自由、民主氛围。

6. 西南联大图书馆抗日活动

西南联大共历时八年，与抗日战争相始终，其间，西南联大在抗日战争的烽火中，在极其艰苦的条件下在科研上硕果累累，并培养出一大批优秀的抗日建国人才，创造了中外教育史上“中邦三十载，西土一千年”的奇迹，谱写了中国教育史上的新篇章。与此同时，联大的抗日活动也轰轰烈烈地展开，支持了全国的抗日战争。西南联大支持抗战，教师积极宣传抗战，学生投笔从戎，积极参加抗战，学生社团也积极宣传抗战，图书馆也作为阵地，积极宣传支持抗战。

7. 西南联大精神在高校图书馆的传承与创新

西南联大图书馆的爱国主义精神、刚毅坚卓精神和科学严谨精神对高校图书馆开展创新性工作具有指导性意义。秉承西南联大精神，高校图书馆应积极发挥对大学生的教育职能；利用现代信息技术，开展馆际互借和文献传递服务，最大限度地满足读者需求；以科学严谨的精神，利用自有资源和技术，维护学术规范。

（二）重要观点或对策建议

（1）西南联大办学所取得的卓著成绩与北大、清华、南开三校的成功合作密不可分。时过境迁，西南联大虽已成为历史，但其许多做法与当今高校的联合办学、深化体制改革的举措则一脉相通。借鉴西南联大的成功经验，汲取其有关大学精神、民主体制、科学管理等方面的宝贵启示，对于当今高等教育的改革和发展，仍具有深刻的现实意义。

（2）西南联大对北大、清华、南开三校来说，只是一小段历史，但对于云南师大来说是源头，再现西南联大当年的辉煌是云南师大的梦想，研究西南联大，传承西南联大精神，是云南师大的责任。

（3）西南联大图书馆办馆理念、管理模式对我们现今图书馆事业的发展仍值得学习、借鉴。

三、研究成果的学术价值、应用价值及社会影响和效益

（一）学术价值

从图书馆学的角度而言，它的精神是“智慧与服务”，尤其是以“联大学”为学科背景，以图书馆学、目录学、索引学为支撑，是图书馆学研究的进一步深入发展，用集中优势资源（图情资源），为强势学科服务的思想来指导建立这样一个“西南联大特藏室”是符合图书馆学发展的方向和趋势的。而建设该项目过程中的一项重要内容是编出《西南联大文库研究总揽》、《西南联大藏书目录》，这又将在“索引学”方面是一个探讨，弥补联大图书无专题索引的空白，从而使学者们可以据“索引”而知学科发展动态、历史与现状、大家关心的问题、研究过的问题以及那些等待人们去研究的课题。

（二）应用价值

（1）为研究西南联大的学者提供第一手资料，“特藏室”已接待的学者中，有闻一多之孙、中国社科院近代史研究所研究员闻黎明和华东师大博士生王喜旺。

（2）通过本课题的研究，可以培养一批科研骨干队伍。

（3）让“西南联大旧址”更加充实、丰满起来，不仅是为了纪念70年前在昆明办学这一盛事，更重要的还在于让后人永远地记住这段历史，从中总结规律，为今天云南乃至整个中国的高等教育事业提供某些可资借鉴的经验。

（三）社会影响

（1）“国立西南联合大学图书特藏室”将成为爱国主义教育

基地的一个部分。

（2）西南联大已经成为云南历史上一个独特的知名品牌，是今天建设民族文化大省的一个重要历史文化资源，对它的不断深化的发掘，将有助于建设民族文化强省，有助于建设昆明这座“历史文化名城”。

（3）目前“西南联合大学”作为一门独立的学问或学科正越来越受到海内外专家学者的重视，云南师大在这项研究中应起到领军作用。

（4）通过西南联大图书特藏室，可以广泛地联络西南联大校友，使他们对早年教书读书之地有更多的依恋之情，让海内外学人对云南师大有着更充分的认识。

课题名称：西南联大图书馆藏书的收藏、传承与保护研究
课题负责人：迟玉华
所在单位：云南师范大学
主要参加人：王丽峰　唐　红　王顺英　周　宁　杨　洋
结项时间：2010 年 1 月 5 日

教 育 学

贫困农村地区教师专业发展研究

——以云南省临沧市为个案

一、课题研究的目的和意义

教师专业发展是当前国内外教育改革与教育研究的“热点”和“焦点”问题之一。该课题以云南省临沧市农村中小学教师专业发展面临的困境为研究背景，以解决云南省临沧市农村中小学教师专业发展存在的主要问题为研究对象，从现实的角度探寻导致问题产生的原因，在研究当前农村中小学教师专业发展解决对策的基础上，提出具体解决对策，并从理论上科学构建符合贫困农村中小学教师专业发展的培训模式。该课题力图通过解决贫困农村地区中小学教师专业发展存在的问题，构建具有云南省特色的贫困农村地区教师专业发展的理论体系和实践模式，进而丰富云南乃至西部农村中小学教师专业发展理论；为云南各级政府和教育部门提高农村中小学教师素质、加快农村义务教育发展提供科学决策依据，力图进一步通过政府行为尽快改变云南省贫困农村地区教师队伍的弱势现状，提高云南省贫困农村地区教育的综合质量，为我国西部地区农村中小学教师专业发展提供科学理论与实践借鉴。

二、研究成果的主要内容和重要观点

该课题研究分为七个部分：

第一部分：导论。主要介绍课题研究背景，界定基本概念，评述课题研究现状，阐述课题研究的目的、意义、思路、方法及内容结构。

第二部分：云南省临沧市贫困农村地区中小学教师专业发展的基本状况分析。在总结云南省临沧市贫困农村地区中小学教师专业发展主要成就的基础上，对云南省临沧市贫困农村地区中小学教师专业发展现状进行综合调查研究。

第三部分：云南省临沧市贫困农村地区中小学教师专业发展的问题分析。在了解云南省临沧市农村中小学教师专业发展的成就和现状的基础之上，解析云南省临沧市农村中小学教师专业发展存在的主要问题。

第四部分：云南省临沧市贫困农村地区中小学教师专业发展问题成因的分析。主要从现实角度分析当前云南省临沧市贫困农村地区中小学教师专业发展存在问题的原因。

第五部分：云南省临沧市贫困农村地区中小学教师专业发展的对策研究。在研究当前农村中小学教师专业发展解决对策的基础上，提出解决云南省临沧市贫困农村地区中小学教师专业发展问题的具体对策。

第六部分：云南省临沧市贫困农村地区中小学教师专业发展培训模式的专题研究。

第七部分：云南省临沧市贫困农村地区中小学教师专业发展的个案研究。分别以临翔区章驮邦买乡中心校小学教师、临沧贫困农村地区英语教师、耿马县允捧中心校教师和耿马县四排山乡中心校教师作为个案研究样本。

三、研究成果的学术价值和应用价值

该课题通过对云南省临沧市贫困农村地区教师专业发展展开深入研究，全面掌握当前临沧市贫困农村地区教师专业发展的基本状况，科学总结临沧市贫困农村地区教师专业发展存在的特殊问题，针对临沧市贫困农村地区教师专业发展存在的实际问题提出可行性对策建议，创新探索出适合临沧市贫困农村地区教师专业发展的多样化培训模式。对当前贫困农村地区教师专业发展具有较高的学术价值和应用价值。

第一，学术价值。临沧集边疆、民族、农村、贫困四位一体，实地调研发现各地促进农村中小学教师专业发展的内容、方式、途径等异彩纷呈。各地农村中小学教师专业发展的组织者和参与者迫切需要交流，取长补短，更希望能有针对性的理论指引。可见，如果没有成熟的理论指导，具有旺盛生命力的实践就不可能进一步深入推进。本课题研究在理论上充分强调临沧市贫困农村地区中小学教师专业发展的重要性和必要性，进一步拓宽临沧市贫困农村地区中小学教师专业发展理论研究的视野，试图通过解决临沧市贫困农村地区中小学教师专业发展问题，从理论上构建一套自己的研究体系，从中抽取出规律性的概括，以此促进教师专业发展理论的研究，从而拓宽和丰富临沧乃至云南以及西部农村中小学教师专业发展理论。

第二，应用价值。本课题研究成果为云南省各级政府和教育部门提高临沧市贫困农村地区中小学教师素质和加快临沧市农村教育的发展，提供科学的决策依据。力图进一步通过政府行为尽快改变临沧农村中小学教师队伍的弱势现状，提高临沧市农村义务教育质量。本课题研究成果也为我国经济欠发达的西部地区农村中小学教师专业发展提供科学有效的实践借鉴。

课题名称：贫困农村地区教师专业发展研究——以云南省临沧市为个案
课题负责人：周本贞
所在单位：云南师范大学
主要参加人：王　凌　李天凤　杨　斌　李孝川　钟　维　罗华玲　李方方　周诗伍
结项时间：2009 年 7 月 2 日

中国现代大学制度研究

——“双层式”现代大学制度构架的理论与实践

一、课题研究的目的和意义

大学制度是大学管理与运行的规则体系。大学产生于大学制度的建立，在大学制度的创新和发展中完善。各国高等教育发展的历史，也是大学制度变迁的历史。大学制度的优劣，直接影响高等教育的成败。近年来，随着我国高等教育的快速发展和改革开放，构建我国现代大学制度问题引起了教育界的高度关注。但迄今为止，仍没有人完整、系统地提出我国现代大学制度的构架。由于我国高等教育目前正处于重要的发展与变革时期，大学制度的构建将对今后我国高等教育的发展产生深远影响，对大学制度的探索就显得更加重要。

本研究首次从宏观和微观两个层面完整、系统地提出了既借鉴中外大学制度的精华，又符合教育规律和中国国情的我国现代大学制度框架，简称“双层式”构架。

二、研究成果的主要内容、重要观点或对策建议

1. 回顾了西方和中国大学的由来，大学概念的争论和变迁，讨论了大学的属性、功能以及大学制度和内涵

(1) 按照大学发展的历史，从早期的大学、中世纪大学和

近代大学三个阶段回顾了西方大学的由来；从早期的大学、封建时代的大学（私学、官学、书院）、中国近代大学和新中国的大学四个阶段回顾了中国大学的由来，阐述了东西方大学在各个发展阶段产生的历史条件和主要特点。

（2）从方法论角度探讨了大学的定义，从大学是学者的社团、大学是传授普遍知识的场所、大学是探索和传播高深学问的机构、大学是独立思想和批判的中心、大学是社会服务站和多元化巨型大学等大学概念的争论和变迁，说明不同的时期，不同的社会政治、经济、文化和科学技术发展，不同的高等教育哲学或教育价值观对大学不同的需要以及对今天大学理念的不同影响。

（3）探讨了大学属性，从大学的学术性和自治性到社会性的发展，区分了大学的功能和职能，从促进人的发展和促进社会进步方面探讨了大学的功能，回顾了大学以人才培养为中心的大学职能，从教学、科研到社会服务的演进，指出大学的属性、职能和功能的发展演进，是大学与社会关系的集中反映。

（4）探讨了制度、大学制度和现代大学制度的一般定义，认为制度是大学组织赖以存在和发展的基础、教育思想的转化机制和资源配置的工具，提出现代大学制度是与传统大学制度相对应，与现代政治、经济、科技、文化发展和大学自身变化相适应的大学管理与运行规则体系。从大学都是遗传与环境的产物的角度指出，作为制度，现代大学制度不是某一所大学的一项具体制度，而是表达规范大学管理与运行各个方面共性的制度集合，它并不完全排斥个性，反而可以由个性发展为共性；作为大学制度，现代大学制度不能离开大学的组织性质和大学教育本身的规律，也不能离开一定的社会经济条件，特别是作为现代大学存在基础的现代政治、经济、科技、文化的发展，它既包括大学的传统价值，也包括大学的现代需要，既注重共同的价值也强调国情的特色；作为一个具有相对性特征的概念，现代大学制度不完全是一个时间或静态的概念，它不仅是动态、开放和发展的，而且其有效性也是相对的，随着时代的发展，还将注入更多新的因素而舍弃一些过时的、失效的因素。

2. 考察了大学制度在德、英、美、日等四个国家的变迁，总结了大学制度在这些国家的主要特征和规律，提出了对我国构建现代大学制度的启示

（1）考察了大学制度在德、英、美、日等四个国家的变迁，探讨了四国大学制度的形成、发展、各自特点，并从不断发展完善、形成核心理念、具有国情特点和注重学校本位四个方面总结了它们发展变迁中的规律性。

（2）提出四国大学制度变迁对我国建立现代大学制度的启示主要是深化改革，与时俱进，形成符合经济社会发展和高等教育自身规律的制度体系；分类分层，调整优化，构建功能合理、运转协调的高等教育结构模式；完善法规，科学管理，充分尊重和落实高校办学自主权。

3. 回顾了我国现代大学制度的变迁，总结了微观现代大学制度建设的主要特征和规律，提出了对我国现阶段构建现代大学制度的启示

（1）回顾了旧中国大学制度的演进，提出旧中国大学制度变迁的特点和启示主要是起步晚、起点高、移植模式明显，顺应历史、符合规律、政府支持。

（2）回顾了新中国大学制度的演进，提出新中国大学制度变迁的特点和启示主要是构建了与社会主义制度和计划经济体制相适应的办学模式，学校内部治理结构经历了反复。

（3）回顾了改革开放以来大学制度的演进，提出这一阶段大学制度变迁的特点和启示主要是条块分割模式得到改变，法制化取得进展；逐步建立起以政府办学为主，社会各界广泛参与办学的体制；高等学校的办学自主权逐步扩大，为建立符合大学本

质特征的高等学校内部管理制度提供了空间。

4. 提出并论证了中国现代大学制度“双层式”构架

即宏观层面：政府宏观管理、市场适度调节、社会广泛参与、学校依法自主办学；微观层面：党委领导、校长负责、教授治学、民主管理。

（1）提出并论证了我国现代大学制度“双层式”构架的主要依据：现代大学制度构架必须遵循教育外部和内部规律的要求；现代大学制度构架必须体现大学学术性、自治性、社会性的特征；提出各国大学制度都是与国情相结合的产物，我国的大学制度必须结合中国国情和时代特征；现代大学制度构架必须从系统性、实践性方面考虑其可行性。

（2）提出并论证了我国现代大学制度的宏观结构，从政府宏观管理的政府和学校视野、政府宏观调控的手段方面论证了“政府宏观管理”；从大学的“产品属性”与政府和市场的作用、大学与市场的相互作用方面论证了“市场适度调节”；从社会参与捐资投资办学、社会参与与中介组织方面论证了“社会广泛参与”；从我国大学自主权的历程、大学的有限自主权与完全自主权方面论证了“社会广泛参与”。

（3）提出并论证了我国现代大学制度的微观结构，从大学领导体制是各国大学共性的问题、加强和改进高校党委的领导方面论证了“党委领导”；从校长负责和在各国的实施、进一步改进和落实好党委领导下的校长负责制方面论证了“校长负责”；从教授治学内涵、进一步发挥教授治学的作用方面论证了“教授治学”；从民主管理与大学属性和要求、进一步加强和改善民主管理方面论证了“民主管理”。

5. 从宏观和微观两个层面介绍了云南财经大学围绕构建“双层式”构架的现代大学制度改革的主要措施和取得的成效，探讨和检验了我国现代大学制度“双层式”构架的可行性和有效性

(1) 从改革的指导思想、原则和目标，改革的特点和难点，改革的重点和突破等方面，简要回顾和介绍了云南财经大学以构建现代大学制度为重点的改革实践。

(2) 从以落实和扩大办学自主权为主要手段促进“政府对学校宏观管理、学校依法自主办学”，以建立健全社会主义市场经济条件下的现代大学筹融资体制为主要手段促进“市场适度调节、社会广泛参与办学”方面，简要回顾和介绍了云南财经大学在改革中对构建现代大学制度宏观层面的协调。

(3) 从改革干部管理体制、建立教授委员会、完善学校民主管理机制，确立现代管理理念、建立校院二级管理体制、建立健全决策和咨询机制、积极推进教学科研改革、提高教学质量和科技创新，深化人事分配制度改革、激发人力资源的生机与活力，以建立现代企业制度为目标、推进后勤和其他服务事业改革方面，简要回顾和介绍了云南财经大学在改革中对构建现代大学制度微观层面的改革。

(4) 回顾和介绍了云南财经大学实践“双层式”现代大学制度取得的成效，在宏观层面主要是办学自主权得到进一步落实，学校筹融资体制更加完善。在微观层面主要是搭建了学校内部党政权力、学术权力和公众权力的相互制衡与聚合的平台；建立了校院二级管理体制，实现了管理重心下移；推动了学校教学、科研、人事、财务、后勤服务等各项改革，提高了学校人才培养、科学研究和社会服务的能力和水平；凝练了云南财经大学的大学精神。在社会评价方面主要是以构建现代大学制度为重点的改革优化了体制、完善了机制，理顺了内部关系，调动了师生

工作学习的积极性，促进了教学质量和科研水平的提高，增强了学校的实力，扩大了学校的影响，赢得了良好的外部发展环境，加快了学校的建设和发展，实现了“办好一所大学，探索一条路子”的目标要求，得到了全校师生的积极支持和充分认可，得到了省委、省政府的高度评价，受到了社会各界的高度关注和积极评价，检验了我国现代大学制度“双层式”构架的可行性和有效性。

三、研究成果的学术价值、应用价值及社会影响和效益

成果的学术价值主要在于：完整、系统提出在宏观（学校与外部的关系）上“政府宏观管理、市场适度调节、社会广泛参与、学校依法自主办学”，在微观（学校内部）上“党委领导、校长负责、教授治学、民主管理”的“双层式”我国现代大学制度构架，理论上具有原创性意义。成果的应用价值主要在于：通过在云南财经大学改革和实践证明，双层构架式现代大学制度是建立在理论与现实基础上具有的可操作性和有效性的我国现代大学制度，可对正处于重要的发展与变革时期的我国高等教育产生重大影响。

云南财经大学被云南省委、省政府确定为教育改革首批唯一试点高校后，学校围绕“办好一所大学、探索一条路子”的改革目标和我国现代大学制度“双层式”构架的要求，以投融资体制改革、深化内部改革、落实和扩大办学自主权为重点，在探索现代大学制度、多渠道筹集办学经费和多形式拓展办学空间、内部运行机制、队伍建设、扩大办学自主权五个方面进行了实践性探索。云南省委、省政府召开“改革试点工作现场会”，高度评价了学校的改革试点工作，认为“改革试点工作成效显著，

给学校带来了大发展，为云南高等教育改革提供了可贵的经验”，人民日报、光明日报、中国教育报、中国青年报、云南日报等媒体多次报道了改革的做法和经验，人民日报社、光明日报社分别刊发了内参，云南日报以《努力探索高等教育改革新途径》和《贵在敢为人先》为题两次为专题报道配发了评论员文章。

2005年5月7日，课题主持人在光明日报的“理论与实践”栏目上发表了《关于我国现代大学制度的构架问题》的文章，首次完整、系统地提出在宏观（学校与外部的关系）层面“政府宏观管理、市场适度调节、社会广泛参与、学校依法自主办学”，在微观（学校内部）层面“党委领导、校长负责、教授治学、民主管理”的“双层式”我国现代大学制度构架。在本项目研究期间，教育部要求在全国高校实施“党委领导、校长负责、教授治学、民主管理”的学校制度。《中共云南省委、云南省人民政府关于深化改革大力发展高等教育的决定》提出：“要加快建立与高等教育发展规律相适应、与经济社会发展相适应、与社会主义市场经济体制相适应的高等教育宏观管理体制”，“进一步建立和完善党委领导、校长行政、教授治学、民主管理、自主办学的中国特色现代大学制度。”

课题名称：中国现代大学制度研究——“双层式”现代大学制度构架的理论与实践

课题负责人：刘绍怀

所在单位：云南财经大学

主要参加人：林　浩　吕磷峰　李昆峰　龙希国

结项时间：2009年12月15日

熊庆来的教育理念及其实践

一、课题研究的目的和意义

中国新式高等教育已有百年以上的历史，高等教育虽然有许多不同的类型、层次、水平，但凡能延续流传至今者，大多经过漫长的艰苦而又曲折的奋斗历程，并且留下极为丰富的经验和教训。认真总结这些经验和教训，对于当前高等教育的健康发展必将有所裨益。在百余年中国新式高等教育发展过程中，有一大批筚路蓝缕、披荆斩棘的先驱者，他们呕心沥血，殚精竭虑，为中国现代大学的奠基与成长作出不可磨灭的贡献。我们应该永远铭记这些先驱者的功绩。特别是其中那些办学有成的著名校长，他们和他们所辛苦经营的著名大学，乃是中国高等教育史上一块块丰碑。他们教育思想的丰富精辟，办学理念的卓越高远，以及实践业绩的泽惠后世，至今仍然受到中外学者的肯定与尊重。可以说，无论是其成功或是错误（甚至失败）之处，都给后世留下一笔极其宝贵的遗产。

对中国近代大学校长教育思想的研究，在高等教育思想研究的所有文献中，内容也是最丰富的。这些文献可划分为三大类型：第一类是整体性研究，整体性研究是指将中国大学校长作为一个群体来研究。第二类是个别性研究。第三类是附带性研究，即在一些相关研究中在研究某些问题时附带有中国近代大学校长的高等教育思想的内容，如人物传记、中国高等教育史、中国教育史等方面的著作。但对著名大学校长的研究，往往集中在京津沪等内地发达地区，如由华中师大原校长、著名教育家张开源先生主编的《中国著名大学校长书系》第一卷里的10个大学校长。但遗憾的是，没有边疆地区的大学校长入选。

熊庆来于1937年到云大任校长，任职后他抓住昆明当时作为全国抗战的大后方，人才济济的大好时机，凭借他在法国接受的高等教育及国内从教的经验，结合云南实际，大力发展学校的学科建设，迅速把一所不入流的地方大学办成与北大、清华齐名的国内著名大学。在云大80多年的历史中，熊庆来长校的12年被称为“黄金时期”。1946年云大被《不列颠百科全书》列为中国十五所世界著名大学之一。熊庆来之所以能使云大有这样大的变化，源于他的办学理念符合云南和云大的实际，并勇于实践。认真总结熊庆来12年的办学理念及实践，并给以阐述分析评论，不仅仅是为了继承这笔遗产，追思逝者，更重要的是为今日高等教育的深刻变革提供参考，这是其实践意义所在。该课题丰富了近代大学校长的理论研究，从地域上弥补了研究的空白，从而推广云南历史名人的知名度，扩大影响，这是其理论意义所在。

二、研究成果的主要内容、重要观点或对策建议

该课题的研究成果分为两个部分，即《熊庆来信函》及《熊庆来教育思想研究》。

《熊庆来信函》收入熊庆来的来往信函668件，十余万字。信函分为四部分：（1）临危受聘，励精图治。（2）广招贤才，优待教员。（3）严格学籍管理，慎重处置学生事务。（4）重亲

情守原则，敞心扉更近人。

第一部分信函内容主要是反映熊庆来担任云大校长后，根据龙云对他的承诺，整顿校纪校风，改革行政机构，提高工作效率，聘请省内外知名学者到校任教，增设院系，用政府增拨的经费，购置设备，改善办学条件。1938 年 7 月 1 日，国立云南大学正式宣告成立，改直隶省政府为直隶教育部。在他“惨淡经营”云大 12 年中，不负众望，将一所濒临绝境的省立大学，重振雄风，一跃而成为全国 15 所重点大学之一。

第二部分信函内容主要是熊庆来邀请学者到校任教的信函，从中可以窥视出他一贯主张的“慎选师资，努力提高教学质量”的办学思想。

第三部分信函主要反映熊庆来加强学籍管理的内容。他主持制定了《国立云南大学学则》，对学生入学、注册、选课、考试、请假、旷课、转院转系、休学、退学、奖惩、毕业学位等作了明确的规定。这些规章制度更加细化了对学籍的管理，使之有章可循。

第四部分信函反映熊庆来生长在云南，亲友众多，三朋四友总有不少，他们有什么事，总要请熊庆来帮忙。熊庆来是个重情讲义的人，对亲友求办的事情，不能不管，但涉及学校事务，他在处理时是很讲原则的。从收集的书信中可以看出，熊庆来从不以权谋私，在处理亲友的谋职升学等问题上，同其他人一样，公平公正。

论文《熊庆来教育思想及其实践》分为四部分：（1）熊庆来“教育乃百年大计，学术是国家灵魂”的思想及实践。（2）熊庆来教育为桑梓服务的思想及实践。（3）熊庆来以“求新”、“求真”为核心理念的办学指导思想。（4）熊庆来人格魅力对其办学思想的影响。笔者试图从这四个方面，较为全面系统地探讨熊庆来教育思想及实践。

第一部分首先归纳分析了熊庆来有关“教育乃百年大计，学术是国家灵魂”的论述。这是熊庆来对教育在国家建设发展中重要性的见解。他认为教育是一个民族最根本的事业。一个民族的兴衰强弱，从某种意义上讲取决于教育。中国的教育事业关系到中华民族前途和命运的大事，是当时正在进行的抗战建国的根本保证，是使国家建设顺利完成的前提。为此，熊庆来在许多场合或文章阐述了这一观点。其次是论述熊庆来这一思想的形成。笔者认为，熊庆来教育思想的形成与他的成长经历及当时中国社会状况有关。他目睹了腐败的清朝统治者屈服于帝国主义列强的淫威，将滇西大片土地让英帝国主义占据，将云南划给法帝国主义作为势力范围，出卖滇越铁路修筑主权及路权等，认识到摆脱帝国主义的侵略，就必须自己强大起来。到法国留学后，他对科教救国的重要性有了更加深刻的体会，改变了过去的认识，甘愿终生投入中国的科学教育事业。这也是他提出“教育乃百年大计，学术是国家灵魂”的思想的支撑点。再次是他成为云大校长后，对如何将这一思想化为具体行动所采取的措施——加大教育资金投入。这是一项极为艰苦的工作。熊庆来接任校长职务时，向龙云提出的条件之一就是加大经费投入。省政府将过去给云大不足10万的经费增加到25万，同意云大由省立改为国立，通过中央政府对教育的支持，再增加一部分经费。另外，他又通过庚款委员会等社会民间渠道来补助教育经费。在熊庆来任云大校长12年中，他很大精力都用在了寻找办学经费上，根本无暇考虑自己热爱的数学研究。他以牺牲自己的学术事业换来为国家培养大批的各类人才，推动国家科学技术发展。

第二部分首先介绍熊庆来甘愿舍去个人研究事业和舒适生活回到云南服务桑梓的原因和决心。熊庆来不仅有甘愿吃苦的精神，而且有睿智的思想。他认为要“以国家力量，促其（云大）发展”。极力主张把当时尚属省立云大改为国立。他主张立足本省，充分利用资源丰富的优势，加以研究，“以期蔚为西南学术重心”。对学生的要求，他提出：“其造就不在一般国立大学毕业之下，而为社会有用之人才。”及“地方实际建设之人才”。为了实现教育服务桑梓，他大胆进行教育与生产实际相结合的探索，做了大量实际工作，推动了云南教育与生产实际相结合的探索，推动了云南教育与社会经济建设发展。熊庆来以教育为桑梓服务取得的成就可归纳为：（1）以教育提高云南有色生产技术，发展云南工业。（2）力争保留生物系，为学校生物系发展奠定了基础。（3）提升云南医学教育水平，改善云南医疗卫生条件。（4）以农学教育改进云南农业生产技术，发展农业经济。（5）以教学研究为改善民族关系、巩固边防作贡献。

第三部分论述熊庆来长校云大后，把求新、求真作为核心理念的办学指导思想，并将其贯穿于教育过程之中。这既是熊庆来教育思想的灵魂和核心，也是他从事教育事业矢志不渝的追求。他从自己从事数学研究的实践经历中，深切地体会到学术研究中求新、求真的重要性，结合当时抗战情况深刻地认识到“今日之战争，科学之战争也”。

第四部分谈熊庆来的人格魅力对其办学思想的影响。笔者认为学生人格的养成，靠的是“身正为范”的学术大师们，尤其是校长的表率作用。校长的人格魅力不仅对学生人格产生重要影响，还会影响到治学治校及发展建设。熊庆来的人格魅力对办学思想的影响表现为：（1）知人善任的用人观。（2）诚实守信的为人观。（3）勤俭办学，“决不枉费一钱”。（4）“爱生等如子女”。笔者通过实例对这四方面进行阐述，认为熊庆来以教授、教育家、诤友等形象深深地刻在他的同事、学生、师友等人的心里。他敬恭桑梓，甘入幽谷，奖掖后辈，提携后进，知人善任，学识渊博，德高望重，其人格力量具有很强的影响力，值得当代学者大力提倡和学习。

三、研究成果的学术价值、应用价值及社会影响和效益

本成果将零散的熊庆来的信函及部分对教育的论述收集整理在一起并加以研究，出版了熊庆来书信往来函，是目前国内第一部有关熊庆来教育的信函史料卷。本成果突破过去以往局限于对其数学的贡献、个人生平一般性的研究，用较大篇幅阐述熊庆来的教育思想及其实践，成果中引用了不少新史料、新观点，体现了最新研究成果。本成果主持人为了扩大对熊庆来教育思想研究，邀约几个对熊庆来有研究的教授、青年教师、研究生写稿，与本研究成果的论文合编为《熊庆来教育思想研究文集》，由云大出版社于2010年3月出版。本书是国内第一部专门研究熊庆来教育思想的文集。这部文集与校长信函卷构成一个较为完整的研究成果，更加方便学者对熊庆来教育思想的深入研究，这无疑提升了本次研究成果的学术价值、应用价值以及对社会的影响力。

课题名称：熊庆来的教育理念及其实践

课题负责人：刘兴育

所在单位：云南大学

主要参加人：李迎春　卜　彤　杜宇芳

结项时间：2010年1月20日

云南省少数民族学生英语学习动机、策略和英语水平关系研究

一、课题研究的目的和意义

加拿大、美国、英国、匈牙利、日本、澳大利亚等国在第二语言习得和外语学习的态度和策略的研究方面领先。首开此课题的是加拿大的 Gardner/Lambert、Gardner/Smythe（1972，1985）教授。他们提出了第二语言习得的社会心理学和社会教育学的理论，即学习态度影响学习动力，学习动力又反过来作用于学习态度。学习态度和动力与学习成绩和语言水平关系密切。持有融合型动机的学习者的第二语言能力要高于持有工具型动机的学习者。人们对他们的理论提出了不同的看法。匈牙利语言学家 Domyei（1990）博士建立了外语学习的态度和动力的理论，即持有工具型动机的外语学习者的语言能力比持有融合型动机的水平高，因为外语学习有别于第二语言习得，外语学习的工具性大于融合性，语言环境也完全不同。最近，美国学者 Noels 及其同事（2001）又提出了新的观点：第二语言习得外语学习的态度和动力的综合型模式（内在/外在/融合型动机和动力）。这一模式比较好地解决了外语学习和第二语言习得态度、动力和语言水平的相互促进的关系。本课题将借鉴这个模式，在此基础上建立中国少数民族学生学习英语的态度和策略的研究模式，作为本课

题的理论指导。

国外学者对“语言学习策略”有以下几种定义：(1) 语言学习者采用方法的一般趋势和总体特点，用于描述可视行为的具体形式（Stem，1983）；(2) 学习语言时的做法和想法，旨在影响学习者的编码过程（Wenstein & Mayeh，1986）；(3) 学生采取的技巧、方法或者刻意的行动，其目的是为了提高学习效率和易于回忆语言的形式及内容（Chamot，1987）；(4) 学习者用以辅助其信息吸收、储存及使用之步骤与操作（Rubin，1987）；(5) 学习者为促进其对第二语言的了解、理解和使用所采用的、通常是有意识的和特定的动作、行为、步骤或技巧（Oxford，1994）。教育部制定的《普通高中英语课程标准（实验）》（以下简称《英语课程标准》）将“学习策略”定义为“学生为了更有效地学习和使用外语而采取的各种行动和步骤”。

20 世纪 90 年代，我国一批著名学者在学习策略的研究上开了一个好头，研究成果不断涌现。但我国的研究存在以下问题：(1) 研究的层次不均衡，研究本科生和研究生群体的较多，而对中小学生这一学习英语人数最多的群体研究较少；(2) 多采用国外学者编制的量表，用国内教学大纲、课程标准作为依据的较少，不利于探讨我国学生在外语学习环境下学习策略的使用情况；(3) 结合态度、策略研究少数民族中学生英语学习的研究尚少。

云南少数民族学生学习英语是一种三语学现象，即先掌握母语，后通汉语，再学英语。西方国家对三语教学的研究主要集中在欧洲。但对少数民族学习英语（作为外语）几乎是空白。国内研究刚刚起步，现在国内还没有人对少数民族学生学习英语的态度和策略以及同英语水平的关系作过全面系统的调查和研究。

二、研究成果的主要内容和重要观点

在借鉴西方第二语言习得与外语学习态度和策略理论的基础上，构建中国少数民族学生学习英语的动机和策略以及对英语语言能力的影响的研究模式，力图找到帮助少数民族师生教学英语的更好、更有效的实践方法。在中国少数民族地区英语学习的"三语教学"的特殊背景下，检测西方第二语言习得和外语学习态度和策略以及对英语语言能力的影响的研究模式的有效性，为国际第二语言习得和外语学习理论和实践添砖加瓦，作出中国学者自己的贡献。

本课题采用定性（qualitative）和定量（quantitative）的科研方法，以及 postpositire 的方法理论（paradigm）。调查工具有：（1）中国少数民族学生学习英语的态度和策略调查问卷。（2）初中英语测试卷、高中英语测试卷和大学英语测试卷。（3）中国少数民族学生学习英语的态度和策略采访提纲。样本学校选自云南大理州、丽江地区、西双版纳州、文山州、红河州、楚雄州、曲靖市的白族、纳西族、傣族、彝族、哈尼族、壮族、苗族、布依族居住地的30余所县城和乡镇的高中、初中及云南民族大学、云南师范大学、楚雄师范学院、曲靖师范学院等。高中学生800人，初中学生800人，大学学生800人，共2 400人，以便进行民族、三语教学、年龄、性别、经济文化、区域地理等的比较。

调查数据用计算机 SPSS 软件处理和分析：（1）平均和标准差（Mean and Standard Deviation）和多元方差（Manova）确定动力/动机的主要类型，测量民族、三语教学、年龄、性别、经济文化、区域地理等的差异而产生的学习态度和策略的不同程度。（2）皮尔逊相关系数（Pearson Product Moment Coefficient of Correlation）测量调查问卷各项问题的回答与英语测试成绩之间的关系的密切力度。（3）多项逆转（Stepwise Multiple Regression）找出成功学习英语的重要的指示因数（indicator）。（4）阿尔法同效率（Cronbach Alfa Coefficient）测量调查问卷各项问题的内部一致性和测量样本的信度和效度（Reliability and Validity）。（5）用单元方差（Anova）区分各少数民族之间学习态度、动机、策略和英语水平的区别。

其一，对国内外学者有关外语学习动机研究的发展进行了扼要的综述，并通过对我国二语教学的实证研究，检验了西方关于动机及其对目的语语言能力影响之研究模式的有效性，这对国际语言学习理论建设具有积极意义。

其二，着眼三语教学的背景，提出了研究中国少数民族学生英语学习态度与动机及其对提高英语水平之相应措施的新模式。

其三，回答了研究主题的中心问题，并分析了不同类型之学习态度与动机的实践功能。首先，问卷（questionnaire）的方法考察了云南少数民族中学生英语学习的态度和动机类型以及英语水平的差异。受试者（subjects/participants）为7所中学的506名彝、壮、苗和哈尼族高、初中生。问卷包括35个有关为什么学习英语的问题，主要根据Gardner/Lambert的二语习得量表（scale）编制（adapt）而成。我们用SPSS统计软件对数据进行了因子分析（factor analysis）和单元方差分析（Anovas），以探索动机的类型以及不同民族之间的异同。因子分析得出八种态度和动机类型，分别是：家长/教师的期望动机（parent teacher expectation）、学习焦虑动机（study anxiety）、对英语为母语的人的态度（attitude to native speakers of English）、内部动机（intrinsic）、对本民族认同的态度（attitude to ethnic identity）、教学因素动机（teaching factors）、融合性动机（integrative）和对外国语/文化的态度（attitude to foreign language and culture）。单元方差分析（Anovas）表明，这四种少数民族在英语水平和学习动机有显著差异（significant differences）；学习态度没有显著差异。皮尔逊相关系数表明（Pearson Coefficient Correlation），这四种少数民族的英语成绩与家长/教师的期望动机、内部动机、对本民族认同的态度和对外国语/文化的态度呈显著（significant）正相关关系（positive relationship）；而同学习焦虑动机和对英语为母语的人的态度的关系是显著负相关（negative correlation）。但是，这种相关较弱。多元回归分析显示（Multiple Stepwise Regression），影响少数民族学生英语成绩的前三个最重要的预示因子（predictor）是：学习焦虑、对外国语言和文化的态度以及内部动机。

其四，采取实证定量研究中的问卷法考察了云南少数民族大学本科生英语学习动机和策略以及与英语水平的关系。受试者为云南在昆某高校和某市新建本科学院的837名少数民族本科学生。问卷包括108个有关为什么和怎样学习英语的问题，主要根据Gardner/Lambert（1972）和Oxford（1990）的二语习得量表改编制成。我们用SPSS统计软件对数据进行了因子分析和描写性统计分析，以探索最重要的态度和动机类型，获取了8种态度和动机，按得分由高到低依次是：学习努力程度、外部动机、家长鼓励、教学因素、内部动机、融合型动机、对英语国家人的态度和学习焦虑。使用描写性统计分析了4种学习策略的使用，按得分由高到低是：情感策略、认知策略、交际策略、元认知策略。相关分析结果表明，学生自我评定英语成绩依次与交际策略、元认知策略、情感策略和认知策略以及融合型动机和内部动机呈显著正相关关系；学习策略与态度和动机具有显著性的正相关关系。多元回归分析显示，影响云南少数民族大学本科生英语成绩的最重要的预测因素是学习交际策略和融合型动机。

其五，采取问卷的方法考察了云南布依族高中生英语学习动机和策略以及与英语水平的关系。受试者为滇东北某中学的98名布依族高中生。问卷包括50个有关为什么和怎样学习英语的问题，主要根据Gardner/Lambert（1972）和Oxford（1990）的二语习得量表编制而成。我们用SPSS统计软件对数据进行了描写性统计分析，以探索最重要的动机类型和学习策略，策略得分由高到低依次是：认知策略，自我调控策略、资源策略、交际策略；动机得分由高到低依次是社会责任动机、内部动机、外部动机、融合性动机。皮尔逊相关系数表明，英语成绩与外部动机和自我调控策略呈显著正相关关系；多元回归分析显示，影响云南布依族高中生英语成绩的最重要的预示因子是自我调控策略。

另外，我们还探讨了“少数民族英语专业学生计算机辅助合作学习环境下认知策略实验研究”、“合作学习策略研究对少数民族地区外语教学的启示”、“云南省少数民族大学生英语学习动机类型及关系——以彝、白、回、壮、傣、纳西和苗族为例”、“云南少数民族大学生英语学习策略使用的专业差异研究”、“少数民族大学生英语学习动机与策略的关系研究”、“云南少数民族学生英语学习方法的专业差异研究”等。课题研究中发现，学习者在学习英语的过程中，受到外部因素和学习者自身学习态度、动机，尤其是学习动机、策略等个体因素的影响，所获得的语言能力和语言熟练程度各有不同，而学习动机、策略的使用则直接影响英语学习成绩。

这些成果虽尚处于假说阶段而存在继续论证、发展的空间，但创新性强，包容面大，而且涵盖了我国少数民族学生英语学习的国情、教情、热情、学情诸多特点。故对改进我国少数民族的英语教学既在实践上具有导向意义，又在后续研究中具有助跑意义。此外，还对制定我国外语教育政策具有参考价值。

三、研究成果的学术价值、应用价值及社会影响和效益

国内外同行专家一致认为，此课题探讨了一个几乎无人涉及的领域，如全国著名外语教学专家西南大学张正东教授，北京大学英语系高一虹教授，北京外国语大学吴一安教授，墨尔本大学D. Holm博士，泰国一大学副教授W. Penkingcarn博士，香港大学Kwongk. Wong博士等都对课题给予了高度的评价。

此成果被数家权威刊物转载，如《中国云南濒危语言遗产保护研究（2）》（澳大利亚拉特罗布大学出版社，2007年4月），《云南师范大学学报》（哲学社会科学版）2009年第1期，《全球视角下的中国双语教学》（北京外语教学与研究出版社，2009年2月），《英语教学研究与探索》（北京中国现代教育出版社，2008年9月）。

此课题的成果之一《少数民族学生英语学习态度和动机实证研究》（原一川）由国内外最权威的外语教学出版社之一——上海外语教育出版社作为学术专著资助出版，并第二次印刷出版。

部分课题组成员在核心刊物或论文集上发表相关论文5篇，待发表论文8篇。

课题组成员胡德映教授的专著《云南少数民族三语教育》（云南大学出版社，2007）获得云南省教育厅“高校学术著作出版基金资助”，被香港大学等国内外知名大学收入图书馆藏书，美国马里兰大学博士Lin Jing副教授认为：“就具体地研究傣族和哈尼族三语学习特点方面讲，胡德映博士的《云南少数民族三语教育》无疑是一个良好的开端，这种研究角度和视野在国际上目前还鲜有报道。”

云南省少数民族地区的英语教学情况对于西部和全国少数民族地区的英语教学都具有较大的代表性，对少数民族地区英语教学的现状与发展的调查与研究，既为同行提供研究资料，也供政府决策参考，最终达到促进民族地区的英语教学和改革，提高少数民族学生的英语水平。

课题名称：云南省少数民族学生英语学习动机、策略和英语水平关系研究

课题负责人：原一川

所在单位：曲靖师范学院

主要参加人：黄　炜　胡德映　吴建西　龚泽宽　李　鹏　尚　云　施利红　熊　莺　钟　惟

结项时间：2010 年 2 月 20 日

东南亚汉语教学现状及发展途径研究

一、课题研究的目的和意义

东南亚汉语区是海外使用汉语人数最多的一个地区，这使中国和东南亚各国之间的联系更为紧密。中国和东盟双方都开始利用汉语广布这种有利因素，促进双方的经济合作和文化交流。

在这种形势下，21 世纪，汉语学习在东南亚有了明显改观。课题组通过前期对越南的汉语教学的广泛考察，认为存在一个趋势：即汉语教学在越南已经有产业化发展的萌芽。例如：与中国广西学校之间的教学合作，与中国、新加坡等国及中国台湾、中国香港等地区的相关版权、知识产权合作。这种萌芽在其他东南亚国家也同样存在。但是目前为止，东南亚汉语教学的相关研究主要是对教学法方面的研究，没有将东南亚汉语教学研究放在一个大的经济文化发展环境中来考虑和研究，更没有从文化产业、文化战略的角度来考察这个领域的发展态势。该课题的研究旨在通过研究东南亚汉语教学面临的困难和发展瓶颈形成的原因，提出相关对策。该项研究成果对于促进中国文化的发展与壮大，促进中国与周边国家的睦邻友好关系，促进中国与周边国家的经济交流合作具有积极作用。

二、研究成果的主要内容、重要观点或对策建议

该课题通过对越南、泰国的汉语教学的广泛考察，认为东南亚各国的汉语教学尽管走着各自不同的发展道路，有着不同的特点，并且也取得了显著的成绩，但总的来说，还存在着以下几个共同的问题。

1. 综合素质高的教师较为缺乏

东南亚汉语教育要普及首先面临的问题就是师资力量薄弱。在越南，汉语教师不仅数量极为稀缺，尤其是中小学汉语教师，而且缺少专业培训。在老街汉语培训中心任教的教师多数只会说汉语不会写汉字。在泰国，虽然汉语教师的人数、质量在不断增加，但教师的综合素质总的来说还不尽如人意。

老街汉语培训中心为增大教师来源，满足日益增多的汉语学习者的需求，甚至邀请越南老街省外办的工作人员来上课。这种教师稀缺的状况使老街省在中小学开汉语课的计划无法实现。为此，老街省教育厅计划在派遣干部赴中国培训之后，将派遣教师赴中国学习汉语。存在同样问题的河江省也计划派遣教师到中国学习汉语。胡志明市主要是选用华侨来担任汉语教师。由于这些教师大都缺乏专业教学知识，直接影响教学水平。

目前，我国派遣的大批汉语教学志愿者在越南、泰国等东南亚国家已经成为汉语教学的一支主要力量。但在考察中所见到的志愿者主要是在大学和一些汉语培训中心工作。这无法解决越南中小学缺乏汉语老师的状况。

2. 教材品种少，品质有待提高

（1）缺乏相应语种对照的汉语教材。

（2）现有教材无法满足不同等级层次的学习需要。

3. 同一国家的不同地区也存在较大差异，教学水平参差不齐

在越南，北方和南方汉语学习差异是比较明显的。越南北部省市的汉语教育已经深入到了中小学中，而中部则更偏重于成人汉语学习，南部胡志明市因为华人较多，部分街区有使用华语传统。越南中部和南部汉语教学更偏重于商业应用及成人教育。

泰国的汉语教育也存在着发展不平衡的问题。总的来说，城市的教育规模和教学水平普遍高于农村，而大力发展汉语教学的城市又主要集中在中部、北部地区，南部地区只有宋卡王子大学在大力发展汉语教学。

4. 对民间力量缺乏引导

泰国和越南的一些学校已经开始通过民间教育机构与中国进行汉语交流合作。民间教育在泰国一直都有长足发展。2007 年泰国的私立高校有 67 所，占总数的 43%。而越南近几年来民间教育机构也有了提升与扩大的空间。

越南教育部一是请国外的学校、教师到其国内开展教学，一是大量公派留学生。不仅政府机构加大国际交流合作的力度，越南大中小各级学校也意识到了国际交流与合作的重要性，而且已经开始试验性地开始了国际交流合作。比如越南的两所中学就分别与中国、法国合办双语学校；越南的一所大学与中国广西师大互派学生交流；一些学校与新加坡、英国、美国等国家的学校有广泛的交流与合作。越南河内外语大学附属中学（民办）曾提出与中国的中学互派学生交流和在中国开办夏令营的建议。但这些建议因为中方没有相应的引导机制而未能实现。

根据以上考察调研现实，课题组对东南亚汉语教育发展提出如下对策建议：

1. 提高汉语的社会地位，夯实汉语教育的基础

汉语在东南亚一直占有独特地位，不过，从当前的情况来看，推动东南亚对外汉语教育发展方面还存在着很多问题。如在

越南，法国也同时在推广法语教育。法国政府在越南合作中学免费赠送教材，并派出教师。而类似举办中小学生的华文作文比赛等活动虽然得到越南很多家长和学校的支持，民众很欢迎，但是却没有得到我国有关方面积极主动的支持，由此华文教育在越南和泰国的中小学中未能得到广泛的发展。再如，这两个国家的学生在选择出国留学时，中国并不是他们的理想目的地。据联合国教科文组织的统计数据，越南学生前五位的理想目的地分别是美国、法国、澳大利亚、德国，日本；泰国学生选择的是美国、澳大利亚、英国、日本、德国。这与我国改革开放以来综合国力的增强、国际地位和影响的上升是不相适应的。这说明在当前形势下，仍须为提高汉语教育的社会地位、夯实其社会基础不断努力。

2. 制定正确的汉语教育战略

第一，对外汉语教育策略要与当地政府对汉语教育的定位相一致。

第二，在进行汉语教育的时候，要明确汉语教育就是语言教育，不能言必称学习汉语是要弘扬中华文化。这样反而会造成在当地社会汉语教育被限制和孤立，进入不了普通民众中。

第三，正视在东南亚中文简体与繁体并存的现实，采取正确的对策。

3. 政府重视、企业参与、学界支持，多种途径共同支持和发展对外汉语教育，尽快解决教材、教师匮乏的问题

中国政府已把对外汉语教育当做提高国家“文化软实力”的重要战略来研究和实施，也做了很多实实在在的工作，如扩大东南亚留学生的名额、为他们提供奖学金、派志愿者担任汉语教师等。

目前中国政府在对外汉语教学方面的支持主要通过以下几种途径：一是官方主导的学校教育；二是中国政府外派汉语教师，

充实当地官方学校的汉语教师资源；三是国家主导的多媒体教育。从以上途径来看，显然要推进汉语教育的全面发展，仅有这些层面的工作是不够的，还可在以下方面深入做一些工作：

国家除对主流学校教育的资助外，还应加大对东南亚民间教育机构的资助。扶持国内文化企业的相关项目，逐步使东南亚对外汉语教材和相关书籍的出版成为一个有发展前景的产业。

第一，扶持新闻出版企业，加大对教材和汉语书籍的投资力度。这不仅是扶持相关产业的发展，而且是解决对外汉语教材问题的最好办法。

第二，引导民间教育机构进入国际领域，以解决对外汉语教学中教育经费和师资的问题。

第三，支持驻外企业开展汉语培训工作。

加快对外汉语发展应是中国文化战略中的一个重要方面，甚至是最为基础的一个方面，它需要全社会都行动起来，更需要那些具备对外汉语教学能力的人积极行动起来，在国家、民间企业及个人的配合下，力争把对外汉语教育推进到一个新的阶段。政府重视是加快对外汉语发展的根本保证。企业参与、学界支持是发展对外汉语的有力保证。如上所说，发展对外汉语不单单是政府的事，而是整个中华民族的事，有能力的任何个人或团体都应参与其中，贡献自己的力量。企业和学界是其中重要的力量：企业能提供“硬件”方面的有力支持，而“学界”则在“软件”方面有着优势。

总之，有了政府重视这样的“主脑”，再加上企业和学界这有力的“两翼”，中国的对外汉语教育定将迎来一个灿烂的明天。

三、研究成果的学术价值、应用价值及社会影响和效益

该课题采用了社会学和文化学的理论和方法对东南亚汉语教学进行研究，突破了以往对外汉语教学研究领域偏重于语言学研究、教学法研究的研究方式，提出了汉语教学对于中国文化影响力扩大的重要意义，并提出了通过语言扩大这种影响力的一些具体策略，课题的研究对于国家文化战略政策的制定具有参考作用。

课题名称：东南亚汉语教学现状及发展途径研究
课题负责人：伍　奇
所在单位：云南大学
主要参加人：施惟达　孙兴义
结项时间：2010年9月23日

艺 术 学

云南花灯、滇剧的发展与保护研究

地方戏曲是地域文化的重要组成部分，也是地方历史文化的活化石。花灯和滇剧是云南目前传播最广、影响最大的两个汉族地方剧种，是云南人民宝贵的精神财富和我国重要的非物质文化遗产，同时，也是云南建设民族文化强省，实现文化GDP增长的重要手段和文化资源。近年来，全国各地都在积极开展相关的研究，一些戏曲生态保护相对好的省份和一些地方剧种众多的省份，如河南、陕西、浙江、福建等已经开展了很多研究，并正尝试性地实施一些务实的措施，使本地的地方剧种得以良性的发展生存下去。云南省从有关领导到相关职能部门，以及从业人员到部分观众，也都很关注这个问题，陆续有一些探讨的文章发表。但对云南地方剧种从整体研究的高度，系统地探寻地方剧种的发展及保护，目前还没有。

地方剧种深深扎根于地方文化土壤。云南文化要“大繁荣、大发展”，要从“民族文化大省”迈向“民族文化强省”。以花灯、滇剧为主体的云南地方剧种，既是积淀深厚的传统艺术，又是实现着新的历史变革和嬗变的文化现象；是传统文化，也是当代艺术；是构成云南民族文化事业的重要组成部分，其保护及发展关乎全省文化事业的繁荣大局。该课题从文化生态的视角对云南花灯、滇剧的发展及保护作整体性的分析研究，探讨一些具体的办法和措施，为政府职能部门提供决策参考。

该课题立足于云南花灯、滇剧的现存状况，从花灯、滇剧的形成历史、发展现状入手，分析、研究其存在的主要问题及未来发展走向，从而得出规律性、前瞻性的认识。在漫长的历史演进中，花灯、滇剧一直在新陈代谢，从民间走向城市，从古代走向当代，不只是静态的“遗产”，而是活的、动态的艺术形式，并将随着时代的发展继续生存下去。所以，对于地方戏曲的发展及保护不是简单的“遗产化”保护，而需要将云南花灯、滇剧放到其所处的文化生态环境系统中去重新认识和评价，作活的、动态的研究。

该课题研究报告主要分为四大部分，内容分别为云南花灯、滇剧的“历史概述”、“保护与发展现状”、“存在的主要问题及原因分析”以及“保护与发展的对策建议”。课题第一部分，将花灯、滇剧的发展历史分为“孕育形成期”、“成长发展期”和“新中国时期”三个阶段，突出花灯、滇剧在社会历史发展过程中的社会价值与当代意义，从浩瀚的历史资料中提出主线，用独特的视角回顾、总结历史。特别肯定了新中国成立以来，专业剧团将花灯、滇剧事业发展推向高峰，专业院团和民间剧团活动的不同特点，对花灯、滇剧的发展与保护所起到的作用和意义。课题第二部分，主要从专业剧团现存状况，人才培养现状，民间生存现状，以及近年来已经采取的保护发展措施四方面进行论述。紧紧围绕课题组所进行的遍布全省的调研，肯定了近年来各级政府、相关单位采取的措施和方法，以及社会组织、民间团体、个人等不同程度的探索实践，并找出了差距和问题。课题运用大量翔实的资料，直面现实，进行切实中肯的分析。课题第三部分，围绕有代表性的主要问题作原因分析。对观众和市场问题，人才培养问题，业余剧团缺乏扶持的问题，专业剧团条件制约的问题，创作、演出机制不够完善的问题，缺乏滇剧、花灯保护发展总体规划的问题，以及主管部门和从业人员对文化体制改革的误读等问题七个方面进行研究和分析。课题第四部分，从理论的高度总结课题研究的核心，提出保护与发展的对策建议。该部分强调要将云南花灯、滇剧放到其所处的生态环境系统中去重新认识和评价，在实施保护与发展措施的时候突出整体性和系统性。从战略高度确立科学的保护理念与保护原则；树立全社会对地方戏曲文化保护的自觉意识；建立保护机制，完善保护体系，为地方剧种的保护提供立法保障；注重理论先导，加强舆论引导，创新传播方式；加强人才培养和队伍建设，对建立民营剧团、业余班社要加大扶持力度，对专业剧团要重视剧本创作，推动艺术创新，创立戏曲文化活动品牌和激励机制；同时创新体制机制，培养观众、培育市场，为滇剧、花灯的保护和发展营造良好环境。

该课题从整体保护的高度，提出了“戏曲文化生态保护”的理念，强调了作为“生态湿地”的业余剧团的重要作用和价值；提出了统筹保护规划、立法保护及创新传播方式等对策和建议，并针对现行文化体制改革及亟待解决的培育市场、培养观众等方面的问题提出了具体的方法和措施建议。

该课题收集整理了相关数据、文字资料约 10 万字，撰写了专题调研报告四个。已分别在《中国文化报》、《云南戏剧报》、《民族艺术研究》、《文艺评论》发表了有相关调研成果。课题最终成果归纳了近年来关于花灯、滇剧为代表的地方剧种保护与发展的现状、存在的问题，提出了相应的对策、建议及解决的措施、办法。近年来，虽然有较多的学者关注这个问题，也有一些文章发表，但因为没有把握全局、系统考量，所以研究结果说法不一，也不够全面；相关管理部门在决策实施保护与发展计划的时候，也各自为政，缺乏整体规划，该课题力图弥补这方面的欠缺和不足，注重课题研究的实用性、可行性，提出的对于云南花灯、滇剧的发展与保护的对策建议是科学的、切实的，可以为政府及相关部门的决策提供参考。

课题名称：云南花灯、滇剧的发展与保护研究
课题负责人：刘佳云
所在单位：云南省民族艺术研究所
主要参加人：杨　军　胡耀池　梅　佳　王吉甫
结项时间：2010 年 2 月 16 日

壮族“莱瓦”艺术研究

一、内容摘要

壮族“莱瓦”艺术研究，即壮族美术研究。“莱瓦”，壮族语为“描绘”和“刻画”的意思，引申为美丽的图画。该课题以壮族先民在历史上创造的如“邑莱”（岩粉画)、“莱摩”（宗教挂图)、“莱当”（文身）和“莱吩”（歌书图画）的绘画艺术、“瓦宁董”（铜鼓装饰）的装饰艺术，“瓦通”（织锦）和“瓦葛”（绣锦）的壮锦图文艺术等为研究对象，从整体视角出发，将上述事象作为一个整体，对“莱瓦”艺术的历史渊源进行纵向的梳理，并重点从物质材料、艺术表现方法与审美情感的角度进行深入研究。同时，将“莱”（绘画）和“瓦”（图文）的材料、图示符号以及艺术表现方法连接起来进行综合研究。

二、课题研究的目的和意义

随着现代化进程的推进，少数民族地域性文化有逐步消失之势。近年来，我国加大了对地域性民族传统文化的保护与抢救，国内不少专家学者对民族传统文化作了深入研究，并取得丰硕成果。如《壮族铜鼓研究》（蒋廷瑜)，《文山铜鼓》、《文山岩画》（文山州文化局)，《文山文化》（杨洪波)，《云南艺术史》（李昆声）等。目前对壮族“莱瓦”艺术的研究主要局限于对铜鼓、摩崖壁画、文身、壮锦等艺术事象的分散研究，而且已有的研究成果主要是从历史学、民族学和宗教学角度来进行，而从整体视角出发，将上述事象作为一个整体，对“莱瓦”艺术的历史渊源进行纵向的梳理，并重点从民族的审美心理、物质材料和艺术表现方法的角度进行深入研究，尚属空缺。因此，将岩画、壮锦等材料、图示符号以及艺术表现方法连接起来进行综合研究有重要的现代意义。

（1）“莱瓦”艺术具有重要的研究价值。通过对“莱瓦”艺术的系统研究，可以弥补壮族艺术研究的不足，不断拓展这一研究领域，丰富和发展民族文化艺术。

（2）研究和借鉴“莱瓦”的古典艺术与现代艺术的美，土制材料与现代材料的美，以及“莱瓦”岩粉混合其他材料和刺绣碎花布的拼贴从平面走向立体装置艺术的美，可以丰富现代艺术的表现内涵。

（3）“莱瓦”艺术是壮族人民用来记叙事物和进行思想交流的重要手段，体现了壮族人民善待自然的理念。探究其中蕴涵的价值及道德观念，在构建边疆民族地区和谐社会的今天，具有重要的现实意义。

（4）“莱瓦”艺术是壮傣族群共同的感情符号，也是这些民族之间进行感情交流的重要手段。壮傣族群既是中国人口最多的少数民族族群，也是一个跨境而居的族群。因此，研究“莱瓦”艺术，对于促进中国与越南、泰国等国家的友好交流，提升双边的文化交流层次，进而促进与这些国家的睦邻友好关系，也具有不可忽视的价值。

总之，研究壮族“莱瓦”艺术的形式和内容，展示壮族独特丰富的民族文化，探究“莱瓦”艺术的历史渊源及其民族文化审美心理，探索新的“莱瓦”艺术表现手法、创作理念和创作心态，拓展地域性民族美术创作这一领域，并期待引发更多的专家学者和领导对该民族文化的关注与爱护，促进和谐民族文化的建设等具有积极的社会现实意义。

三、研究成果的主要内容、重要观点或对策建议

（一）课题研究的内容

1."莱瓦"艺术的主要内容和形式

（1）以广西左江流域摩崖壁画群和云南文山大王摩崖壁画群为主线探索古代壮族摩崖壁画的形式与内容。（2）以壮族原始宗教挂图为主线探究壮族及其先民的宗教活动形式和审美心理。（3）从歌书图案探究壮族及其先民记叙事物和思想交流的方式。（4）从古代越人文身避邪看壮族及其先民的文身功用和审美观。（5）从铜鼓装饰、银饰图文到壮锦（织锦、绣锦）文饰图案探究壮族及其先民宇宙自然观和审美倾向。（6）以丰富的"莱瓦"类别图像，探究壮族及其先民所创造的"莱瓦"艺术事象与图形之间的联系，从而揭示其文化含义。

2."莱瓦"艺术的历史渊源与现代意义

（1）"莱瓦"是百越族群最古老的艺术表现形式。新石器时代晚期，中国南方出现了以滇濮、句町濮人等构成的原始越人部落，他们就是现在壮傣民族的祖先，他们创造了摩崖壁画、干栏式建筑、铸造和使用铜鼓、文身和以图画等艺术形式。（2）"莱瓦"是先民们用来记叙事物和进行思想交流的重要手段。新石器时代早期，人类先民居住在自然的岩洞，为了丰富生活，加强相互之间的思想交流和记叙事物，将他们最关注的事象（如自然界中的太阳、月亮和动物等）描绘在洞穴石壁上。新石器时代晚期，他们走出洞穴，到台地上营造干栏，建立村落，绘画则

选择在露天的崖壁上，描绘的事象由客体的自然变为主体的自我，即对人自身的描绘。（3）“莱瓦”具有美化环境、丰富生活的作用。人类先民所处的环境恶劣，而且生产力低下，他们居住在洞穴里，石壁灰暗，色彩单一，生活单调，为满足精神生活，创造某种与理想相对应的精神活动，他们创造了鲜艳的红色摩崖壁画，这些壁画与他们生活环境中的青山、绿水和灰斑崖壁等形成冷暖对比，构成一幅幅奇特的景观。这不仅满足了精神需要，也美化了环境、丰富了生活。（4）“莱瓦”体现了善待自然与社会和谐的理念。原始时代的洞穴壁画，动物形象均表现为自然动物的姿态，表明原始艺术家们是以自然和动物形象来反映他们的现实生活及其愿望。在万物有灵的思想观念支配下，崇拜自然和崇拜祖先的神灵成为他们的主要社会活动，其创造的绘画艺术作品也就体现了这样的观念和意识。其内容多为祭祀太阳以及人与各种动植物和谐相处的画面。“摩”教是生死与祸福、命运与灵魂、道德与伦理等的诠释，规范人与人、人与自然和人与社会的关系，因此，“摩”教绘画充满了崇拜自然神灵和祖宗神灵的图示，是崇尚自然与社会和谐的画卷。铜鼓制型与装饰也是按照宇宙空间和自然现象进行分布与刻画，表现了天、地、水三界自然观以及人和自然中的动植物和谐相处的理念。（5）“莱瓦”是“那”文化中的精华。“那”（na44，田）文化即稻作文化，亦是壮族文化的核心体系。在文化生态视野下的壮族文化，表现出一种稻作文明类型，并显示出区域性文化的个性特征。例如：壮族先民稻作农业的发展，带动了麻、棉纺织业及服饰加工的发展。其服饰、壮锦制作精美，形式和内容丰富多彩，蕴涵着深刻的文化意义。壮族的节日与祭祀文化和稻作生活密切相关，并具有一系列的崇拜对象和形成了以祭祀这些崇拜对象为中心的节日或祭祀活动，广西左江流域摩崖壁画、云南文山的摩崖壁画和壮族“摩”教绘画就是壮族及其先民祭祀活动的产物，而歌书是歌圩节日的文化产物。铜鼓文饰中太阳、雷云纹、水波纹以及蛙纹等与稻作农业有关，其制作和使用与祈雨有重大的联系。(6)“莱瓦”艺术具有重要的艺术研究价值，能丰富中华民族多元一体的文化宝库。壮族是中华民族的一部分，“莱瓦”艺术是中华民族多元文化宝库中一朵奇葩。通过对“莱瓦”艺术的系统研究，不仅能够拓展壮族艺术研究领域，丰富和发展民族文化艺术，同时还为我国民族文化的深入研究与弘扬提供重要的参考，对壮族地域性美术的抢救和地方高校美术教学的开展具有积极的现实意义。(7)“莱瓦”艺术可以广泛应用于生产生活，为建设有中国特色的社会主义事业服务。现代壮锦用途越来越广，由原来用做花边、腰带、背带等，发展到做台布、沙发套、窗帘、壁挂以及锦屏等。“莱瓦”艺术体现壮族人民善待自然的理念，探究其中蕴涵的价值及道德观念，对构建边疆民族地区和谐社会具有现实意义。(8)“莱瓦”艺术可以深化壮傣族群的感情交流，为国家睦邻友好的外交政策服务。

3.“莱瓦”是壮族的审美和情感符号

(1)从“莱”(绘画艺术)的色彩、构图、造型及其形态和歌书等方面探究其审美与情感。壮族“莱”的色彩审美感情主要是通过红、青(蓝、绿)等为主要色调辅以黑、黄、紫、白等色彩表现的。构图中的线条组合的审美情感，主要表现在线条的简练和朴实，讲究构图均衡，线条组合统一。反映了壮民族朴实谨慎、持重求安、循规蹈矩、崇尚自然等文化心理和审美情感。造型及其形态特点主要是主观性多于客观性，因此，造型夸张变形，形态自然朴实。(2)从“瓦”(文饰图案：包括身体文饰、铜鼓文饰、银饰图案、壮锦图文等)探究壮族及其先民的审美和情感。文身避邪是为了表达人类崇敬自然、图腾崇拜和自身的一种彰显欲望，也是民族的标志。铜鼓文饰有壮族社会生活的干栏、舂米、杀牛祭祀、舞蹈、竞渡等图形。银饰、壮锦的图文以自然界的日、月、云、雷、水和珍禽异兽等动物以及花草树木等植物为表现对象，反映了壮族人崇尚自然的思想意识和审美观念。（3）从服饰花纹和图案（花纹和图案的色彩、花纹和图案的构成、花纹和图案的意境与内涵）探究壮族的审美和情感。

4. “莱瓦”艺术的表现手法

从“莱”和“瓦”的表现方法探究材料与技法，为现代艺术创作提供借鉴和参考。

5. “莱瓦”的创作理念

（1）“莱瓦”创作强调主观设计意识、平面与色块结构；（2）讲究色彩框架、对比度、力度与饱和度的应用；（3）讲究实体空间、材料质感与画面的节奏美感。

6. “莱瓦”的制作步骤

分析了“莱（绘画）”和“瓦（壮锦）”的一般制作步骤。

7. “莱瓦”的创作心态

（1）提出了控制心理与开放心理的创作心态；（2）在艺术表达的过程中要有塑造力与破坏力的意识；（3）在创作的过程中注重整体效果。

8. “莱瓦”精粹欣赏

介绍现代岩粉绘画作品、歌书与诗配画、金铜银饰工艺品、壮锦工艺品。

（二）重要观点

1. 研究新石器时代的广西左江流域摩崖壁画和云南文山大王摩崖壁画

这些摩崖画具有中国南方摩崖画的特征，是中国南方摩崖画的典型代表。广西左江流域和云南文山摩崖画是壮族地区的人类文明史，亦即壮族美术的视觉图像艺术史是以摩崖画开篇的。

2. 研究壮族“摩”教绘画

壮族“摩”教是在崇拜多神的基础上发展起来的，壮族“摩”教“铭旌神图”是原始宗教的反映，具有壮族的传统审美文化倾向和特点，而近代宗教挂图受道教文化的影响，渗透着汉文化的因素，具有壮汉文化相互融合的特点。

3. 研究壮族铜鼓的起源、形状类型、文饰等艺术特色

壮族先民有铸造铜鼓的历史和使用铜鼓的习俗，其铸造的铜鼓花纹精致繁密，有百越民族崇信的太阳、翔鹭、羽人等文饰和反映壮族社会生活的干栏、舂米、杀牛、舞蹈、竞渡等图形；铜鼓是壮族文化的载体，因此，也就有了“读懂了铜鼓，就读懂了壮族”的说法。

4. 对壮族歌书的研究

歌书源于“珑端”、“花街”、“风流街”和“三月三”等歌圩，是壮族先民“族外群婚制向对偶婚制过渡”阶段的遗留，也是记叙事物和进行思想交流的手段，是壮族人最简朴的感情符号。以图画歌，实不多见，因此，较为稀奇。

5. 对壮锦的研究

壮锦是壮族著名传统工艺品，以制作手段不同可分为织锦和绣锦，其文饰、图案和色彩具有浓烈的民族特色。

6. 将上述“莱瓦”事象图文串联起来研究

从诸多的图像内容来看，有着相同或相近的表现图文。“莱瓦”图文有人物图文、自然物图文和几何形图文。其图像分为人物图像、动物图像、植物图像以及日、月、云、水、雷等，从文化内容来看，他们经历过生殖崇拜、太阳崇拜、自然崇拜、图腾崇拜和祖先崇拜的历史过程。

7. 对岩石材料与绘画技法和刺绣材料与技法的研究

介绍岩粉材料的种类以及岩料加工与应用，介绍壮族刺绣的材料与制作方法。

8. 对壮族的审美和情感符号的研究

探究“莱瓦”艺术的历史渊源及其民族文化审美心理，通过了解壮族的审美心理，可以了解该民族的文化与性格，促进民族与文化的和谐和发展。

（三）对策建议

用文化人类学（民族学）的田野调查和记录口述历史的方法，完成资料的收集和整理，对资料进行严格的考辨，依据考古及实物材料成分构成并结合绘画的内容以及造型的分析，对资料进行断代；用美术学的图像分析以及历史学、民族学、哲学和艺术中的核心之美学等学科研究方法，完成资料的解读和阐释。

四、研究成果的学术价值、应用价值及社会影响和效益

（一）学术价值和应用价值

（1）首次系统地将壮族“莱瓦”艺术事象连接起来研究，不仅拓展了壮族艺术研究领域，丰富和发展民族文化艺术，同时还为我国民族文化的深入研究与弘扬提供重要的参考，对壮族地域性美术的抢救和地方高校美术教学的开展具有积极的现实意义。

（2）该课题研究成果可作为教材和参考资料，该课题研究成果也可作为民族史、民族心理与审美、美术创作与研究的参考。同时，可为地方的旅游、文化和城镇建设项目开发提供参考。

（二）社会影响

（1）论文三篇，美术作品两幅。①论文《麻栗坡大王摩崖

画的文化内涵及艺术魅力》，6 000 余字，2009 年 6 月在《美术大观》第 6 期上发表；②论文《滇东南壮族传统服饰的艺术特征》，2010 年 5 月在《文山学院学报》第 2 期上发表；③论文《从民族文化角度探寻马关县阿峨新寨壮族农民版画的发展》，6 000 余字，2010 年 3 月在《文山学院学报》第 1 期上发表；④论文《文山民族传统美术的传承与发展》，7 000 余字，2010 年 3 月在《文山学院学报》第 1 期上发表；⑤绘画作品《三王置四王造》，2009 年 5 月在《美术大观》第 5 期上发表；⑥绘画作品《褡裢》，2009 年 10 月入选“第十一届全国美术作品展览暨云南省美术作品展览”。

（2）专著《壮族“莱瓦”艺术研究》书稿（待出版），28 万余字。书稿是第一部将岩粉画、壮锦（织锦、绣锦）等材料、图示符号以及艺术表现方法连接起来进行综合研究的专著。

课题名称：壮族“莱瓦”艺术研究
课题负责人：龙纪峰
所在单位：文山学院
主要参加人：何正廷　张建林　王明富　王　阵
结项时间：2010 年 7 月 1 日

艺术与旅游

——少数民族艺术的旅游人类学研究

一、课题研究的目的和意义

现代旅游，已是现代人生活中的重要内容，而艺术特别是少数民族艺术在其中扮演着重要角色。

旅游开发对少数民族艺术乃至民族文化的影响都是非常深远的，艺术已成为现代化过程中民族文化涵化的重要媒介。为此，对旅游市场中少数民族艺术进行分析研究，可把握旅游对民族文化造成影响和变迁的关键问题；同时，对其进行深入的分析研究，才能更好地把握现代化进程中少数民族艺术及民族文化变迁在内涵、功能和意义等方面的深层肌理；也只有在出现最广泛的地方对少数民族艺术进行系统研究，才能真正把握现代进程中少数民族艺术和民族文化发展的本质。该课题基于“旅游人类学”和“民俗艺术学”跨学科的理论和方法来进行研究，既可把握民间艺术变迁的本质，也可对民族艺术的文化表征进行深入研究，具有较强的理论意义和实践意义。

二、研究成果的主要内容、重要观点或对策建议

（一）主要内容

（1）该课题对民间艺术存在形式的变化进行了清晰的梳理，认为发生着公共化的趋势，且主要表现为城市化和旅游化。其中，旅游化的过程是民间艺术最突出的表现形式。

（2）对“艺术与旅游”之间的关系予以逐层剖析。首先，从旅游人类学的视角来看民间艺术的变异，认为民间艺术经过旅游开发正经历着涵化的过程，并成为民族文化发展的表征。其次，从人类学的学术视野来分析少数民族艺术与旅游之间的关系。最后，对两者的关系予以研究状况的综述性要览，艺术与旅游——人类学视野的研究述评，即是对这一研究的总括。

（3）课题还着重探讨了“旅游、艺术与现代化”的问题，针对大众文化背景下，旅游开发中的民族艺术所发生的变化特别是其传承的主体、方式以及传承场等方面，提出民族艺术和民族文化所面临的现代性发展之路，并指出民族—国家的重要地位与作用。

（二）重要观点

1. 民间艺术的公共化与公共化的民间艺术

民间艺术的公共化的原因有三：第一，经济的发展与城市的发展，城市化的社会为民间艺术提供了一个必要的物质条件和新的空间生存条件。第二，伴随着人民文化教育水平与民主意识的不断提升，艺术的人民性被再次提起，人民大众的个体发言权在艺术的公共性问题上得到释放。第三，全球化的进程又使各国的民族文化在社会变迁中被大众所反思，在现代化的进程中寻求自

我认同。

在城市化与经济迅速发展的过程中，民间艺术从乡村走向城市，从草根文化走向旅游文化的环境之中。可以说，特别是由于城市的现代化与旅游发展的双重影响，极大地推动了民间艺术走向公共艺术而成为极具公众性特点的生活艺术。公共化的民间艺术有三种层次：（1）物理的公共空间；（2）社会的公共空间；（3）象征性的公共空间。其特殊性主要表现为：空间上的开放性、参与上的自由性、认同上的自觉性，甚至地方性色彩淡化，而且还体现了发展中的民族性与国际化。

2. 艺术与旅游——人类学的视野

从人类学的视野进行分析，从艺术的角度来看旅游艺术是一种表演性的艺术，从旅游的角度看少数民族艺术是“第四世界”的艺术，而且两者有紧密的“耦合”关系。在人类学的视野里，艺术与旅游都属于文化现象，传达了人类与自然物质生活以及精神世界的密切关系。随着现代社会的发展，旅游已经不再是简单的一个实体，而成为现代旅游和大众旅游的特定时空下产生的一个巨大叙事系统，艺术的定义也随之产生了新的内涵。在旅游人类学的研究中，“第四世界的艺术”以及“旅游艺术”的出现无疑是对人类学史的有益发展。

3. 旅游人类学视野中的少数民族艺术研究

通过对研究现状的梳理和整理，对旅游人类学视野中少数民族艺术的特点作如下归纳：

一是“来自第四世界的艺术”。格雷本借用“第四世界”的概念并不是用于讨论政治边界问题，而是通过它来凸显那些处于“原生形态”的艺术存在，以及这些艺术存在所具有的独特价值体系。

二是民族艺术是民族文化变迁的“代表”。格雷本指出，带有民族内容的旅游艺术品是一种介于物质符号、外界需求和民族抗争与重塑的变动关系中的实体，它是连接变化中的旅游、民族与艺术的桥梁。

三是“旅游艺术”成为民族旅游中的新形式。“旅游艺术”是复杂的符号和经济交流体系中一种重要的因素，在西方是欧洲消费者和非洲的商人和工匠一起制定了旅游艺术的审美标准。所以，旅游艺术的审美功能也是由旅游开发商和旅游者市场共同促成的，具有浓郁的“旅游”特色。也因旅游艺术品的开发，生产和消费已成为旅游研究的一个重要和潜在的研究领域。

4. 以丽江古城纳西族东巴艺术为例，探讨了旅游人类学视野中的民间艺术变异

认为旅游业的大力开发对民间艺术所带来的影响是巨大的，东巴艺术从“民间艺术”转变为“旅游艺术”，旅游环境触发民间艺术产生了当代的变异。民间艺术的传承与传播由族内转向大众，其功能也由祭神与自娱变为追求时尚化体验和经济利益；甚至它所表达的文化内涵也凝缩成民族文化的象征符号，而这些变化都是东巴艺术在后现代语境中所遭遇的现代性结果，并呈现出大众文化的特色。

5. 关于“旅游、艺术与现代化”问题的讨论

旅游业对民间艺术的影响主要表现为三个方面：（1）民间艺术的加速变迁和全面化程度已日趋激烈；（2）旅游开发对民族艺术的影响有弊有利，弊在增强了它的商品化特点，利在一定程度上保护了传统的民间艺术。（3）民族文化是不断发展的，民间艺术在变迁的过程中也面临着传承与现代化的问题。

民间艺术的变异及其所产生的深远影响归纳总结为：（1）表层的旅游艺术表演；（2）旅游场域中的利益表达；（3）深层的国家意识形态体现。

（三）对策建议

处在大众文化背景之下，民间艺术的语境与内涵已发生了变化，旅游场域的存在触发民间艺术深层的变异，而且还促使族群和个体产生自我认同与自我反思并影响着民族—国家的文化现代化发展之路。

（1）艺术与旅游的耦合是民族地区旅游业发展的重要途径。特别是民族艺术的开发成为民族地区旅游发展的特色。新“旅游艺术”的出现对当今旅游大众的审美产生了影响，日常生活与艺术，艺术与旅游的共态化发展已成为一大趋势。

（2）“旅游艺术”的形态有很多种，如旅游演艺产品，旅游工艺品，各种旅游展演活动等，这也是旅游市场对新型艺术形式创新的需要。同时，旅游场域中所体现的各相关利益主体由于经济利益的最大化而竞相争夺其中的各种资本。因此，需要对旅游市场进行协调以使旅游市场趋于良性化的发展，而不陷于经济资本和经济利益的争夺之中。

（3）重视国家和政府部门在旅游业发展中的指导作用，充分发挥政府在市场经济中的引导作用。不仅通过大众传媒中的活态的旅游艺术展演，国家的意识表达与个体素质的发展达到了完美的集合；政府的强权治理也可避免“公地悲剧”；而且，民族——国家的多民族“和谐社会”既是共同的发展诉求，也是现代化发展的必然趋势。

三、研究成果的学术价值、应用价值及社会影响和效益

从理论效果上来看，该课题的前期成果之一《旅游人类学视野中的民间艺术变异研究——以丽江大研镇纳西族东巴艺术为

例》，发表于《广西民族研究》2008 年第 3 期，被《新华文摘》2008 年第 23 期辑录；《旅游、艺术与现代化》刊载于《非物质文化遗产视野下的民俗艺术与宗教艺术》，海南出版社，2008 年 8 月。《人类学视野中的少数民族艺术与旅游活动关系论》，发表于《思想战线》2010 年第 1 期。《民间艺术的公共化与公共化的民间艺术》也即将发表于《民族艺术研究》2010 年第 3 期。前几篇文章都产生了很大的影响。

从社会效应上看，该课题探索的内容和领域，一方面可以为旅游业发展提供实证研究和典型案例，为旅游学学科、民俗艺术学领域的发展提供理论创新的重要参考，同时为民族旅游发展地区提供民族文化保护的思路以及可持续发展的借鉴。

课题名称：艺术与旅游——少数民族艺术的旅游人类学研究
课题负责人：光映炯
所在单位：云南大学
主要参加人：黄静华　范　俊　杨杰宏　和继全　光映霞
结项时间：2010 年 6 月 22 日

少数民族民歌的社会功能及传承发展研究

——以大理白族调为例

一、课题研究的目的和意义

对少数民族民间传承艺术的研究历来是国内外学者关注的课题，也是艺术学、人类学、民族学、民俗学、民间文学、美学等学科共同关注的领域。但是传统的研究多集中于对歌谣的文本和艺术形态的关注上，或者对其内容进行分析，或者对其表现形式和审美特点进行探讨，或者是对其唱腔、音乐进行收集、整理。对于民间的山歌、民歌与民众生活之间的关系及民歌的社会功能和价值却少有研究，这在一定程度上把民歌与民众生活割裂开来。对白族调的研究，以前有学者曾经有所关注，但前人的研究亦多集中在文本收集和内容、音乐、审美、艺术特点分析等层面，这就为课题从白族调与民众生活的关系这个角度进行研究提供了很大的空间。

该课题研究以大理白族的民歌白族调为研究个案，选择大理白族调演唱和传承最为突出的剑川县为调查点，考察该县以白族调闻名远近的石龙村等白族村寨和一年一度的白族民歌盛会“石宝山歌会”的历史状况和变迁发展、传承保护等问题。课题的研究目的主要有两点：一是通过大理白族调这一个案，研究少数民族民歌在社会文化系统当中所承担的功能，探讨白族民众的歌唱与生活之间的关系，从功能论的角度来认识少数民族民歌的生命力所在。真正认识少数民族民歌的生活价值，以及其与民众生活水乳交融的状态，揭示民间艺术与精英艺术不同的生存路径和功能取向。二是考察白族调与民众生活的关系在不同的历史阶段可能呈现的不同状况，厘清白族调在不同时期在民众生活中所承担的功能的变迁状况，揭示社会变迁的背景下民间艺术生存的轨迹，特别是现阶段在旅游和现代化条件下白族调呈现出的展演化和更加多样的生存模式，从生存状态的演变进而考察白族调当下所呈现的传承和发展的问题，以及我们应持的态度和相应的应对措施。

该课题的研究具有学术和现实的双重价值：从学术价值上来看，对于民歌的研究，过去多是从艺术学的角度切入，研究的重点多集中于民歌的艺术特征、音乐形态等音乐本体的层面，这样的研究路径，或许对于精英艺术和高雅艺术而言是必不可少的，但对于民间艺术而言却未必适用。民间艺术的产生、存活都没有离开民众生活这一沃土。因而，对民歌的研究，应还原其生存环境，应重构其与民众生活史之间的交融脉络，而要做到这一点，就必须依赖于田野调查，到民间真正了解民众对于民歌的态度、看法，他们对民歌的理解，倾听他们的声音。从现实价值来看，在现代化和全球化浪潮日益深入的影响下，少数民族的传统文化受到巨大冲击，面临着巨大挑战。由于民歌是在民众生活中以活态形式存在的口头艺术，其口头传承的特点带来了更多的变易可能性，加上民歌是与民众生活交织一体的，是过去的岁月中民众生活的反映和体现，随着民众生活方式和生活状态的变化，作为其反映形式的民歌自然也要发生变化，为了更好地探讨民歌的传承与发展问题，就必须将之还原到少数民族民歌生存的语境中，考察在变化了的生存语境中，民歌的新的表现形式以及民歌的传承与今后的发展问题。该课题对白族调的分析研究，正是基于这样的背景，对白族调与民众之间的关系，以及白族调在民众生活中发挥的功能从纵向的视角进行观照，探讨其功能的变迁，并结合这样的变迁来研究其传承和发展中存在的问题和解决的办法，具有较强的现实意义。而课题中提出的相关措施和建议，对于其他的少数民族民歌也将具有借鉴价值。

二、研究成果的主要内容、重要观点或对策建议

该课题的主要研究内容：（1）对石宝山歌会、大理剑川石龙村的白族调艺术展开田野调查，描述和揭示白族调与白族民众生活之间的关系；（2）探讨现代化背景下，白族调与民众关系的变化，以及白族调本身功能的变化，探讨白族调作为生活的组成部分的歌唱与作为展演性质的歌唱的转变是如何发生的，这种转变又具有什么样的意义；（3）探讨现代化和全球化影响下白族调的传承、发展问题，并将之提升到对云南乃至全国少数民族民歌艺术的传承、保护、发展等问题的思考。

在课题的开展和执行中，课题组基本按照原定的研究内容展开研究，主要形成了大理剑川石龙村白族调艺术调查、大理剑川石宝山歌会调查、剑川石宝山歌会的历史变迁及文化内涵等阶段性成果，并完成了最终成果——两篇论文：《歌唱与生活——大理剑川石龙村白族调艺术的社会功能》和《全球化背景中少数民族民歌艺术的传承与发展》。其中，课题的阶段性成果《剑川石宝山歌会的历史变迁及文化内涵》发表于《云南民族大学学报》（哲学社会科学版）2009 年第 2 期；最终成果《歌唱与生活——大理剑川石龙村白族调艺术的社会功能》已将刊于《楚雄师院学报》2010 年第 4 期，《全球化背景中少数民族民歌艺术

的传承与发展》已将刊于《曲靖师范学院学报》2010年第4期。

上述系列成果，不论是在研究内容上还是在研究方法上都体现了一定的创新性。从研究内容上来说，首先，课题组遵循了申报课题时将白族调与民众生活进行关联性研究的初衷，在一定程度上突破了以往学者研究少数民族民歌艺术时仅从文学文本或音乐形态角度出发并将之从文化整体当中割裂开来的局限，把白族调置于白族社会发展的广阔背景之下来探讨其与民众生活的关系，其在白族社会和生活中的功能及价值。其次，课题组以石宝山歌会为契机，揭示了石宝山歌会的历史变迁过程以及石宝山歌会中所内蕴的深刻文化内涵。以石宝山歌会为切入点来描述和揭示白族调集体展演中民众的参与情况以及二者之间的水乳交融关系。最后，课题紧密结合旅游开发和现代化等大背景，探讨在现代化和全球化的背景下，白族调功能的变迁，以及白族调所面临的传承、保护和发展中的问题，并指出对于白族调这一个案的研究，同样能为其他的少数民族民歌和民间艺术提供有益的借鉴和启示。

该课题的重要观点是：应该将民间艺术看做是民众生活的一个组成部分，在社会系统和文化语境中整理观照民间艺术的生存、发展。课题研究成果均是在这样的一种原则性关照下完成的，课题研究并不具体地去呈现白族调的唱词、唱腔、音乐调式等艺术学关心的内容，而是去呈现作为民众生活一个部分的白族调是如何与民众生活交织互融的，它又为什么会成为民众生活的一个不可或缺的部分，亦即它在民众生活中所承担的社会功能的探讨。

基于对白族调与民众生活的紧密关联的认识，该课题也针对现代化和全球化背景下白族调的变迁，探讨其与民众生活之间在哪些方面出现了可能的疏离，在哪些方面又得到了增强，而这样的变迁对于白族调的传承和发展又产生了何种影响，应该如何应对，等等。课题提出，现代化和全球化的影响不可避免，白族调在传承方式、传承人、表演场域等发生了变化的同时，也出现了白族调的展演化、舞台化以及白族调对民间歌手生活空间的拓展、民众对白族调的自觉意识增强、石宝山歌会有效推动当地经济发展等机遇。所以，对于白族调等民间艺术的生存和发展的关照，不论何时，都不可能脱离民众生活这一大的背景，在此背景下，不论如何变化，白族调都将是文化系统中活态性的存在。脱离了这一背景，白族调的生命力将受到影响。

三、研究成果的学术价值、应用价值及社会影响和效益

该课题的成果主要集中在三个方面：对石宝山歌会的历史变迁和文化内涵的考察，对白族调在民众生活中的功能的探讨，对现代化和全球化背景下白族调传承和发展的思考和对策。成果的学术价值主要体现为对民间艺术的研究中除了传统的艺术学方法外，引入了人类学、文化学、民俗学的相关理论和方法，突破了仅关注民间艺术特别是民歌类民间艺术的艺术本体知识和特质的不足，拓宽了此类民间艺术的研究空间。而课题的研究，也为文献资料和田野调查的结合研究提供了一个较好的个案。

该课题的应用价值，主要体现于研究成果对大理各级政府、文化部门决策的借鉴价值，如关于石宝山歌会的研究，对于更好地认识白族调在大理剑川等地的历史以及石宝山歌会的发展变迁和石宝山歌会在现阶段如何更好地与旅游和当地发展结合起来，均有一定的参考价值。另外，现代化和全球化背景下白族调传承和发展的思考和对策尤其具有较大的借鉴参考价值。在现代化和全球化的语境下，民歌艺术受到前所未有的冲击，白族调的功能出现诸多变迁，白族调的传承出现很多变化，白族调的发展也面

临着巨大的挑战，课题组在研究成果中对该如何应对挑战等相关问题进行了思考和探讨，而这些问题不光是白族调面临的问题，也是其他的民歌艺术所共同面临的，研究成果中所提出的对策和建议对于其他的民歌艺术具有一定的借鉴意义。

此外，从社会影响和效益方面来说，该课题研究对于外界更好地认识和了解大理的白族调，以及了解石宝山歌会都有一定的作用，而课题中提出的具体措施也可以给当地政府文化部门提供决策参考。

课题名称：少数民族民歌的社会功能及传承发展研究——以大理白族调为例

课题负责人：董秀团

所在单位：云南大学

主要参加人：赵云芳　黄静华　杜　鲜　段铃玲　吴　哲　杨珊珊　李膺宇

结项时间：2010年7月1日

管 理 学

云南资源节约型工业发展对策研究

一、发展云南资源节约型工业的目的和意义

发展资源节约型工业，是云南工业强省，打造我国面向西南桥头堡的必备条件；是云南调整工业结构，建设资源节约型社会的重要内容；是云南切实减缓经济发展对资源和环境造成的压力的重要手段。

二、云南资源节约型工业发展现状及存在问题

1. 云南发展资源节约型工业取得的初步成效

（1）发展传统产业，建设工业园区，加快形成资源节约型、环境友好型工业体系。全省现有30个重点工业园区，已逐步形成了闭合循环工业链条和生态工业链条，建立了包括产品、企业和园区三个层次的生态管理体系，加快形成资源节约型、环境友好型的工业体系。

（2）在确保工业经济较快增长的同时，采取积极有效、力度到位的措施，发展循环经济，积极倡导循环经济理念，创建引导循环经济发展的指标体系、政策体系，完善法治环境，营造公

众参与氛围，提高社会参与能力，有效扼制工业能耗快速增长。

（3）严格行业准入，大力开展资源综合利用，减轻工业“三废”对九湖流域水体污染的压力。

2. 云南发展资源节约型工业面临的困境及存在的问题

（1）传统工业布局制约着新型产业集群以及产业链的形成。云南传统的工业产业布局较少考虑资源在企业之间的合理流动，传统的工业集中区各企业之间也缺乏一定的关联度，未能实现资源在企业之间的合理流动和循环。

（2）发展高载能产业与能源高消耗之间的矛盾。云南长期存在的矿产资源粗放开发、利用率低，矿产品以原料和初级产品为主，资源综合利用水平低，工业能耗居高不下等问题，严重制约着高载能产业的发展。

（3）中小型企业节能减排与保效益、促增长之间的矛盾。在实体运行过程中，中小企业往往因规模小、竞争力弱而存在资金短缺、贷款难的问题。融资贷款尚且保证不了企业生产发展的资金需求，更难以顾及节能减排所需设备更新、技术创新等的资金需求。在建设资源节约型工业、推进新型工业化的道路上，中小企业面临着更为艰难的发展困境。

三、云南建设资源节约型工业战略

（一）云南工业循环经济发展目标及指标体系

1. 发展目标

2010年，初步建立促进全省工业循环经济发展的运行体制和机制，逐步建立和完善发展工业循环经济的法律法规体系、政策保障体系、技术创新支撑体系、指标评价体系和激励约束机制。“十二五”末进一步完善促进全省工业循环经济发展的运行体制和机制，形成发展工业循环经济的法律法规体系、政策保障体系、技术创新支撑体系、指标评价体系和激励约束机制。

2. 指标体系

资源节约与环境友好的工业循环经济指标体系可分为三个层次：第一层为目标层，即资源节约与环境友好的工业循环经济综合评价；第二层为准测层，共分三大类，分别为资源节约型指标、环境友好型指标和支撑能力型指标；第三层为指标层，共由28项指标构成。

（二）云南发展工业循环经济的主要内容

发展循环经济是实现新型工业化的必经之途。云南发展工业循环经济，应重点关注以下内容：优化产业结构，转变经济发展方式；构建特色产业链，充分发挥产业联动效应；建设生态工业园区，实现资源综合利用。

（三）云南建设环境友好型工业的主要内容

1. 实施区域清洁生产战略

通过物质集成，实现资源综合利用；通过能量集成，实现能源在系统内的梯级利用；通过水系统集成，实现水资源网络优化，等等。

2. 实施静脉产业战略

"十二五"期间，应在"十一五"建设的基础上通过"绿色细胞工程"，继续建立发展静脉产业的缺席框架和运行机制，构建评价云南发展静脉产业的指标体系，落实云南静脉产业的实现模式。

3. 实施新能源战略

充分利用太阳能、风能、生物质能等新能源资源优势，制定新能源战略，通过产业结构优化调整，实现低碳经济发展目标。

四、云南建设资源节约型工业对策

建立资源节约型国民经济体系，特别是建设资源节约型工业体系，是以资源依赖型为主的云南工业体系建设核心。为此，需要从以下几个方面采取对策措施。

（一）构建资源节约型生态工业园区

以超循环发展观主导生态工业园区规划；构建生态工业园区综合评价指标体系；满足生态工业园区空间布局要求；完善水资源循环利用体系。

（二）延伸重点领域产业链

1. 有色金属产业链

充分发挥云南有色金属资源优势，建立以行业龙头企业为核心的资源深加工集聚基地，以减少运输、信息的成本，加强技术流和资金流。依托优势资源，壮大深加工、精加工企业，不断延伸产品附加值和产业链条，着力发展集采矿、精粉加工、硬质合金产品生产于一体的生产加工企业。在优势产业中求其特、求其专、求其精，形成特色产业集群，加强企业间的联合，强化上下游配套协作，构建技术关联，协作紧密的产业链，走链式化的发展道路，持续保持上下游企业的互动发展，有利于形成云南有色金属产业的竞争优势。

2. 钢铁产业链

大力发展钢铁产业，发挥钢铁产业的规模经济效应，提高钢铁企业的规模和技术、产品档次，从根本上降低工业化过程中下游产业的基础材料采购成本，从而提高国民经济整体效益和健康运行水平。

3. 电力产业链

首先，可从电力产业的上游入手，积极发展劣质煤、煤矸石、城市垃圾电厂，将劣质燃料用于发电，综合利用能源资源，延伸电力产业链。其次，发挥云南的铝资源优势，实施“铝电结合”，延伸电力产业链。最后，以发电企业为核心，整合当地电力、煤炭资源，提高资源综合利用率，构建以发电、煤化工、建材三大产业互相衔接，资源综合循环利用的产业链。

4. 化工产业链

构建磷化工产业链，要实现磷电真正意义上的结合，坚定推进以基础原材料型化工产品为原料的延伸产品发展。煤化工产业链建设的关键是采用先进适用技术并向规模大型化、产业集群化方向发展。烧碱、聚氯乙烯和电石是氯碱化工关键工序和重要产品，必须采用先进技术提升产业水平，构建产业链。

5. 再生资源产业链

再生资源产业具有分散的组织和运行形式的特点，建立再生资源产业园区是促进再生资源产业链形成的一条有效途径。

（三）发展资源节约型工业的实施对策

发展资源节约型工业依赖于政府、行业、企业三个层面的合力，即充分有效地发挥政府的导向作用、行业的沟通协调作用和企业的能动作用。在具体的实施过程中，通过“有形的手”和“无形的手”共同作用，不断发展资源节约型工业。

1. 政府引导层面

不断提高资源节约意识；加强政府导向作用，促进产业健康发展；制定相应政策、法规，完善相应的机制，促进资源节约型工业的发展；加强资源节约型工业技术的研发和推广应用。

2. 行业管理层面

行业协会是企业和政府部门之间的桥梁和纽带，反映企业的愿望和要求，传达政府的意图，协助政府推行经济政策和法令，加强行业管理。在建立资源节约型工业的进程中，行业协会同样具有不可或缺的作用。需要对本行业企业的资源利用状况进行基础性调查；建立和完善资源节约型工业统计指标体系；为企业提供相关信息咨询、沟通服务。

3. 企业管理层面

塑造节约文化，提高企业的资源节约意识，健全组织机构，建立节能工作责任制和奖励制度；加强能源计量管理，健全能源消费统计和能源利用状况分析制度，细化成本管理；做好原材料的采购管理、生产管理和工艺管理；积极寻求各级政府支持，多渠道获取技改资金，加大技改力度；建立技术人才储备，加强资源节约型工业技术的研发和推广应用。

五、研究成果的学术价值、应用价值及社会影响和效益

课题研究始终贯穿党中央关于经济社会可持续发展及建设资源节约型社会这一主线，紧扣云南工业经济的现实状况，充分论证了云南工业体系走资源节约型道路的必要性、重要性和紧迫性，对云南工业强省发展战略的全面实施，缓解云南面临的资源紧缺与环境优化的突出矛盾有重要的意义。同时，研究成果对云南工业资源消耗的现状描述清晰，研究提出的目标明确，制定的实施战略符合实际，围绕政府、行业、企业三大层面提出的对策措施具有针对性、务实性和可操作性，达到了课题研究的预期目标。

课题名称：云南资源节约型工业发展对策研究
课题负责人：张明清
所在单位：昆明学院
主要参加人：吴　瑛　李跃波　雷新华　陈　平
结项时间：2010 年 5 月 7 日

中国—东盟会计与财务问题研究

一、课题研究的目的和意义

通过对东盟投资和贸易中的会计问题研究，为中国企业（特别是云南和东盟有贸易往来的公司）在和东盟各国进行经贸往来时加强风险控制和管理提供决策依据；通过对东盟10国会计准则和中国会计准则的比较研究，找出两大区域间会计准则存在的差异，为中国企业到东盟进行贸易提供会计信息转换的依据；为东盟区内会计准则协调和中国、东盟、国际准则的三方协调提供理论依据。

二、研究成果的主要内容和重要观点

（一）中国—东盟会计发展史的比较研究

1. 东盟各国的会计发展概况

（1）马来西亚、新加坡、文莱。马来西亚、新加坡、文莱过去都曾受到英国的殖民统治，其会计思想受英国会计思想影响较深。文莱由于经济规模较小，受到各方面客观环境制约，其会计发展水平较差。截至2010年，文莱并没有全面采用IFRS。从2004年开始，新加坡已经不再独立制定IFRS，直接采用IFRS，只对其中不适用于新加坡的内容进行解释规避。2005年，马来西亚 MASB 宣布只对国际财务报告准则（IFRS）中不适用于本国的内容进行修改，本国不再制定新的会计准则。

（2）印度尼西亚。由于荷兰的殖民统治，印度尼西亚的会计制度受宗主国的影响较深，如继承了荷兰会计不受税法影响的特点。截至 2008 年 12 月 31 日，生效的会计准则达 62 项之多。

（3）泰国。从 2004 年开始泰国职业会计师协会大规模的引进国际会计准则，至今为止，泰国一共制定和发布了 57 项会计准则。2006 年 12 月 31 日，FAP 发布了向 IFRS 趋同的泰国财务会计准则（TAS）草稿。

（4）菲律宾。2000 年菲律宾会计准则委员会（ASC）颁布 42 项会计准则，并于 2001 年 1 月后实施。2005 年，菲律宾宣布全部采用国际财务报告准则。

（5）越南、柬埔寨、缅甸、老挝。越南除了受法国会计思想的影响外，还受到苏联会计思想的影响，目前仍是以按会计制度及会计准则并行的方法。1999 年柬埔寨在法国政府的援助下，开始着手建立在 IAS 基础上的柬埔寨会计准则。2003 年首次颁布了 10 项会计准则。2009 年 1 月柬埔寨宣布将全面采用 IFRS。至于老挝、缅甸，由于种种原因，很难在公开的渠道中找到足够可用以研究其会计水平的数据与信息。

2. 影响东盟各国会计发展的共性与个性因素

（1）共性因素。第一，会计思想均受宗主国影响较深；第二，会计人员素质普遍不高；第三，会计准则国际化趋同。

（2）个性因素。第一，会计环境不同。如菲律宾受美国会计模式所影响，马来西亚、新加坡受英国会计模式的影响，印度尼西亚受荷兰会计模式影响等。第二，生产力发展水平不同。由于东盟各国生产力发展水平的差异，东盟各国的会计水平呈现出多层次的特征。

3. 东盟各国的会计协调历史及成效

（1）东盟各国会计协调历史。在区域合作与会计协调的进程中，东盟最早的5个成员国，印度尼西亚、马来西亚、菲律宾、新加坡和泰国在1977年3月成立了东南亚会计师联合会（AFA），至今为止，东盟成员国中未加入AFA的还有老挝与柬埔寨。

（2）AFA的发展及在东盟会计协调中的历史作用。AFA一开始致力于建立适用于东盟各国会计协调的会计准则与审计准则，并为成员国提供会计、审计服务。

（3）东盟各国会计协调成效显著。第一，东盟国家会计协调推进了大部分东盟成员国的会计在一定程度上与国际准则趋同。第二，东盟各国会计协调加快各成员国国家经济发展的步伐。第三，重视会计人员的培养，会计人员团队正在逐步壮大。

4. 中国—东盟会计交往历史

中国与东盟会计交往并不太多，这主要与双方的投资、贸易水平有关。但随着双方政治经济联系的日益紧密，双方会计交往也开始多起来。特别是教育界的交流日益频繁，研究内容更加具体化，反映了中国与东盟的会计交往更深入，业务更广泛了。

5. 影响中国与东盟开展会计协调因素的历史分析

（1）各国会计模式的差异。

（2）各国会计发展水平的差异。

（3）缺乏具有权威性的区域会计协调组织。

（4）会计国家化与会计国际化的矛盾。

6. 中国在中国—东盟会计协调过程中如何发挥主导作用

（1）帮助会计发展水平落后的国家建立和完善本国的会计准则。

（2）加强与东盟各国的会计交流与合作。

（3）组织创建中国—东盟会计论坛。

（4）为东盟培养会计人才。

（5）加强对东盟各国会计规范的理论研究。

（二）中国—东盟会计管制的比较

中国—东盟会计管制的比较主要包括东盟各国会计监管的比较研究、东盟各国会计制度的比较研究、会计准则的内容与结构比较、会计基本准则的比较。总之，东盟10国起到概念框架作用的文件形式各不相同，内容体系也不尽相同。但是，国际会计趋同使许多国家的概念框架都与IASB的“编制与呈报财务报表框架”趋同。

1. 国际会计准则对东盟诸国的影响

随着全球一体化进程的加快，越来越多的国家逐渐意识到国际会计准则的重要性。采用国际会计准则可以有效地降低信息转换成本，避免各国由于选择不同的会计准则引起的信息不确定性，以此来提高会计信息的可比性。东盟各成员国也正是意识到了这一点，采取不同态度，以各种方式，纷纷加入接受或采纳国际会计准则的行列。

2. 中国与东盟诸国会计协调

中国—东盟自由贸易区的建设虽然已在进程之中，但中国与东盟的会计协调尚未提上日程，中国与东盟之间也还没有成立相关的会计协调机构。但是纵观东盟内部的会计协调过程，并比较中国的会计改革发展，可以发现两者进行会计协调具有一定的基础，那就是中国与东盟各国都意识到了会计与市场开放的密切联系，都在制定本国的会计准则、会计制度的过程中充分注意了如何与国际惯例相接轨的特点。

（三）中国—东盟会计准则的趋同、协调设计

1. 会计协调目标的研究

中国—东盟会计协调不是中国—东盟会计标准化，而是指东南亚各国与中国会计规范和会计信息向接近的或一致的方向努力，是趋同化，先在区域内就一些基本的会计处理原则达成一致，在逐步细化，找出各国会计准则的主要差异，以 IFRS 为方向协调。

2. 会计协调原则的研究

有关中国—东盟会计协调的基本原则有目标一致原则、循序渐进原则、环境适应原则、公正立场原则、国际会计准则导向原则、确保发展中国家利益最优化原则、区内外各国优势互补原则。

3. 会计协调内容的研究

会计协调内容的研究主要包括概念框架趋同、内容趋同、时间趋同和改革 AFA 组织等方面。

4. 会计协调策略的研究

在渐近平行式路径理论指导下，中国—东盟会计协调应采取“借鉴、应用、推广、协调”的方法和程序为宜。

（四）中国与东盟经贸往来中的财务风险管理研究

1. 东盟诸国财务环境的研究

财务环境是一个框架概念，包括一系列影响。企业财务行为的有利条件和不利条件，财务环境对财务行为的影响最直接、最深刻，这些条件不局限于财务方面，只要是能影响财务行为的各种因素，都应该给予考虑，这些因素可分为经济因素、政治因素、文化因素、会计因素等。分析东盟国家的财务环境，应该从区域内国家的经济、政治、文化、会计等方面入手，加以全面分析。

2. 传统企业制度对其财务行为影响

东盟国家的财务行为深深地受到企业制度的影响，特别是传统企业制度对财务行为的影响已经根深蒂固，传统企业制度产生于落后的政治体制，难以有效地建立一种现代企业制度来适应市场发展的需要，从而也就阻碍了区域内企业的相互交流与发展，割断了区域内企业与区域外企业的交流与竞争。

3. 东盟诸国资本市场中的财务风险研究

由于资本运动阶段的先后顺序，我们把资本市场的财务风险界定为六类，即资本配置风险、资本消耗风险、资本支出风险、资本复原风险、资本支付风险、资本市场风险。由于东盟诸国在经济、政治、文化等方面的多样性与不稳定性，使得域内资本市场的财务风险逐步加剧，在资本运动的每一个环节上，财务风险都较为普遍。

4. 中国在与东盟的经贸往来中的财务风险及其规避策略研究

具体包括建立有效的财务风险预警机制、加强国家在整个经贸和投资交流中的保障作用、建立一种有效的中国—东盟国家认可机制，提高经贸交往的效率。

三、研究成果的学术价值、应用价值及社会影响和效益

1. 成果的学术价值

研究东盟会计与财务问题方面的成果很少，该课题对东盟会计与财务问题进行了深入系统的研究，这在一定程度上填补了国内研究空白；课题研究在一定程度上拓展了会计研究的领域，丰富了会计研究的视野，研究对国内相关学者进一步研究东盟会计与财务问题，甚至于其他相关问题奠定了一定基础。

2. 成果的应用价值及社会影响和效益

第一，为政府相关部门决策提供了一定的决策依据。云南作为面向东盟的重要窗口和桥头堡，在相关投资贸易中占据重要地位。在推进云南走向世界、走向东盟过程中，必然遇到相关具体问题，而投资贸易中的相关会计与财务问题也将突出地摆在政府相关部门的面前。课题将为相关部门解决这一问题提供必要的理论与实证支持。

第二，为面向东盟的相关企业服务。对于同东盟投资贸易关系密切的企业，有关东盟会计与财务问题显得尤为重要，它们迫切需要了解和解决阻碍企业投资交易中的会计与财务问题。而对于准备同东盟地区进行投资贸易的潜在企业，或需要进一步增大对东盟贸易或投资的企业，也需要了解和解决相关会计与财务问题。课题在一定程度上解决了面向东盟的相关企业的燃眉之急。

第三，为 CPA 行业实施“走出去”战略提供了一定支持。从未来发展前景和区域合作优势来看，走向东盟将是中国 CPA 行业进军发展中国家的最为重要的战略方向。课题对相关问题进行了前期研究，为中国 CPA 行业，尤其是云南省 CPA 行业走向东盟、实施“走出去”战略提供了一定支持。

第四，2009 年财政部颁发了《中国企业会计准则与国际财务报告准则持续全面趋同路线图（征求意见稿）》。在此背景下，课题加强了对东盟会计与财务问题研究，了解新兴市场国家的相关需求，这对推动中国会计水平发展，稳步推进我国会计国际趋同和区域会计协调具有十分重要的意义。

课题名称：中国—东盟会计与财务问题研究

课题负责人：陈　红

所在单位：云南财经大学

主要参加人：佘晓燕　李　旭　姚荣辉　余根亚　唐滔智

结项时间：2010 年 7 月 24 日

图书在版编目（CIP）数据

云南社科成果集萃．第5辑/云南省哲学社会科学规划办公室编．—昆明：云南大学出版社，2010
ISBN 978-7-5482-0309-4

Ⅰ.①云… Ⅱ.①云… Ⅲ.①哲学社会科学—科技成果—简介—云南省 Ⅳ.①C127.4

中国版本图书馆CIP数据核字（2010）第257864号

云南社科成果集萃（第五辑）

——云南省哲学社会科学“十一五”规则课题选介

云南省哲学社会科学规划办公室　编

责任编辑：纳文汇　蒋丽杰
封面设计：刘　雨
出版发行：云南大学出版社
印　　装：昆明理工大学印务包装有限公司
开　　本：850mm×1168mm　1/32
印　　张：13.25
字　　数：350千
版　　次：2010年12月第1版
印　　次：2010年12月第1次印刷
书　　号：ISBN 978-7-5482-0309-4
定　　价：30.00元

地　　址：昆明市翠湖北路2号云南大学英华园内
邮　　编：650091
发行电话：0871-5031071　5033244
E-mail：market@ynup.com